软文营销

实战108招

小软文大效果

苏 航◎著

人民邮电出版社
POSTS & TELECOM PRESS

图书在版编目（CIP）数据

软文营销实战108招：小软文大效果 / 苏航著. --
北京：人民邮电出版社，2016.2
ISBN 978-7-115-40782-5

Ⅰ．①软… Ⅱ．①苏… Ⅲ．①市场营销学 Ⅳ.
①F713.50

中国版本图书馆CIP数据核字(2015)第283653号

内 容 提 要

本书通过10个专题内容、108个干货技巧，帮助读者快速掌握软文写作技能。

全书共分为10章，具体内容包括："8种软文写作形式""22种软文标题玩法""7种软文内容布局""9种软文创意招数""16种软文写作类型""3种软文推广技巧""6种玩转微信软文的方法""15种玩转微博软文的技巧""7种玩转百度软文的方法""15种软文营销的扩展技巧"。

本书结构清晰、案例丰富，适合从事软文营销工作的相关人员阅读。

♦ 著　　　　　苏　航
　　责任编辑　恭竟平
　　责任印制　周昇亮

♦ 人民邮电出版社出版发行　　北京市丰台区成寿寺路 11 号
　　邮编　100164　电子邮件　315@ptpress.com.cn
　　网址　https://www.ptpress.com.cn
　　涿州市般润文化传播有限公司印刷

♦ 开本：700×1000　1/16
　　印张：16.25　　　　　　　　2016 年 2 月第 1 版
　　字数：305 千字　　　　　　2025 年 8 月河北第 19 次印刷

定价：49.80 元

读者服务热线：(010)81055296　印装质量热线：(010)81055316
反盗版热线：(010)81055315

🎯 写作驱动

随着互联网的发展，软文营销不再只围绕传统媒体，而是开始往 PC、APP 端进军，且发展迅速，几乎每家企业都开始利用软文营销进行推广、传播，特别是抢占移动终端的营销。

本书从两条线出发，一条是横向基础线，从软文的 8 种形式、22 种标题、7 种布局到 9 种招数、16 种写作，从小到大，层层推进，带领软文营销新手扎稳根基；另一条是纵向实用线，从推广技巧到与热门平台的结合再到整合软文营销的必学招数，从技巧到实用，带领软文营销新手深入提升、脱胎换骨，达到软文营销行家的境界。

本书精心提炼了软文营销实战中的 108 个精彩技巧，帮助软文营销工作者以小博大，让小软文发挥大效果，做企业的品牌塑造和销量提升的助推剂！

8 种形式，走进软文

22 种标题，不同玩法

7 种布局，不同呈现

9 种招数，创意无限

16 种写作，玩转无限

软文营销

3 种技巧，玩转软文推广

6 种方法，软文 + 微信

15 种技巧，软文 + 微博

7 种方法，软文 + 百度

15 种营销，终极成功术

软文营销108招

💡 本书特色

本书的主要特色如下：

（1）技巧为主，纯粹干货：全书通过 108 个实用性超强的干货技巧，以及 100 多条软文专家提示，从标题、内容、技巧、平台、营销、案例等角度，帮助大家从新手快速成为软文行家里手！

（2）软文高手，经验丰富：畅销书《软文营销从入门到精通》作者，从事软文营销多年，深谙各种软文营销之道，特别是在如何通过软文以小博大、扭转局势、树立企业品牌形象、吸引更多客户、促成更多订单、实现更多利润等方面，经验丰富！

作者售后

由于时间仓促，书中难免存在疏漏与不妥之处，欢迎广大读者来信咨询和指正，联系邮箱：itsir@qq.com。

目录 | Contents

第 3 章　7 种软文内容布局

第 4 章　9 种软文创意招数

第 5 章　16 种软文写作类型

第 6 章　3 种软文推广技巧

第 7 章　**6 种玩转微信软文的方法**

第 8 章　**15 种玩转微博软文的技巧**

第 9 章　7 种玩转百度软文的方法

第 10 章　15 种软文营销的拓展技巧

第1章

8 种软文写作形式

学前提示

在这个不断进步的社会，对产品推广方法和营销手段来说，不管是线上还是线下的企业，最不可或缺的一环就是"软文"。本章将详细讲解 8 种常见的软文形式。

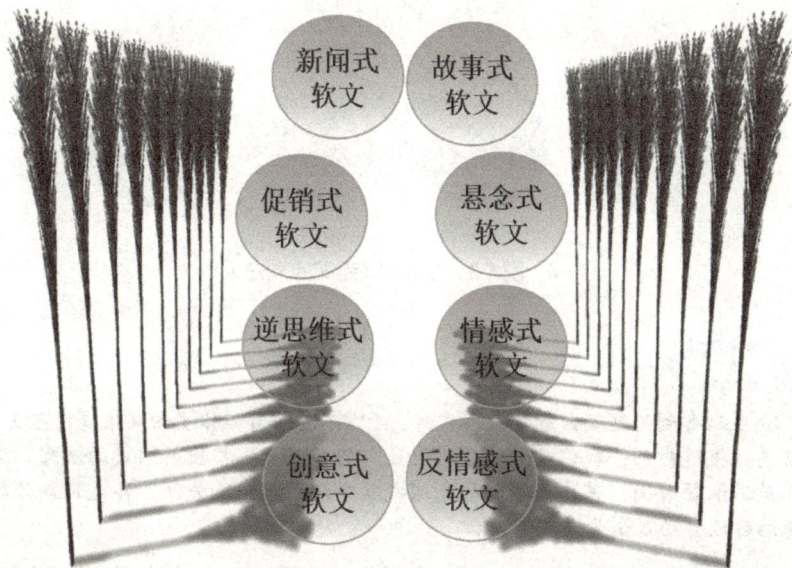

新闻式软文

故事式软文

促销式软文

悬念式软文

逆思维式软文

情感式软文

创意式软文

反情感式软文

001　新闻式软文

新闻式软文是通过新闻的形式和手法，多角度、多层面地诠释企业文化、品牌内涵、产品机理，传播行业资讯，引领消费时尚，指导购买决策，是创造最佳传播的"一把好手"。

生活中人们常说"君子善假于物也"，软文也一样。借助重点新闻事件进行软文的写作，可以成功借势，引起读者的关注，并且有利于引导市场消费，在较短时间内能快速提升企业产品的知名度，塑造品牌的美誉度和公信力。

企业可以通过新闻媒体的口吻进行文章的撰写，不过内容必须是真实的，并且还可以利用时事热点为主题来写出与自己产品契合的软文，那样软文效果才会比较可靠，用户关注度才会比较高。

那么企业应该如何制造新闻或寻找新闻呢？其实很简单，只要有一颗善于发现的心，新闻式软文自然而然就出炉了，如图 1-1 所示。

新闻软文撰写

提供方向

从明星下手　针对产品性能　抓住热门事件　诉说品牌历程

▲　图 1-1　企业制造新闻的方法

💡 专家提醒

企业准备利用新闻式软文做推广时，千万不要等着媒体主动来报道，应以"你不来关注报道我们，我们就自己报道自己"的高姿态，推出新闻式的软文。这样才算是不浪费时间，若自己撰写的新闻式软文能引起广泛关注，各大媒体必然会争先恐后地自动帮企业做宣传。

下面就来看看最近一部国产动画电影是如何利用新闻式营销，引起消费者关注的，如图 1-2 所示。

《大圣归来》太火！曝郭××也到影院买票看了

电影新闻　娱乐　2015-07-15 09:23　　　　1060 评论

在竞争如此激烈的暑期档中，电影《西游记之大圣归来》凭借好口碑以及无数"自来水""纯净水"的支持，票房成功逆袭，成为暑期档不可忽略的一匹黑马。7 月 13 日，有网友晒出了一组巧遇郭××在南京某影院观看《西游记之大圣归来》排队买票的照片。

利用名人来制作新闻式软文标题，使得此标题具有较强的吸引力。

在新闻中配图是一种非常聪明的做法，这使得新闻更加具有可靠性以及可读性，若是通篇的文字，很容易让消费者产生视觉疲劳，失去阅读的兴趣。

照片中的男子与郭××身形相似，身穿牛仔裤深色衬衫，头戴棒球帽，大口罩遮面，全副武装，全程都在低头玩手机。此组照片曝光后，网友纷纷为郭××点赞，称："这就是郭××，一个最真实的他，他真的有一直在关注国产动画，不得不说他真的很棒！"也有网友调侃称："××来南京拍爵迹偷个懒被发现了！""××是要《大圣归来》找寻拍下部戏的灵感吗？"

据悉，国产动画《大圣归来》凭借仅仅 10%左右的排片实现票房逆跌：第二天比第一天涨 70%，第三天又比第二天涨了 40%，最后 3 天过亿元；同时其豆瓣电影评分高达 8.8 分，创下国产动画的全新历史。

在文章结尾处，利用数据展示出国产动画《大圣归来》的受欢迎程度。

▲ 图 1-2　新闻式软文

【分析】：

此新闻软文有以下 3 个伏笔。

（1）明星光环。利用明星作为软文中的主角，至少能勾起明星粉丝的注意。

（2）添加照片。照片的添加可以让读者认为这是真实的，也不知在刻意打广告。

（3）抓住时机。正好此明星看《大圣归来》期间，也在拍自己的电影，拍电影之余还来看国产动画，这体现出了明星对国产动画的支持，以及这部国产动画电影对此明星有很大的吸引力。

通过这些伏笔能顺其自然地散发出《大圣归来》的魅力，让读者情不自禁地想要去电影院看一看：这个票房快速过亿的电影、这个创下国产动画圈全新历史的电影、这个能引起明星低调去电影院观看的电影究竟怎么样。

002   故事式软文

人们小时候都喜欢听故事，长大了就喜欢看故事，小时候听着千奇百怪的故事，会对故事中的情节、人物有所向往，而长大后人们就开始在故事中领悟人生哲理。总之，"故事"这个"情结"永远都为人们所热衷。

企业如果能写出一篇好的故事型软文，就能很容易地找到潜在客户和提高企业信誉度。

拿一篇经典的故事式软文来分析。

得到和失去，哪个更多

在外人看来，我有着重点大学的头衔，有着外企高薪的职位。身材高挑，衣着光鲜，拎着品牌包包，踩着尽显女人味的高跟鞋，出入高档商务写字楼，穿梭于精英遍布的繁华商业区，每天都很优雅地过自己的品位生活。

这，是一个典型的外企白领的格式化生活。也许这种生活让很多女性朋友羡慕，我似乎也拥有太多可以自信的理由，但实质上我是一个很自卑的人，在我内心深处埋藏着一个浓郁的自卑情结。

我脸上有着大片特别明显的雀斑，从初中开始就越长越多，越来越明显。因为这些雀斑，我不敢和同班男孩子说话，我总觉得他们在嘲笑我、议论我。我也很少和班上的女孩子聊天，我怕她们讽刺我。也许正是因为这种自卑情结，我把所有的时间和精力都放在了学习上，希望通过优秀的学习成绩来给自己增加自信，直到我考上了一所国内知名的重点大学。

大学里美女很多，尽管我有着不错的身材，但男孩子第一眼都是看脸的，我的心又遭到了冰山似的打击，但企图靠成绩来给自己打气的想法已经显得有些幼稚了。这是一个人才济济的大学，我转而寻找各种方法来驱除脸上的雀斑，买过各种牌子的祛斑霜，每天都带着祈祷和兴奋去涂抹，但是收到的总是失望，偶尔也有一些牌子给我短时间的惊喜，但很快又把我美丽的梦想捏碎。我也尝试过喝中药调理，但味道实在苦不堪言，身体也被折腾得够呛，最终不得不放弃。

转眼大学毕业，一家知名外企招聘，我通过前几轮打拼，终于闯到了最后一关，但是很遗憾我没有被录用，很大程度是因为脸上的两大片黑色雀斑。

最后虽然也进了外企，但比起那家公司简直天上地下，工作慢慢稳定了，又到了谈婚论嫁的年龄，虽然化妆可以适度掩盖脸上的雀斑，但我的内心总是不安，总觉得没有素颜面对他是一种欺骗，但又怕素颜以对又会再失去男朋友。

我整天生活在痛苦之中，讨厌脂粉掩盖下的自己，但又可怜妆容下的自己。因为雀斑，我发奋努力考上名牌大学，又因为雀斑，我失去了太多机遇和朋友。我整天徘徊在得与失中，痛苦难言。为了彻底驱除雀斑，为了我的幸福人生，我再次开始折腾自己，涂抹祛斑霜、吃祛斑药、打祛斑针，凡是传闻有效的方法，我都去尝试，但结果都让我大失所望。

一个偶然的机会，几经辗转，我同事的朋友给我推荐了 XX 祛斑胶囊，在刚开始时，我不抱任何信心，纯粹看同事的面子，试吃了七天，果然开始淡斑，但我并不惊喜，因为之前也有过这样的经历，后来又坚持服用了 20 多天，这时出现的效果让我有点心动，果然和同事的朋友说的一样。但在高兴之余还有些担心，我怕反弹，不过后来时间证明我的担心是多余的，因为停用一段时间后发现，脸上的雀斑确实淡了，这时，我才敢拿素颜来面对我的男友。

接下来的故事就是很幸福地过每一天了。现在的生活平静了，闲暇之余，我会不由自主地问自己，我究竟应该感谢脸上的雀斑还是应该憎恨它。没有它，兴许我不会考上那所重点大学，也不会有进入外企工作的机会，更不会有现在优越的生活；但是有了它，我没有了甜美的青春回忆，也失去了很多交朋友的机会，丧失了很多发展的机遇。

或许我不应该盘算得与失的问题，因为这本身就是个糊涂命题，谁也没有能力算得清。重要的是现在过得开心就可以了。感谢 XX 祛斑胶囊，愿它给更多的女性朋友带来幸福和快乐。

【分析】：

（1）这篇软文以记录自身生活事迹来展开，用自身的情感故事娓娓道来，在文章中很随意又不明显地推广了"XX 祛斑胶囊"，读者不注意是不会发现的，只会觉得这是一个女生没有因为雀斑堕落，而是积极向上地生活，但尽管如此还是会因为雀斑感到不自信，受到挫折，从而想方设法将雀斑祛除，这时才把产品给推出来，会让读者觉得产品出现得是那么顺其自然。

（2）此故事软文以雀斑为主题，这样很容易引起正在因为雀斑而烦恼的人们的注意力。

（3）此故事式软文最后还告诉人们一个道理："不管遇到什么困难，千万不要自甘堕落，应该积极向上，努力营造好的未来，困难在将来的某一刻总会被解决掉，只要相信这一点，那生活必然会变得美好。"这样的一个设计在提高故事式软文的阅读质量的同时准确扣题。

总之，一篇娓娓道来的故事性软文效果是非常好的，只要故事精彩，契合读者内心最柔软的部分，对他们动之以情，则会有事半功倍的效果。

专家提醒

> 需要注意的是讲故事不是目的，故事背后的产品线索才是文章的关键。听故事是人类最古老接受知识的方式，所以故事的知识性、趣味性、合理性才是软文成功的关键。

故事式软文并不一定需要很长的篇幅，只要能让读者看明白、记忆深刻，那么越精简越好。如今，一些网店很多都喜欢以新颖而且富有创意的软文进行品牌故事的撰写，有很多读者被那些文艺句子给俘虏，从而关注其品牌、产品，甚至购买，下面就来欣赏某网店的品牌故事，如图 1-3 所示。

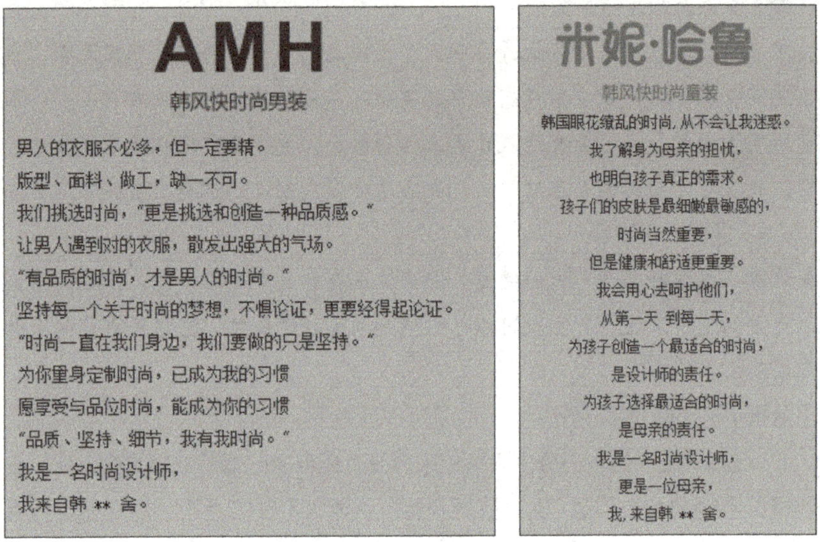

▲ 图1-3　故事式软文

【分析】：

上面 2 个品牌故事软文，分别从男人的角度、妈妈的角度来突出此品牌是从消费者出发，制造符合消费者需求的产品。

总之，企业通过讲一个完整的故事带出产品，是一个循序渐进的过程，一步步带领读者进入软文的思想，使产品加重了"光环效应"，给消费者造成强烈的心理暗示，从而促使销售成为必然。

003　促销式软文

促销式软文其实是一种直白的推广方法，甚至是越直白越好，它是如今企业用得比较多的一种软文营销方法。一般来说促销式软文分为以下 2 种形式。

1. 纯文字

一般纯文字的促销式软文属于活动软文，这种软文全依靠文字向读者推荐品牌或者活动的内容、时间、地点等信息，下面就来欣赏一篇经典的促销式软文。

XX 陶国庆献巨礼 亿万秒杀三重奏

豪门生活，尊贵体验。致力做行业最好的仿古砖和最有思想的瓷砖，为客户创造最有思想和格调的空间是 XX 陶不变的理念。2011 年 XX 陶品牌飞速发展，闯进世博、亚运场馆，荣获中国 500 强品牌，为了满足更多消费者更深层次的需求与答谢广大消费者的信任，在建国 61 周年庆到来之际，XX 陶将拿出最好、最畅销的产品来做促销，真情回馈消费者。

秒杀惊爆心跳价

XX 陶官网将开辟网络促销服务专区（www.kito.cn），面向全国消费者"零渠道"厂家直销，世博、亚运场馆选用砖等最畅销的产品网上秒杀，亿万回馈，所有优惠均不设门槛，只需简单的操作，即可享受真正的实惠和优质服务。秒杀时间为 9 月 21 日 ~ 10 月 1 日，消费者通过不停刷新网页才能发现并抢到秒杀机会。秒杀成功后，将会收到 XX 陶官方确认短信，并在规定的时间兑现产品。为满足数亿消费者的疯狂秒杀，XX 陶特别提供十台服务器恭候秒杀！

买十大空间送十大空间

庆祝中华人民共和国成立 61 周年，XX 陶向祖国献礼，隆重推出：古风Ⅲ、凌质、超然境界、流金溢彩、圣安娜石、天籁、玉石天成、田园沐歌、森岩御品、超炫石十大新品空间，凡购买十大空间，加 610 元即可获送同等面积常规品空间（除以上 10 个系列产品、花片腰线等配件、天地尚品、1200×600 规格外可全场任选）。

尊享返现卡，优惠折上折

全场产品买三送一外，为贺世博、亚运会场馆选用 XX 陶瓷砖，世博和亚运场馆选用的产品一律对折销售。另外，在 9 月 4 日 ~ 10 月 7 日期间，到店抢购 XX 陶返现卡，在享受促销活动所有优惠之外，返现卡再享相应折扣，多买多返，绝无仅有的返还力度！

【分析】：

此活动软文抓住了节日的气氛，推出秒杀活动，全文清晰明了地分为了 4 个小段落，而 3 个段落小标题直接突显了活动的主要内容以及促销力度，让读者可以快速地知道活动内容和促销力度，只要符合读者的需求，定能勾起读者的兴趣和购买欲望。

通过上面的案例可以总结出以下几点撰写促销式软文的方法。

（1）企业可以抓住节假日的气氛推出促销软文，不过在推广促销式软文之前应该风风火火地进行活动策划，这样才能让软文起到推波助澜的作用。

（2）当企业选定活动内容后，就应该根据活动内容确定软文的主题。一般主题可以从节日名称和活动内容两部分综合提炼，提炼出来后可以直接作为标题使用，统领全文。

（3）企业在撰写促销式软文时，最好捋清楚整篇文章的大致结构，要充分做到软文条理清晰，其中促销式软文可主要突出 3 大部分，如图 1-4 所示。

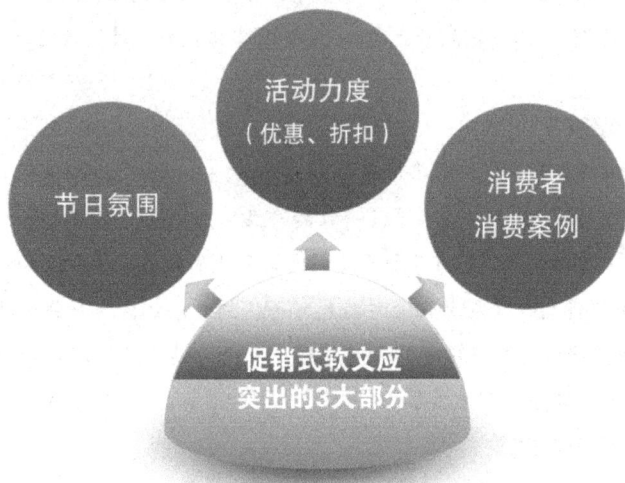

▲ 图 1-4　促销式软文主要突出的 3 大部分

（4）促销式软文不要做没有计划性的创作，容易千篇一律，没有风格，很容易被读者忽视，若品牌知名度不大，则需要撰写出有创意的文案，若品牌知名度大，就要在推广方面多下工夫，且软文风格要有创新。

（5）企业在撰写促销软文之前，应该先选定客户群，针对客户群体的需求、爱好、习惯进行促销式软文的撰写和投递。

（6）切忌虚假宣传，一定要实事求是地进行促销式软文的撰写。

2. 促销标签 + 图

"促销标签 + 图"的促销式软文是指在产品的图片或者活动的图片上，搭配一些促销标签如 "一天断货三次，厂家告急" "全场包邮" "新春限时抢购" 等，这样的软文能通过 "攀比心理" "影响力效应" 等多种因素来促使消费者产生购买欲，下面就来欣赏几则 "促销标签 + 图" 的促销式软文，如图 1-5 所示。

（1）突出了"1元"促销信息字眼。

（2）让消费者感觉到"超值""划算"。

（1）整体图片颜色配色能让读者在夏日感觉到一丝凉爽。

（2）以"首发""减5元"来刺激消费者的眼球，勾起消费者的购买欲。

（1）活动口号由某热播综艺节目名称改编而成。

（2）用简洁的文字，详细地介绍了活动规则及活动时间。

（1）"5折""买一送一""包邮"，可以单刀直入地引起消费者的兴趣。

（2）产品图片与促销信息的占图面积对半开，都能一样进入消费者眼中。

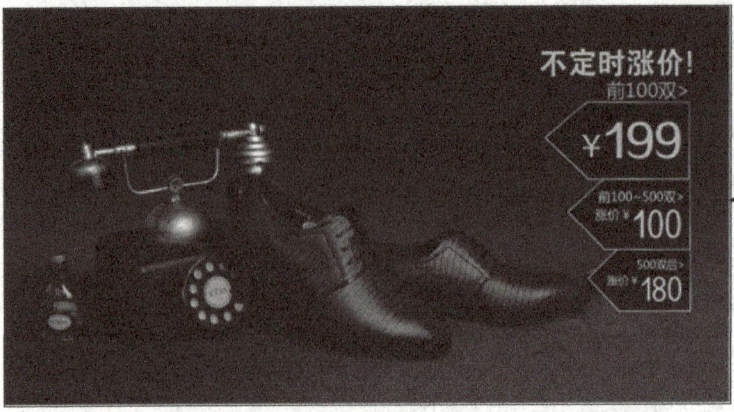

(1)打价格战，告诉消费者涨价的规则。
(2)利用“价格”“数量”来刺激读者的眼球，使他们产生紧迫感，感到产品的稀缺性。

▲ 图 1-5 促销式软文

【分析】：

“促销标签＋图”的促销式软文利用促销力度与图片视觉效果来勾起读者的兴趣，读者看到具有诱惑力的促销图片后，若促销力度足够大，则基本上不会拒绝购买此类产品。

不管是纯文字还是“促销标签＋图”的促销式软文，都需要注意以下几点。

- 促销信息一定要真实。
- 可以加一点创意。
- 促销式软文一定要让读者感觉到“超值”“划算”，并且适当加点时间限制，让需要购买产品的读者产生紧迫感。

004 悬念式软文

悬念式软文是指把一个完整的故事或创意在情节发展的关键点分割开来，通过设置悬念的方式来持续吸引受众关注。先把问题设置好，让大家去猜测、去关注，然后在适当的时候再把答案给出来，它属于自问自答式。

最近 187 岁的王老吉也卖“萌”成为了这两天网络热议话题。吊车、飞艇、报纸齐上阵的悬念式软文的造势，加上与“萌萌哒”的“孙悟空”卡通形象包装和消费场景体验相结合，迎来了无数消费者的注目礼。

而这些造势是为了 2015 年 7 月 11 日宣传绿盒王老吉推出的 3 款“萌盒西游版”新品，以“卖萌”拉近与消费者的心理距离，在消费者尤其是年轻消费群体中引起热烈反响。

下面就来欣赏王老吉利用悬念式软文所引发的“竞猜热”，如图 1-6 所示。

吊车吊起一个巨型绿盒王老吉，盒身上印有"7 月 11 日 绿盒王老吉卖 ____?"的悬念式软文，并且还附上了巨型二维码。

飞艇上印有"7 月 11 日绿盒王老吉卖 ____?"的悬念式软文，引起广大消费者的围观以及思考和好奇心。

▲ 图 1-6　悬念式软文

通过上面的悬念式软文 "7 月 11 日 绿盒王老吉卖 ____？" 提出悬念，引发读者思考，到底 7 月 11 日王老吉会卖什么呢？从而引起无数消费者的关注。在短短一天的时间里，"绿盒王老吉卖什么？"的悬念软文便吸引了近十万消费者的参与，可以说已经达到了王老吉与年轻消费群体沟通的第一步营销目的。

直到 7 月 11 日，在万众期待中，吊车上的巨型绿盒王老吉落地，随着一个造型呆萌的"孙悟空"从巨型王老吉中"破茧而出"，谜底终于揭晓——王老吉卖"萌"！原来是王老吉推出新版包装，即"萌盒西游版"。这时"7 月 11 日绿盒王老吉卖萌""萌盒西游版王老吉"的印象已经深入人心。

总之，悬念式软文设下的疑问必须掌握火候，首先提出的问题要有吸引力，答案要符合常识，不能作茧自缚漏洞百出。

💡 专家提醒

　　如今是快消费时代，阅读本身就是一件非常需要耐性的事情，何况是阅读广告。悬念式软文不仅是在激发公众的好奇心，也可能是在挑战公众的耐性。总之，想要将悬念式软文撰写好，就需要提炼一到两个核心、神秘的卖点，根据进度慢慢抖包袱，即所有资讯不要一次性放完，应该说一半留一半，这样才能引起读者的注意和思考。

005　逆思维式软文

逆思维式软文要敢于"反其道而思之"，让思维向对立面的方向发展，从问题的相反面深入地进行探索，树立新思想，创立新形象。

可是怎样才算是"反其道而思之"呢？就拿照相来说，一般人们喜欢在摄影师按下快门之前，为了把自己拍得美美的，就把眼睛睁得很大，可由于拍照时，人们往往在等摄影师喊："一！二！三！"但坚持了半天之后，恰巧在"三"字上坚持不住了，而闭上眼睛，就造成了不能一次成品的状况。

所以一个英国伦敦的摄影师换了一个思路。他请照相的人们先闭上眼，听他的口令，同样是喊："一！二！三！"，但在喊到"三"字时一齐睁眼。结果，一次成品照片冲洗出来一看，一个闭眼的也没有，全都显得神采奕奕。

所以，逆向思维就是不按常规出牌，给读者一种不一样的展示，下面就来欣赏一篇逆向思维的软文，如图 1-7 所示。

一个长相帅气、剃着"刺猬头"的男子正对着镜头滔滔不绝地进行演讲。没想到，紧接着该男子就举起双手从后脑勺往前一拉，惊现出一个秃头，"这就是我的真面目。"

拿下假发，让头顶变成一片"不毛之地"，广告男主角的形象顿时相差了十万八千里。别以为这只是一个搞笑视频，这是××假发公司推出的一个促销广告，而且广告的男主角正是公司的老板陈××。

一般的假发广告几乎都是从没头发变成有头发，陈××从事假发行业多年，觉得这样的广告屡见不鲜，根本起不到什么促销作用。为了给人留下深刻印象，他豁出去了，先到理发店理了个秃头，然后再请人帮忙拍摄"从俊男变秃男"的广告。

他的广告因此吸引了很多人的眼球，当人们最终得知这是一条假发广告时，都赞叹其构思巧妙。结果，密林假发公司的产品一下子畅销起来。

众人都是从无到有，陈××偏偏一反常态，来一个"从有到无"，以此俘获消费者的好奇心，继而赚取不菲的利润。看来，运用逆向思维也能取得震撼的、积极的效果。

▲　图 1-7　逆思维式软文

【分析】：

此软文用逆思维以第三方的立场来自然地推出"XX 假发公司"，而不是依靠平常做法，以第一人称来述说广告。

再来看某组合用逆思维式软文来制作宣传海报，如图 1-8 所示。

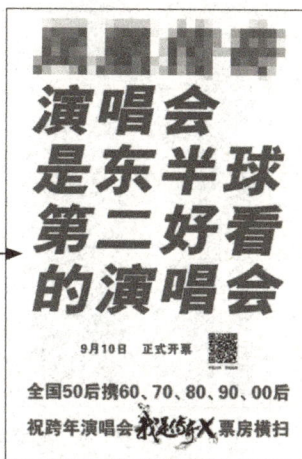

某组合推出的宣传海报剑走偏锋，在某报纸上投放了整版广告，以"第二"来为自己的北京跨年演唱会宣传造势。

▲ 图 1-8　某组合宣传海报

一般来说，企业做广告时几乎都会诉说自己是行业第一、销量第一等，而自认第二的并不常见，这次某组合利用逆向思维，进行了一场很具话题性和争议性的全民争论，无论结论如何，这个组合的曝光度肯定是不小的。

> 💡 专家提醒
>
> 　　所谓逆向思维并不是沿着"原路"走，而是跳跃到一条新的道路上反向前进，从相反的方面抵达同样的目标，或者达到新的目的，或者从相反的方面超越他人。

006　情感式软文

在情感消费时代，情感一直是广告的一种重要媒介，如今消费者购买商品所看重的已不是商品数量的多少、质量的好坏以及价钱的高低，更多是为了一种感情上的需求，一种心理上的认同，即可称之为感性消费。

感性消费是消费者的一种情绪、情感消费，它是基于个人直观感性认识的一种消费形式。感性消费的人群一般都会关注精神生活的内容和情感的需要，通常他们主要凭借个人主观感受进行消费。

所以，企业在写软文时，不仅要在文章中推广产品，还要让软文富有感染力，才能拥有让读者产生相同思想感情的力量，或者能启发读者智慧，抑或产生激励读者感情的能力。那么情感该从哪里挖掘呢？如图 1-9 所示。

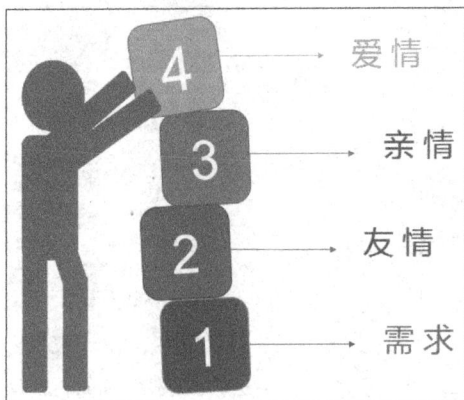

▲ 图 1-9　情感 4 个挖掘点

情感软文最大的特色就是打动人，容易走进消费者的内心，如果企业将所撰写的软文内容做到动之以情，就很有可能俘虏消费者的心房，届时定能受到大众的青睐。

犹如比较经典的"老公，烟戒不了，洗洗肺吧""离开你的日子 我沦为购物狂""我爱你只是隔了两个旺旺的距离""女人，你的名字是天使"等情感软文，都是利用情感特色，打动读者，走进读者的内心，所以"情感营销"一直是百试不爽的灵丹妙药。

下面就来欣赏情感式软文。

不抛弃不放弃

"知道你不轻易放弃，我们也不轻易抛弃，永不畏惧一起向着目标勇敢迈进；我们永不抛弃不放弃，永远和你在一起，就算前路迷茫也要坚信梦想希望闯荡……"一首荡气回肠的《不抛弃不放弃》恰如其分地唱出了我对奇瑞 A5 这些年来的所有感触。两年里 A5 陪着我东奔西跑，不管是上班旅游，还是搬家装修，它陪着我干了很多事。

转眼间，A5 来我家已经两年多了。我不是个很细心的人，也没把车当回事儿，所以 A5 和我一样是完全粗放式成长的。装修的时候，我用它的后备箱装过磁砖，装过五金，装过勾缝剂，装过防水材料，它承载这些东西时，虽然很费力，却毫无怨言……当我从家乡回来时，A5 照样驮着妈妈给我做的棉被和一后备箱的鸡蛋等土特产，奔跑千里，并把我对家乡的满满思念带回了北京。

两年多了，奇瑞 A5 早已成了我家中不可或缺的一员。随着它的成长，我对它的喜爱也与日俱增。我喜欢它那"穹顶"式外观造型，是那么流畅、大气、沉稳，同时又不乏动感，而正是这种稳重的灵活感让我每次驾乘它时总会分外踏实。仿佛只要有 A5 在，一切难题都能迎刃而解……其实，也正是因为 A5 所具有的这些高配置、高品质的特性，才让我敢放心地让它完全粗放式地成长。

身边很多坐过我车的人都说，这车这么长时间了该换了。我随声应承着，却始终找不到真正要置换它的理由。也许是我对它太放心了，几乎从未仔细关注过它的健康，在跑出四万五千公里以前，我除了对它进行正常保养外，其他什么也没有管，虽然出过几次不大不小的事故，但是扔到 4S 店里一修也就完事了。然而再健壮的树苗如果缺少充足的养分也会枯萎，A5 也一样。在我的不管不问下，终于有一天，它变得萎靡不振，转向不如以前自如了，发动机的声音犹如牛喘，方向有些跑偏，行驶起来也不那么平稳了，我这才醒悟我对 A5 的关心实在太少了。

为了弥补 A5，我这一次花了很多钱，将 A5 送到奇瑞汽车的 4S 店里，把该换的都换了，并给它做了四轮定位，清洗了发动机，让它美美地享受了一番。虽然花费并不多，但它的气顺了，声小了，转向灵活了，刹车也灵敏了，又重新回到了年轻时代。而当我再次打量和驾驶它时，看着它俊朗的外表，感受着它自如地行驶，对它又有了新的感觉。我只想说："只要你不放弃，我就永远不抛弃。你是多么棒的一部车啊！"

现在是 5 日凌晨，以为车没有锁，于是下楼去锁了一次。回到楼上，我向下看见奇瑞 A5 的防盗器红灯一闪一闪的犹如熟睡的孩子静静地呼吸，忍不住想说："我的A5，我会陪着你一起慢慢变老，绝不放弃、不抛弃。"

【分析】：

全文将"我"与奇瑞 A5 紧紧相扣，每一处都在诉说奇瑞 A5 陪伴在主人公生活中的事迹，可能这篇文章的关键词"奇瑞 A5"出现的次数太多，很容易让读者联想到此文是否是软文，但此文的情感、生活感非常强，整篇文章都充满了比较浓厚的真实性，让读者深深地感觉到奇瑞 A5 陪伴在主人公身边是那么的契合，那么的不可分离，也可以感受到奇瑞 A5 给主人公的生活带来的便利，这很容易激发消费者购买汽车的欲望，并想要进一步了解奇瑞 A5。

总之，这是一篇情感式软文，走的是朴实路线。这篇文章没有华丽的辞藻，却让读者在视觉上有享受之感；也没有感人的故事情节触动读者的内心，但就是这样一种细水长流般普普通通的字眼，让读者能够静下心来细细品味。

007　创意式软文

随着科技的不断进步，人们开始追求有趣的、好玩的、没见过的新玩意儿，希望每天都有不同的创意围绕在身旁，那样才不会觉得生活枯燥、单调、无味。

如果企业能撰写出让人们感到意外的创意软文，那么很有可能受到人们的追捧和喜爱，甚至不自觉地帮软文做推广，赢得口碑。

下面就来欣赏创意式软文，如图 1-10 所示。

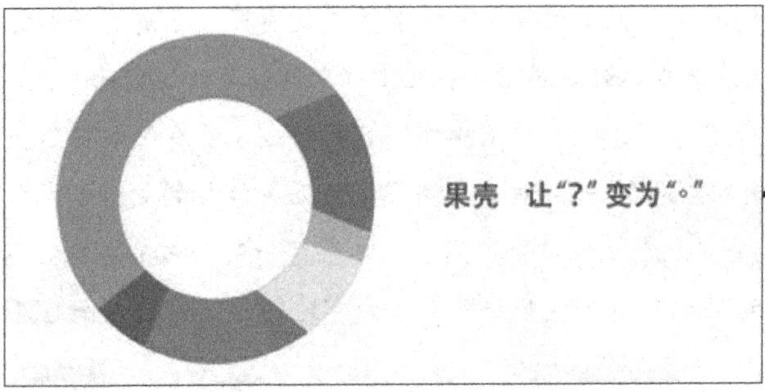

利用标点符号的特性进行创意思维，此软文是要告诉读者，在果壳网上能将人们心中的问题变成答案。

此创意式软文，以不告诉人们具体促销内容为前提，又突出了促销力度的大小，并且抓住了人们的"掌控"心理，很容易勾起消费者的兴趣。

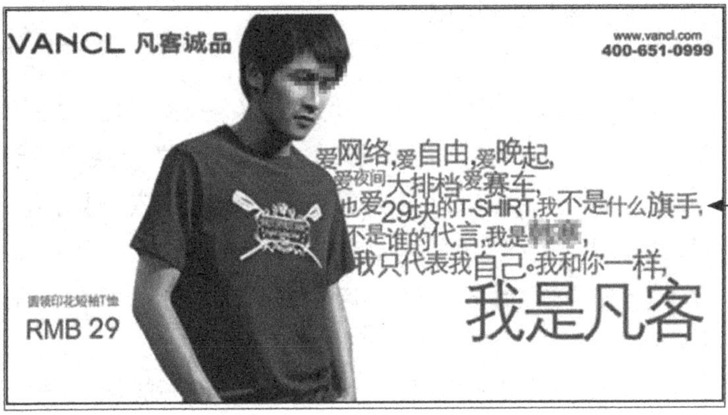

凡客诚品创造的"凡客体"也属于创意式软文的范畴，它充满个性，很多网民都会用自己的想法，做出属于自己的凡客体，使凡客品牌知名度提升了一个档次，并且还增加了品牌的口碑。

▲ 图 1-10　创意式软文

【分析】：

上面的几则创意式软文是属于"文字＋图"的范畴，是一种非常常见的创意方式，都是从人们少见的角度出发，进行创意式软文的撰写，这样的软文能给读者留下深刻的印象。

创意是一个很灵活的词汇，它一般不会主动出现在软文撰写者的脑袋里，而是需要软文撰写者去挖掘灵感，可是怎样才能挖掘创意灵感呢？下面就来讲几个方法。

1. 制造新闻

新闻在人们的生活中已经属于必不可少的产物，只要企业学会制造新闻，如年中年会、年底座谈会或经销商大会、知名人士到访或是企业领导参加知名活动等，这类事件都可以作为制造新闻的素材，只要软文中写得真实、不太夸张，也算是一篇新闻创意式软文。

💡 **专家提醒**

> 制造出新闻创意式软文，不仅可以提升产品的曝光率，还可以增加企业的品牌知名度。只要能保证新闻创意式软文写得真实、可靠，必能达到营销目的。

2. 搬出数据

数据类软文总体上来说和其他软文创意招数是一样的，但是由于其数据类型比较多，所以也有它自己的写作特点，如下所示。

- 自身调查，有些数据是自己做测试或者调查的结果，也非常有说服力。
- 重在加工，有了数据之后，加工成用户喜欢看的内容很重要。
- 第三方网站上下载，比如艾瑞网就有很多可以利用的数据。

善于搜索，在百度新闻搜索中，搜索相关关键词就能发现很多原始的数据分析，我们可以在这些数据的基础上进行整理和加工。

💡 **专家提醒**

> 在软文中可以通过一些数据调用、文字信息、图片、图表等方式来穿插自己产品的广告，从而达到合理的宣传。这样的创意软文写起来会比较快，并且说服力很强。

3. 用故事说话

企业可以利用故事进行创意大爆发，故事可以从公司产品、企业家本人、消费者、企业活动、员工生活等下手，只要用心关注国内外热点事件、焦点，带着行动目标去想如何讲故事，那么故事创意软文就出炉了。

企业还可以想出一个凄美的爱情故事、励志的奋斗故事、悲惨的人生经历等，只要能把自己的产品很契合地融入到故事中，就能达到一定的效果。

下面就来欣赏一篇创意小故事。

老公刚到家，突然听到有男人打呼噜的声音，他在门外犹豫了 5 分钟，默默离开，给老婆发了条短信："离婚吧！"然后扔掉手机卡，远走他乡。

三年后，他们在另一个城市偶然相遇，妻子流泪："当年为何不辞而别？"男人简述了当时的情况。妻子转身离去，淡淡地说："那是瑞星杀毒软件！"

17

【分析】：

通过"老婆出轨""丈夫远走他乡""三年后，相遇"来推出原来是"瑞星杀毒软件"引起的误会，如此创意十足的创意式软文，让人捧腹不已的同时，也让人记住了产品。

> 💡 **专家提醒**
>
> 企业在利用热点事件进行创意思维时，一定要关注最近的热点事件，通过热点事件来发挥想象力，把自己的产品融入到热点事件中，这样能快速地吸引人们的眼球。

4. 拿竞争对手造势

拿竞争对手造势是一种将矛头指向竞争对手，从中突显出自己优点的方式，就如之前被炒得沸沸扬扬的苏宁易购与天猫之战，那可谓真正是相互之间的互呛，苏宁易购用了 2 则富有情感的"双十一你该多一个选择"创意式软文，把矛头直指天猫，然后在网络上出现了"回扇"版，当时风靡了整个网络。

不得不说，此创意式软文非常有针对性，海报中的主角天猫与苏宁"互扇""互掐"，能让读者直呼"过瘾"，脑洞大开的文案真的不一般。用天猫的红对比苏宁易购的蓝，既有嘲讽又有真相，大家"其乐融融"，并且引发读者的大量转发和围观热议。

008　反情感式软文

反情感式软文是与情感式软文相反的情感类诉求。情感式软文表达的是美好的、温馨的，而反情感式软文正好相反，如"你正走向死亡的边缘！""宝贵的生命 慢慢的远离""一天睡不好，等于三天衰老""少时不学习，老大徒伤悲！"等，以恐吓的形式引起消费者的注意，下面来欣赏反情感式软文，如图 1-11 所示。

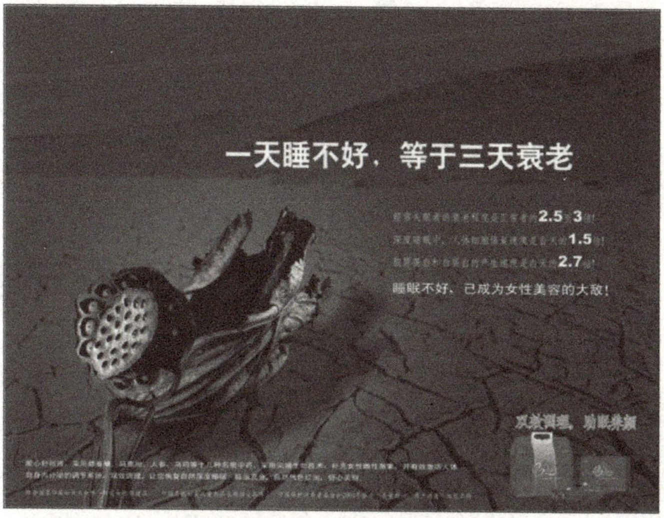

▲ 图 1-11　反情感式软文

第 2 章

22 种软文标题玩法

学前提示　在这个软文满天飞的互联网＋时代，读者不会花费过多的时间去一篇篇阅读软文，而是凭借文章标题对他们的吸引力，若标题足够有创意、有价值、能勾起读者的兴趣，那么读者才会点击阅读。本章将讲解 22 种常用标题，带领大家一起随意玩转软文标题。

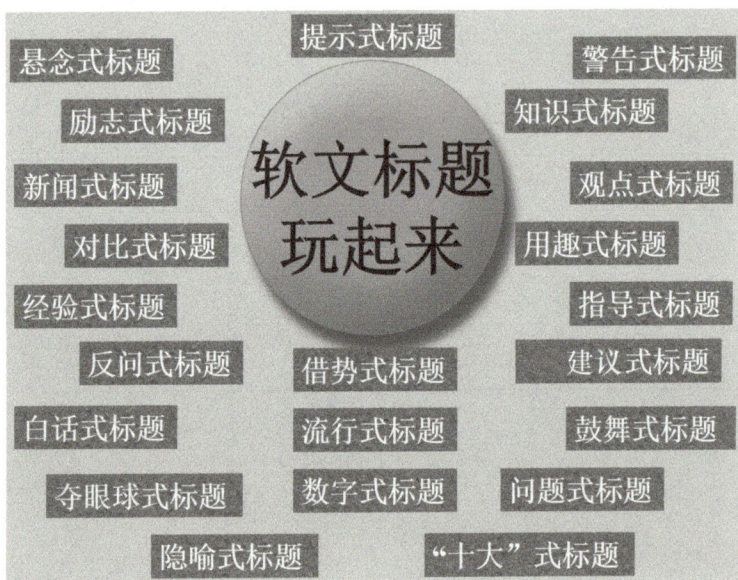

软文标题玩起来

提示式标题
悬念式标题
警告式标题
知识式标题
励志式标题
新闻式标题
观点式标题
对比式标题
用趣式标题
经验式标题
指导式标题
反问式标题
建议式标题
借势式标题
白话式标题
流行式标题
鼓舞式标题
夺眼球式标题
数字式标题
问题式标题
隐喻式标题
"十大"式标题

009　悬念式标题

悬念式标题是指将软文中最引人的内容先在标题中来个提示或暗示，在读者心中悬下疑团，引发读者思考、诱发读者的好奇心。

在日常生活中悬念式标题非常受欢迎，就拿人们看电视来说，有一家地方电视台把悬念式标题运用得相当灵活，无论是在综艺节目还是电视剧中，任何一处过场广告、预告广告、片尾广告都会放置让观众去猜测的悬念式标题或内容。

如"一年级大危机，XX 老师去哪儿了？""新兴行业 高中生抢大学生饭碗？""跨年演唱会国际巨星来袭，她是格莱美的座上宾，她坐拥 4000 万专辑销量，她是？"等，这些悬念式标题在当时是非常引人关注的。

不过需要注意的是，此类标题要增加软文内容的可读性，否则悬念设置后，内容太苍白或者太过于常规会给读者一种失望的感觉，从而在读者心中大打折扣，导致企业美誉度降低。

企业在设置软文营销中的悬疑式标题之前，需要将答案设置好，然后再根据答案来设置悬疑标题，毕竟悬疑是为了答案服务的，如果过于追求标题的噱头，答案却平实而无质量，只会变成"标题党"，造成恶意炒作的行为。

就拿《老公别把你的专业，变成伤害我的工具！》这个标题来说，将专业、伤害这 2 个词语放在一起，很容易让人浮想联翩，整个标题就为观众设置了一个大大的带有悬念式的疑问，读者们都会带着自己认为的答案去阅读，这样既激发了读者的思考，又吸引读者带着"看看是否与自己想的一样""到底是怎样的工具"等问题去阅读此文，如图 2-1 所示。

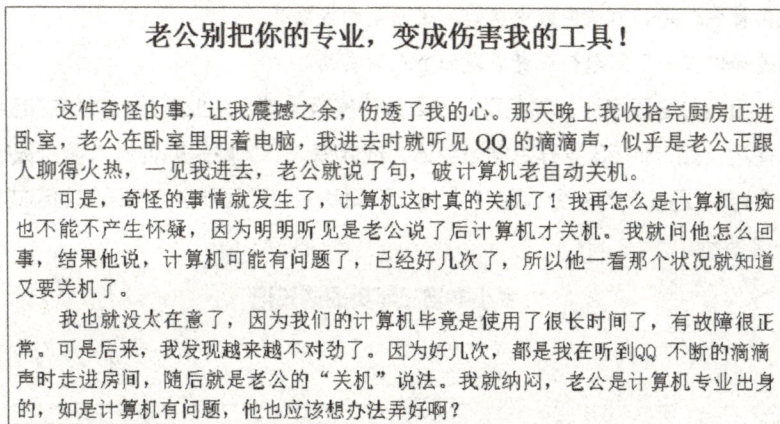

老公别把你的专业，变成伤害我的工具！

这件奇怪的事，让我震撼之余，伤透了我的心。那天晚上我收拾完厨房正进卧室，老公在卧室里用着电脑，我进去时就听见 QQ 的滴滴声，似乎是老公正跟人聊得火热，一见我进去，老公就说了句，破计算机老自动关机。

可是，奇怪的事情就发生了，计算机这时真的关机了！我再怎么是计算机白痴也不能不产生怀疑，因为明明听见是老公说了后计算机才关机。我就问他怎么回事，结果他说，计算机可能有问题了，已经好几次了，所以他一看那个状况就知道又要关机了。

我也就没太在意了，因为我们的计算机毕竟是使用了很长时间了，有故障很正常。可是后来，我发现越来越不对劲了。因为好几次，都是我在听到 QQ 不断的滴滴声时走进房间，随后就是老公的"关机"说法。我就纳闷，老公是计算机专业出身的，如是计算机有问题，他也应该想办法弄好啊？

▲ 图 2-1　悬念式标题

> **专家提醒**
>
> 　　要谨记软文营销中的悬念标题如果只是为了悬念，这样只能博取大众 1 ~ 3 次的眼球，很难长久。如果内容太无趣、无法达到软文引流的目的，那就是一篇失败的软文，软文营销活动也会随之泡汤。所以企业在软文营销中设置悬念式标题时需要非常慎重，并且要有较强的逻辑性，切忌为了标题走钢索，而忘却了软文营销的目的和软文的质量。

010　励志式标题

　　励志式标题实际上就是从自身出发来讲述一个故事，这个标题可以让企业现身说法，讲述自己成功背后的辛酸、成功的秘诀等。

　　如今很多人都想致富，可却苦于没有致富的定位，而这个时候适合给他们看励志式软文，让他们知道企业是怎样打破困难枷锁，走上人生巅峰的。读者对他人的故事感到特别好奇，从而使这个标题的结构看起来很诱惑人。现身说法标题模板有 2 种：一种模板为 "＿＿＿＿＿是如何使我＿＿＿＿＿＿的。"

　　示例：

　　一个 "傻瓜绝技" 是如何使我成为成功销售人员的

　　一个简单的点子是如何使我成为公司经理的

　　另一种模板为 "我是如何＿＿＿＿＿＿＿的"，这种模板的侧重点在于 "最终受益的大小决定了这个问题能不能成功"。

　　示例：

　　在销售中我是如何从失败中奋起，进而走向成功的

　　我是如何将一个问题企业变成我的个人财富的

　　当然模板总归是模板，并不是一定要按照模板出牌，企业能想出其他好的点子，也可以使用，如 "他 53 岁开始学习英语，成效惊人" "她是如何进入渣打银行工作的？" "3 天，迅速拿到外企 offer！" 等，下面就来欣赏几则学习英语的励志式标题，如图 2-2 所示。

九岁小学霸三年英语成长记

2015-12-15 11:01:08　　小学资讯　小学学科辅导　小学数学　👁 阅读(359)　💬 评论(0)

学报

　　自从《爸爸去哪儿》播出了以后，乐 XX 就被里面的小朋友惊叹得不要不要的：多多，Kimi，Feynman，Joe，夏天他们一个个的英语都说得非常溜，日常的英语交流都没有问题，而且多多还能用英语创写剧本！果然从小的语言环境还有小孩子的语言学习能力有很大的关系。

中学生吴X看电影学英语

吴X是东北育才中学日语特长班的学生，英语大赛中获奖无数（怪了，日语特长班却成了英语特长？），2008年，获得全额助学金，就读美国著名高中Choate Rosemary Hall，此校排名全美前20名，是肯尼迪总统的母校。从披露的资料看，他的英语，主要得益于自小看英语片，以及大量的阅读，语法则基本上没怎么重视，甚至跟不上学校老师的语法讲解。

会9国外语的超级学霸，看他怎么学？

来自：　　　　2015-03-12 11:34:08

马修·约登能流利说9门语言，还能听懂另外十几门！其实很长时间我都不知道他是英国人。我连学一门外语都觉得超吃力，后来他给我以下的要点。如果有和我一样觉得自己没天赋学得累的人，开始笔记吧！

▲ 图 2-2　励志式标题

【分析】：

这 3 则励志式标题，都以具体"人物"的学习事迹为噱头，在吸引用户注意力的同时，还增添了一点权威性和阅读价值。

011　新闻式标题

新闻式标题一般都是比较正规且权威的，常见的新闻标题有单行、双行等多种形式，只要清楚描述时间、地点、人物等几个基本的要素即可，如图 2-3 所示。

2015维多利亚秘密内衣秀 原来设计师内心住着小公举

来源：观察者 作者：时间：2015-12-11 14:57:26

[导读]2015年维多利亚的秘密(Victoria\'s Secret)内衣大秀落下帷幕，评价褒贬不一，褒的是肯达尔詹娜(Kendall Jenner)和吉吉哈迪德(Gigi Hadid)两位新人的惊艳表现，贬的主要是今年内衣的设计。

菜根谭和私享家定制酒达成网络营销顾问服务合作　　　收藏 分享

发布时间：11:10:08 作者：菜　　阅读次数：583　：583

11月22日，秋高气爽，艳阳高照。菜根谭网络营销机构和深圳市私享家商贸在经过多次沟通后，双方正式签订网络营销顾问服务合作协议。

《大圣归来》登顶2015年国内动画电影冠军

2015年07月23日00:52　　娱乐　微博　收藏本文　　A⁻　A⁺

▲ 图 2-3　新闻式标题

新闻式标题的特点是"一针见血，具有权威性"，这样编辑出来的文章可以放在网站的"企业新闻"或是"行业新闻"等类似的栏目中，会显得很有权威性。

012　对比式标题

对比式标题是通过与竞争对手同类产品进行对比来突出自己产品的优点，加深读者对产品的认识，如"国内'三大搜索'：三国鼎立 or 蜀吴曹操""诺基亚的今天难道会是小米的明天""做工和体验才是重点 小米 4 对比锤子手机"等。

对比式标题还可以加入悬念式标题的手法，能更加突显标题的特色，吸引消费者的注意力，如中国台湾地区中兴百货的平面海报广告《思想的天使，身体的魔鬼》《上海只适合 XX，不适合 XX》等，都是既用了对比，又有悬念，很符合当代大众的口味。

下面来欣赏几个对比式标题，如图 2-4 所示。

都是大屏+四核 索尼T2 Ultra对比HTC 816

责任编辑　2014-05-14 05:27:00 [　村在线 原创] 作者：　宁　责编：　亚南

★ 收藏文章　　阅读全文　　分享到　　暂无评论

　　大尺寸屏幕向来就很受到中国消费者的追捧，它能够提供出非常棒的视觉娱乐体验。然而如今的大块头 智能手机 并不代表着笨重，也不用牺牲卖相，在国际品牌阵营中，索尼Xperia T2 Ultra和HTC Desire 816这两款产品就兼具大屏幕和超薄时尚外观，并且也都是高通骁龙四核平台，售价也比较亲民，如果你在这两款产品之中陷入了选择困难症，今日就不妨跟随笔者来看一下两款产品各自的实力吧。

大屏就打持久战 荣耀X1/iPad mini2续航对比

2014-04-08 05:29 [　　线 原创] 作者：龙飞　责编：雷

★ 收藏文章　　阅读全文　　分享到　　评论(193)

　　随着华为荣耀X1这款7英寸手机宣布超级大屏时代的诞生，当你有了手机还在纠结是不是在去买一部平板电脑时，相信这样一款产品基本上可以打消你的疑虑。无论是看视频、看电子书还是玩游戏，华为荣耀X1在一定程度上都可以满足大家对通话和大屏的全部需求。

差不多or差太多？千元机和旗舰机对比

2015-02-25 05:29:00 | 在线 原创 | 作者： 龙飞 | 责编： 龙飞

收藏文章 阅读全文 分享到 评论(237)

自投身成为一位手机频道编辑，向朋友、同学推荐手机成为笔者的一种副业（首先声明，我真的不卖手机）。和国际厂商循序渐近的良性成长不同，国产手机厂家往往是在相互攻击和价格战中厮杀出来，这也造就了千元机和旗舰机并存的奇葩情景。所以对于那些不熟悉手机的用户来说，手机一般分为三个段位：苹果 iPhone（4000+）、旗舰机（1999元）和千元机（799元），对大家选机造成了不少干扰。

▲ 图 2-4 对比式标题

专家提醒

企业运用对比式标题时，一定要注意文中内容要与标题相符合，不能只夸自己产品的优点，一定也要指出对方产品的优点，然后再在对方优点的基础上，指出自身产品的可行之处，方能成为一篇实实在在的性价比对比式软文。

013 经验式标题

在生活中，经验式标题特别受读者喜爱，因为读者多以带有目的性的姿态去阅读软文，想在软文中吸取某些方面的经验与总结，当然对文章的逻辑性要求也很高，通过对大量文章的阅读对比，让读者感到眼前一亮，读过之后还可以少走很多弯路。

需要注意的是，经验式标题下的软文内容要具备一定的权威性以及学术性，或者至少经验性较突出，切忌出现大量的抄袭，或者是随便上网就能找到的内容。

例如，“中国目前十大高新行业排行榜”“女人一生一定要做的 20 件事”“必备！5 大澳洲留学必下 APP”“创业者什么钱不能拿”，这类标题一般属于经验分享式的软文，吸引人的地方就在于经验大放送、总结归纳性，这是很多读者所喜欢的，如图 2-5 所示。

中国目前十大高薪行业排行榜

收藏人：360_doc518 +关注 与TA对话

2014-06-25 | 阅：43170 转：8 | 来源 A | 分享 分享到微信 转藏到我的图书馆

热门职业 1 网络营销师

在互联网时代，懂得与时俱进的企业都会意识到网络营销的重要性。为了借助互联网低门槛、低成本的优势，大大小小的企业都纷纷进军互联网开展网络营销。当每一个企业都离不开网络营销的时候，这一领域就需要大量的人才投入，因此，网络营销正在迎来一个更广阔的就业前景。

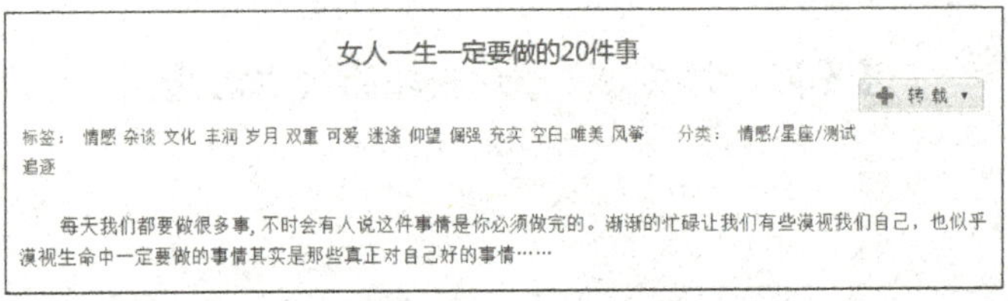

女人一生一定要做的20件事

转载

标签： 情感 杂谈 文化 丰润 岁月 双重 可爱 迷途 仰望 倔强 充实 空白 唯美 风筝 追逐　　分类： 情感/星座/测试

每天我们都要做很多事，不时会有人说这件事情是你必须做完的。渐渐的忙碌让我们有些漠视我们自己，也似乎漠视生命中一定要做的事情其实是那些真正对自己好的事情……

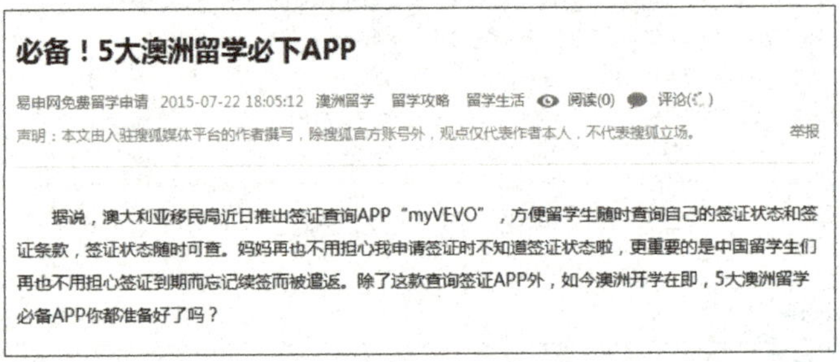

必备！5大澳洲留学必下APP

易申网免费留学申请 2015-07-22 18:05:12 澳洲留学 留学攻略 留学生活 阅读(0) 评论( )

声明：本文由入驻搜狐媒体平台的作者撰写，除搜狐官方账号外，观点仅代表作者本人，不代表搜狐立场。　举报

据说，澳大利亚移民局近日推出签证查询APP“myVEVO”，方便留学生随时查询自己的签证状态和签证条款，签证状态随时可查。妈妈再也不用担心我申请签证时不知道签证状态啦，更重要的是中国留学生们再也不用担心签证到期而忘记续签而被遣返。除了这款查询签证APP外，如今澳洲开学在即，5大澳洲留学必备APP你都准备好了吗？

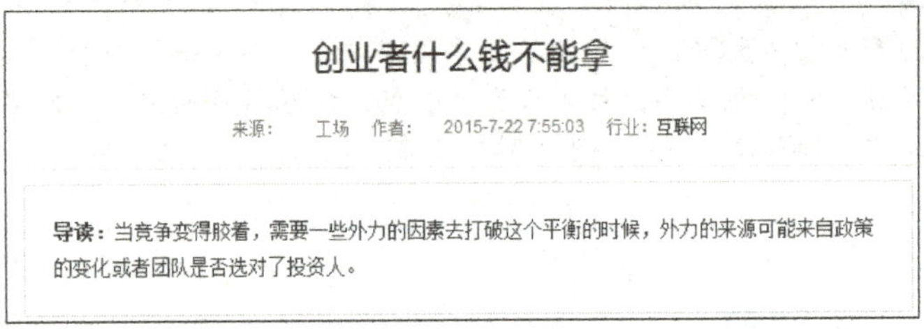

创业者什么钱不能拿

来源：　工场　作者：　2015-7-22 7:55:03　行业：互联网

导读：当竞争变得胶着，需要一些外力的因素去打破这个平衡的时候，外力的来源可能来自政策的变化或者团队是否选对了投资人。

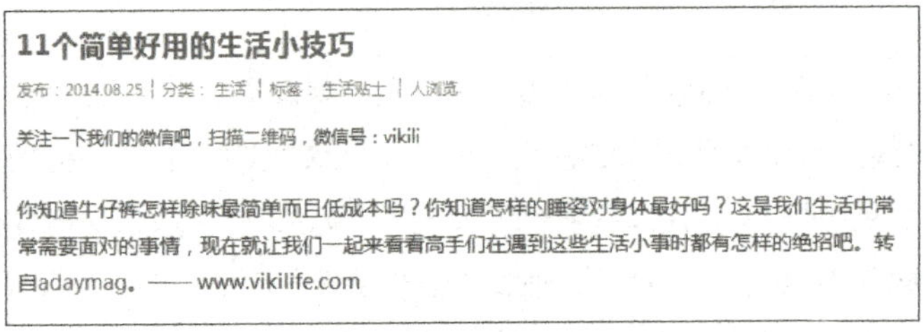

11个简单好用的生活小技巧

发布：2014.08.25 ｜ 分类： 生活 ｜ 标签： 生活贴士 ｜ 人浏览

关注一下我们的微信吧，扫描二维码，微信号：vikili

你知道牛仔裤怎样除味最简单而且低成本吗？你知道怎样的睡姿对身体最好吗？这是我们生活中常常需要面对的事情，现在就让我们一起来看看高手们在遇到这些生活小事时都有怎样的绝招吧。转自adaymag。—— www.vikilife.com

▲ 图 2-5　经验式标题

014　反问式标题

反问式标题是通过提出问题来引起关注，继而引发消费者兴趣，启发他们的思考，以产生共鸣，留下印象。

例如，“鸡肋不好吃 裸眼 3D 处境尴尬为哪般？”“360 宣布硬件彻底免费！红衣教主图什么？”“假期畅爽打游戏 哪些路由让你告别卡顿？”，这类标题几乎都是先诉说事件，然后再提出问题，如图 2-6 所示。

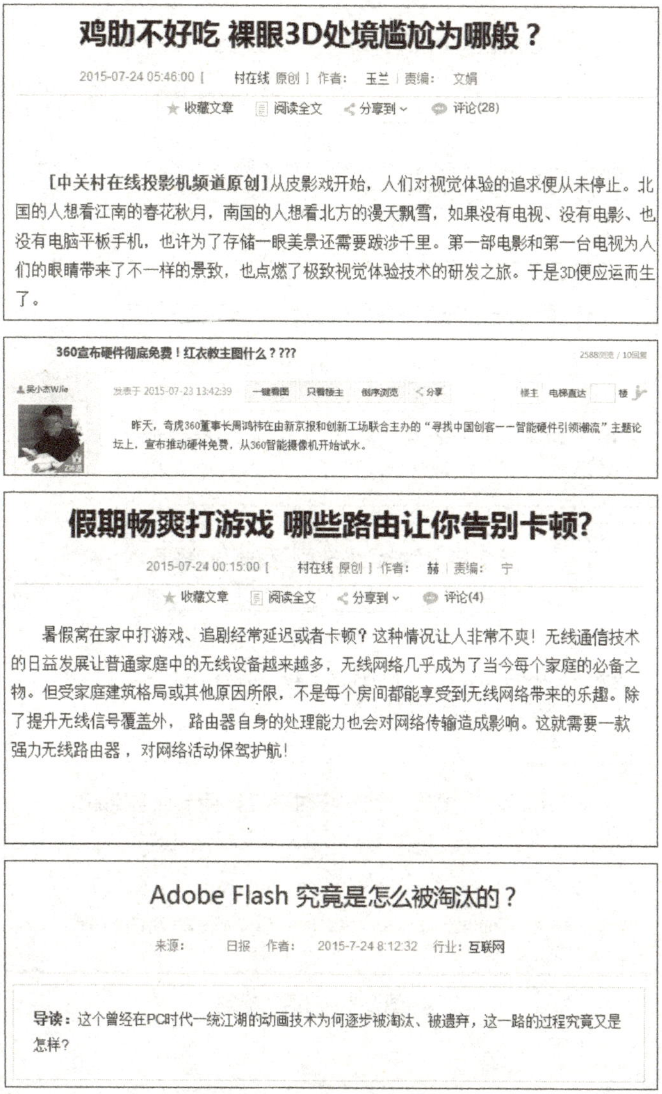

鸡肋不好吃 裸眼3D处境尴尬为哪般？

2015-07-24 05:46:00 [村在线 原创] 作者：玉兰 | 责编：文娟

★ 收藏文章　📄 阅读全文　⪡ 分享到 ⌄　💬 评论(28)

　　[中关村在线投影机频道原创]从皮影戏开始，人们对视觉体验的追求便从未停止。北国的人想看江南的春花秋月，南国的人想看北方的漫天飘雪，如果没有电视、没有电影、也没有电脑平板手机，也许为了存储一眼美景还需要跋涉千里。第一部电影和第一台电视为人们的眼睛带来了不一样的景致，也点燃了极致视觉体验技术的研发之旅。于是3D便应运而生了。

360宣布硬件彻底免费！红衣教主图什么？???

吴小志Wjie　发表于 2015-07-23 13:42:39　　一键看图　只看楼主　倒序浏览　⪡ 分享　　2588浏览 / 10回复　楼主 电梯直达 楼 🔧

　　昨天，奇虎360董事长周鸿祎在由新京报和创新工场联合主办的"寻找中国创客——智能硬件引领潮流"主题论坛上，宣布推动硬件免费，从360智能摄像机开始试水。

假期畅爽打游戏 哪些路由让你告别卡顿?

2015-07-24 00:15:00 [村在线 原创] 作者：赫 责编：宁

★ 收藏文章　📄 阅读全文　⪡ 分享到　💬 评论(4)

　　暑假窝在家中打游戏、追剧经常延迟或者卡顿？这种情况让人非常不爽！无线通信技术的日益发展让普通家庭中的无线设备越来越多，无线网络几乎成为了当今每个家庭的必备之物。但受家庭建筑格局或其他原因所限，不是每个房间都能享受到无线网络带来的乐趣。除了提升无线信号覆盖外，路由器自身的处理能力也会对网络传输造成影响。这就需要一款强力无线路由器，对网络活动保驾护航！

Adobe Flash 究竟是怎么被淘汰的？

来源：　日报　作者：　2015-7-24 8:12:32　行业：互联网

　　导读：这个曾经在PC时代一统江湖的动画技术为何逐步被淘汰、被遗弃，这一路的过程究竟又是怎样？

▲ 图 2-6　反问式标题

015　白话式标题

　　白话式标题就是直奔主题，把软文中的核心主题直接陈诉出来，直接把企业品牌、产品以及主打内容通过标题透露给读者，这样既可以节省读者的浏览时间，又可以使企业的产品或品牌曝光到目标客户或潜在客户的视野中，增加产品销量、品牌关注度、企业美誉度。

　　下面就来欣赏白话式标题，如图 2-7 所示。

独角兽俱乐部2015：十亿美元公司启示录

来源： 科技 作者： 2015-7-21 8:05:44 行业：**互联网**

导读： 许多备受风险投资者青睐的创业者都寻求创立更大、更具影响力的企业，并获得十亿美元甚至更高估值。我们把这些公司称为"独角兽"，因为要成就这一切需要克服极大地困阻、罕见的障碍。

阿里云发布11款新产品及50个行业解决方案

来源：新浪科技 作者：无双 2015-7-24 10:44:51 行业：**互联网**

导读： 首届阿里云分享日×云栖大会北京峰会召开，吸引了海内外2000余名开发者、创业者及生态伙伴参与。

5个A股传统企业转型互联网的案例

来源： 嗅 作者： 旭东 2015-7-24 7:54:08 行业：**互联网**

导读： 汤臣倍健的思路，或可为急于向互联网转型的传统企业所借鉴。除了花大成本自己闷头苦干，还可以拉帮结伙，找几个小兄弟去抢占高地。

Win 10即将发布，微软临时决定弃用一重要功能

来源： 镭网 作者： 不绝 2015-7-23 15:03:20 行业：**互联网**

导读： 总的来看，取消自动同步这一功能，将给使用Win 10的设备带来更大的自由和灵活度。

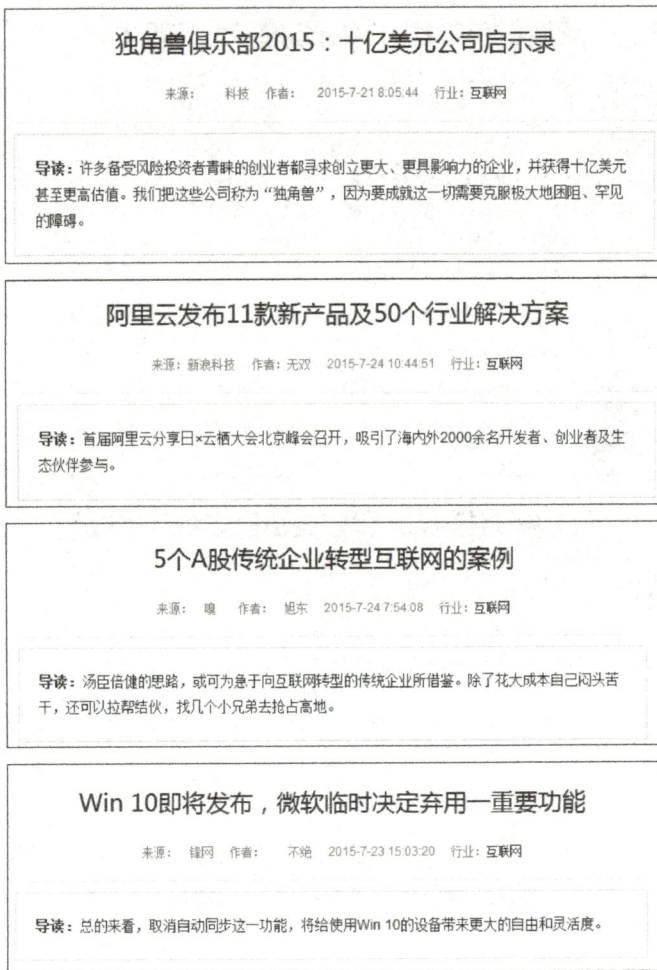

▲ 图2-7 白话式标题

💡 **专家提醒**

　　白话式标题比较适合一些知名企业宣传推广用，小型企业如果想要采用白话式标题，最好选用与自己产品相符合的知名度较高的品牌产品做标题内容的主语，或者把热门话题演变成自己的标题。

016　夺眼球式标题

　　夺眼球式标题的目的就是吸引人的目光以增加点击量，给人一种不可思议的感觉，其写作思路就是不走寻常路，如"一个拾荒匠三年竟然赚了270万元！"这样的标题

会让人觉得匪夷所思，而又急切地想知道到底是如何在三年之内赚到 270 万元的，如图 2-8 所示。

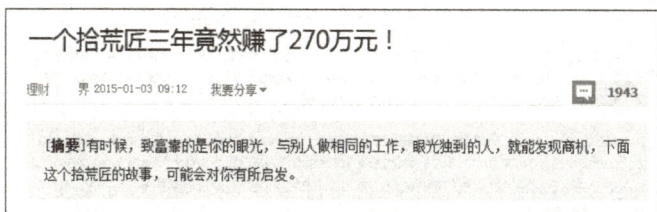

一个拾荒匠三年竟然赚了270万元！

理财　界 2015-01-03 09:12　我要分享▼　　　　　　　　　　□ 1943

[摘要]有时候，致富靠的是你的眼光，与别人做相同的工作，眼光独到的人，就能发现商机，下面这个拾荒匠的故事，可能会对你有所启发。

▲ 图 2-8　夺眼球式标题

　　夺眼球式标题与普通式标题形成鲜明对比，如普通式标题为"软文写作的一些指导意见"，爆炸式标题为"他靠一篇软文赚了 800 万元！"，哪一个更引人注意呢？对普通读者来说，能与物质挂上钩的话题，一般都能轻而易举地受到读者关注，且愿意对其进行深入了解。

　　夺眼球式标题一定要放大读者内心的渴望点，若读者需要减肥那就要点出快速减肥、高效减肥等主题；若想育儿那就体现出育儿技巧、轻松不费力等，来使得企业软文标题主题与读者的自身需求高度契合，从而吸引读者注意力。

> 🔅 **专家提醒**
>
> 　　夺眼球式标题也可以用数据来吸引人，特别适用于电商标题，如"月销 1000 万元的某某产品"，不过这种标题应用过于频繁，所以重点还是要以产品自身的优势为主，尽量从分析消费者心态、目的性角度来设置夺眼球式标题。

017　隐喻式标题

　　隐喻式标题是以消费者为核心，利用比喻的修辞方法，使标题增加新意，让读者加深印象，引起读者的好感。

　　隐喻多借助人的本身知识、修养、情操等，对广告标题给以合理的想象和发挥，提高读者的意境。例如，某软文标题《中国网络营销培训七宗罪》，用西方宗教的七宗罪来隐喻中国网络营销培训现状，在业内引起骚动，被转载了几百次，拥有至少 100 万次的曝光量，还有"社区 O2O 是首页互联网公司的滑铁卢""宜家：在电商大浪下的 3 大不死秘籍""让品牌和青春谈场恋爱！"等，如图 2-9 所示。

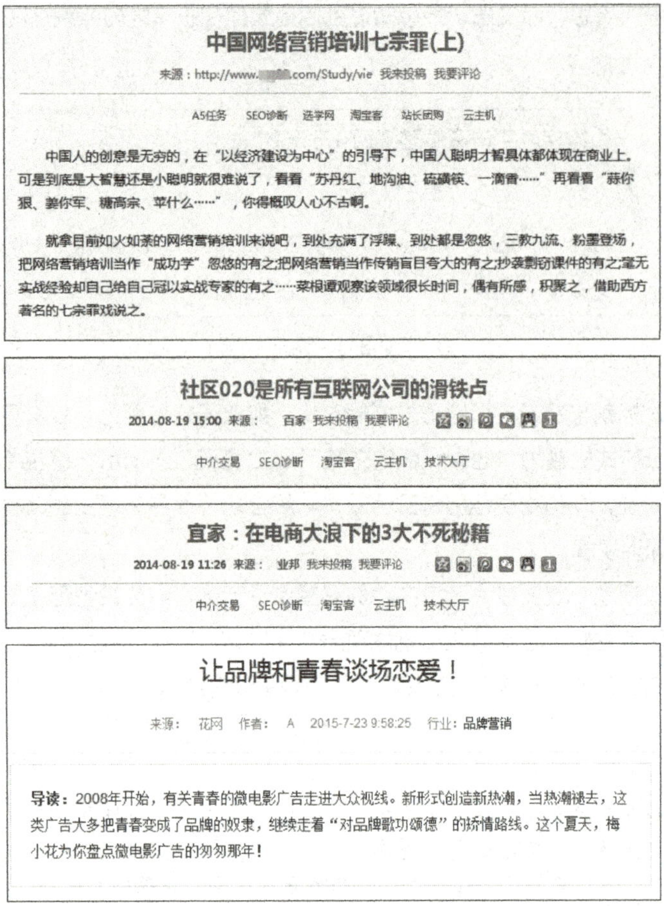

中国网络营销培训七宗罪(上)

来源：http://www.████.com/Study/vie 我来投稿 我要评论

A5任务　SEO诊断　选学网　淘宝客　站长团购　云主机

中国人的创意是无穷的，在"以经济建设为中心"的引导下，中国人聪明才智具体体现在商业上。可是到底是大智慧还是小聪明就很难说了，看看"苏丹红、地沟油、硫磺筷、一滴香……"再看看"蒋你狠、姜你军、糖高宗、苹什么……"，你得概叹人心不古啊。

就拿目前如火如荼的网络营销培训来说吧，到处充满了浮躁、到处都是忽悠，三教九流、粉墨登场，把网络营销培训当作"成功学"忽悠的有之;把网络营销当作传销盲目夸大的有之;抄袭剽窃课件的有之;毫无实战经验和自己冠以实战专家的有之……菜根谭观察该领域很长时间，偶有所感，积聚之，借助西方著名的七宗罪戏说之。

社区O2O是所有互联网公司的滑铁卢

2014-08-19 15:00 来源：　百家 我来投稿 我要评论

中介交易　SEO诊断　淘宝客　云主机　技术大厅

宜家：在电商大浪下的3大不死秘籍

2014-08-19 11:26 来源：　业邦 我来投稿 我要评论

中介交易　SEO诊断　淘宝客　云主机　技术大厅

让品牌和青春谈场恋爱！

来源：花网　作者：A　2015-7-23 9:58:25　行业：品牌营销

导读：2008年开始，有关青春的微电影广告走进大众视线。新形式创造新热潮，当热潮褪去，这类广告大多把青春变成了品牌的奴隶，继续走着"对品牌歌功颂德"的矫情路线。这个夏天，梅小花为你盘点微电影广告的匆匆那年！

▲ 图 2-9　隐喻式标题

018　提示式标题

提示式标题，是以劝勉、叮咛、希望等口气来撰写标题，目的在于催促读者采取相应的行动。例如，某品牌果珍软文标题是"冬天喝热的果珍"，香吉士柠檬的广告标题是"加点新鲜香吉士柠檬，让冰茶闪耀阳光的风味"，如图 2-10 所示。

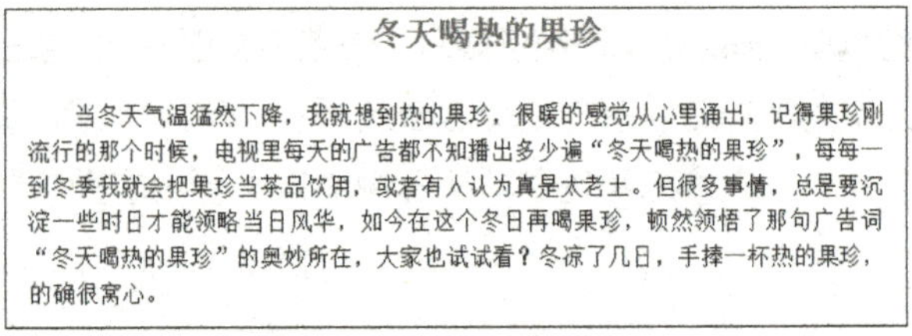

冬天喝热的果珍

当冬天气温猛然下降，我就想到热的果珍，很暖的感觉从心里涌出，记得果珍刚流行的那个时候，电视里每天的广告都不知播出多少遍"冬天喝热的果珍"，每每一到冬季我就会把果珍当茶品饮用，或者有人认为真是太老土。但很多事情，总是要沉淀一些时日才能领略当日风华，如今在这个冬日再喝果珍，顿然领悟了那句广告词"冬天喝热的果珍"的奥妙所在，大家也试试看？冬凉了几日，手捧一杯热的果珍，的确很窝心。

▲ 图 2-10　提示式标题

这一类提示式标题容易让人产生共鸣，但需要注意的是在写作这类标题时要绝对谨慎，否则容易引起读者反感。

提示式标题兼具多种优点，主要有以下 3 点。

- 标题主动地劝说或暗示读者去做或去思考某些事情。
- 标题一般直接言明所推荐产品的某种用途或使用方法。
- 此类标题直接或间接地将使用该品牌产品的利益告诉读者，标题就具有了动之以情、晓之以理的双重功能。

019　借势式标题

所谓借势式标题，就是借取别人的名气进行标题的撰写，再直白一点就是利用名人或热点事件的名气为噱头，定会吸引不少读者的眼球。

例如，一直虚胖的主持人杜XX，竟然破天荒地瘦了 20 斤，就这个信息，笔者在百度上搜索"杜XX瘦20斤"，就能检索到22 400条信息，并且有很多新闻围绕"XX瘦身"来做新闻标题，如图 2-11 所示。

▲ 图 2-11　以名人做标题噱头

在利用明星做软文标题时，还可以适当加入自己产品的主题与之契合，也是不错的选择。例如，360 手机助手就与"杜XX瘦身"进行了一个质的结合，如图 2-12 所示。

▲ 图 2-12　名人＋产品标题

　　总之，跟名人搭边的任何事情，都会引起大众的关注，不管是他们的工作、生活还是他们的兴趣等。如果企业所写的软文主题和名人能搭上关系的话，就能借着名人的气势，进行一场明星效应风暴。

　　下面再欣赏几则借势式标题，如图 2-13 所示。

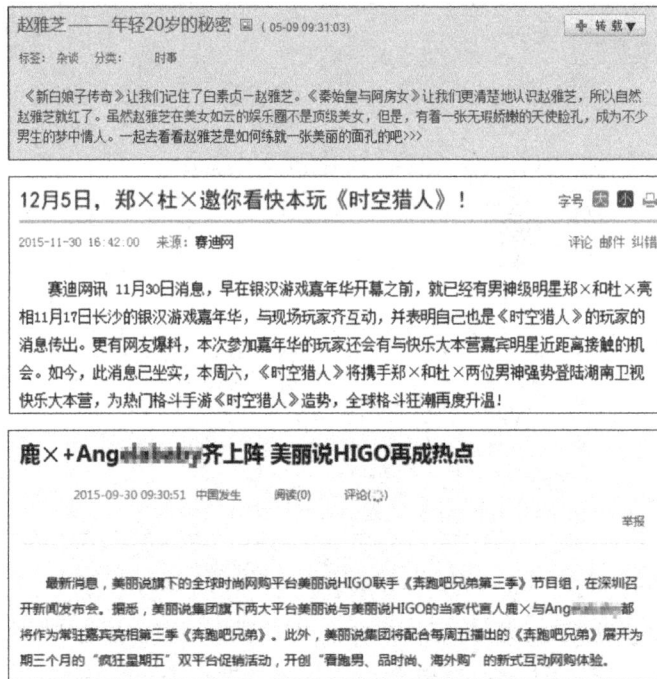

▲ 图 2-13　借势式标题案例

020 流行式标题

流行式标题就是拿网间流传的热门语言为标题噱头,如"DUANG""我也是醉了""hold 住""high"等,来吸引消费者的注意力,下面就来欣赏几则流行式标题案例,如图 2-14 所示。

看完我也是醉了

2014年9月14日 23:44 | 阅读 117

姐姐昨天结婚了,嫁给了从初中一直追求她到大学的男孩。昨天在跟姐姐拍照时,我问姐姐喜欢追求你的那么多帅哥,你怎么嫁给他。姐姐说他从初中到现在9年他以各种各样的方式存在姐姐身边,他表白几百次都被拒绝。他每次表白姐姐都给一个白眼就走开,姐姐每次恋爱他就彻底消失在姐姐的世界,失恋时又突然出现安慰着姐姐。终于这9年他从一个高中没读完在一家公司做营销员做到地区经理,从50平方米的出租房到现在的别墅。从天天挤公交跑业务到现在开保时捷接送姐姐上学。他这9年做了什么付出了多少对姐姐小心翼翼的爱,终于在今天有了交代。他哭着说:他说过程有多么的不尽人意可结果就是他想要的结果。是啊,只要你去努力,所有事情都会有一个好结果。不奢求你做什么,只希望你能等到那个最好的我。让我对我的青春有个交代!

【冬季旅游】一起来北方high~

2015-12-10 09:31:14 温泉 滑雪 户外 👁 阅读(221) 💬 评论(0)

举报

　　自第一场雪以来,以滑雪、赏洞、泡温泉为主题的沂水冬季旅游渐渐拉开帷幕,进入精彩的沂水冬季旅游,这在北方旅游传统淡季的尴尬时节,成为江北冬季旅游的一枝独秀。

[天下]《 iPhone 5抽奖进行时,你怎能Hold住》 　只看楼主 收藏 💬回复

厦门宝际汽修　厦门地区用户参与活动就免费送汽车检修,顶帖赢大礼!
活动时间:
4月20日-5月30日。
活动方式:
1.按照报名方式填写"姓名(先生/女士)、汽车型号",并取得版主提示"报名成功",即可凭此到店参与免费活动;
2.凡是活动期间顶帖的网友,即可获得一次幸运抽奖资格,有机会赢取价值4900元的iPhone 6一台。

duang一下房价就降了 江北惊现3000元/平方米房源

2015-03-18 07:24:00 乐居 (参与讨论)

提要:据《新文化报》在新文化网发起的《降息!买房?大白你咋看?》网络问卷调查结果显示,降息后购房者最关注的还是房价的走势,49%的人最关注的仍是房价。

　　乐居讯(编辑 邱斯惠)据《新文化报》在新文化网发起的《降息!买房?大白你咋看?》网络问卷调查结果显示,降息后购房者最关注的还是房价的走势,49%的人最关注的仍是房价。不少开发商也是顺势而为,年后惠州不少的楼盘以各种形式降价让利,纷纷出现了各类特价房、团购房,有的直降上千元每平方米,在惠博沿江路上甚至出现了3000元/平方米的特价房,下面小编就带大家一起去看看惠州有哪些楼盘拥有特价房源。

▲ 图 2-14 流行式标题案例

这种朗朗上口的流行语言，可以给人们一种深刻的印象，在一定程度上还是能引人注意的。

021　数字式标题

数字式标题是指在标题中署明具体的数据，一般来说，数字对人们的视觉冲击效果是不错的，一个巨大的数字能与人们产生心灵的碰撞，很容易让人产生惊讶之感，想要得知数字背后的内容，就来欣赏几则数字式标题，如图 2-15 所示。

▲ 图 2-15　数字式标题案例

022　警告式标题

　　警告式标题常常通过警告或"恐吓"的手法吸引读者对软文的关注，从而产生一种危机感。下面就来欣赏几则警告式标题案例，如图 2-16 所示。

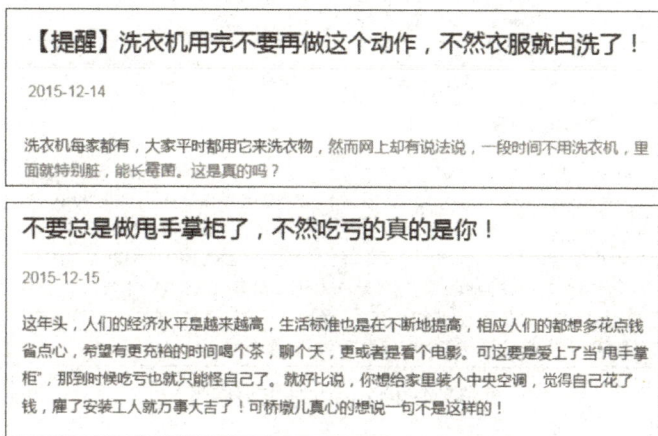

【提醒】洗衣机用完不要再做这个动作，不然衣服就白洗了！

2015-12-14

洗衣机每家都有，大家平时都用它来洗衣物，然而网上却有说法说，一段时间不用洗衣机，里面就特别脏，能长霉菌。这是真的吗？

不要总是做甩手掌柜了，不然吃亏的真的是你！

2015-12-15

这年头，人们的经济水平是越来越高，生活标准也是在不断地提高，相应人们的都想多花点钱省点心，希望有更充裕的时间喝个茶，聊个天，更或者是看个电影。可这要是爱上了当"甩手掌柜"，那到时候吃亏也就只能怪自己了。就好比说，你想给家里装个中央空调，觉得自己花了钱，雇了安装工人就万事大吉了！可桥墩儿真心的想说一句不是这样的！

▲ 图 2-16　警告式标题案例

　　警告式标题下的内容应由陈述某个事实开始，凭借事实让读者意识到之前的所作所为是错误的，从而产生一种极度的危机感。

023　知识式标题

　　所谓知识式标题，就是让读者通过标题即可对软文中的主体内容了然于胸，并且以传递知识为噱头，吸引读者的注意力，下面就来欣赏几则知识式标题案例，如图 2-17 所示。

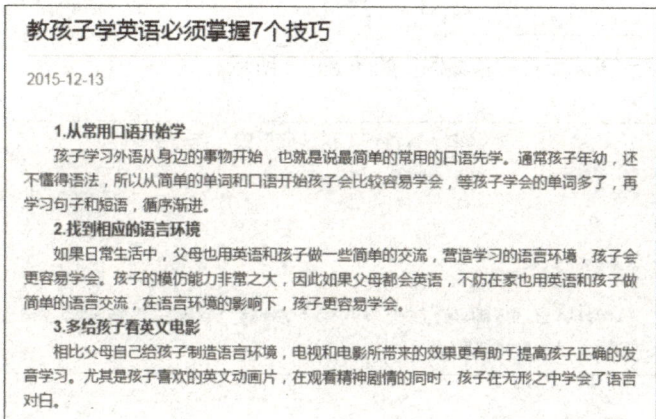

教孩子学英语必须掌握7个技巧

2015-12-13

1.从常用口语开始学
孩子学习外语从身边的事物开始，也就是说最简单的常用的口语先学。通常孩子年幼，还不懂得语法，所以从简单的单词和口语开始孩子会比较容易学会，等孩子学会的单词多了，再学习句子和短语，循序渐进。
2.找到相应的语言环境
如果日常生活中，父母也用英语和孩子做一些简单的交流，营造学习的语言环境，孩子会更容易学会。孩子的模仿能力非常之大，因此如果父母都会英语，不妨在家也用英语和孩子做简单的语言交流，在语言环境的影响下，孩子更容易学会。
3.多给孩子看英文电影
相比父母自己给孩子制造语言语言环境，电视和电影所带来的效果更有助于提高孩子正确的发音学习。尤其是孩子喜欢的英文动画片，在观看精神剧情的同时，孩子在无形之中学会了语言对白。

检测创业时机是否成熟的10个问题

在第二轮电子商务的创业热潮中，许多还没创业的人也早已在心中闪过创业的念头了，也许是还没做好创业的充分准备，也许是觉得时机未到？！想到了就要记录，记录了就要说出来，说出来了就去做，做了就要做好，做了了还要坚持，耐得住寂寞和冰冷的眼光！

那么，具备什么样的条件才算是时机到了呢？

一、你是否发展出一个能够创造利润的创新经营模式？而且也需要能够描述经营模式中顾客需求、核心策略、资源整合能力、价值链各要素的内涵及创造利润的可能方式。

移动互联网APP推广前必须考虑的10个问题

1、用户需求过于垂直

比如有个朋友开发的一个基于失眠用户的 APP，一个针对失眠用户的 IM 工具。我感觉这个用户群体太细分了，一方面很多大的 IM 已经有这样的功能，那些失眠用户为何还要下载这样的 APP？创新点是什么？能对用户有什么帮助，很多问题都需要思考。所以这样的 APP 要想推广好，实在太难。类似这样的 APP 很多，主要的原因就是用户需求过于细分，虽然用户的特征很精准，但是推广起来用户量会非常少，就像 2D 的产品在 2C 的媒体上推广一样，转化率一定非常差。所以，建议大家在创业做 APP 的时候，在用户群体的选择中不要选择过于细分的群体，这样推广起来会非常难。

▲ 图 2-17 知识式标题案例

024 观点式标题

所谓的观点标题，是以表达观点为核心的一种标题撰写形式，一般会在标题上精准到人，会将人名放置在标题上，在人名的后面会紧接着对某件事的个人观点或看法，下面就来看几种观点式标题的常用公式。

- "某某认为 _____"
- "某某称 _____"
- "某某指出 _____"
- "某某资深 _____，他认为 _____"
- "某某：_____"

下面就来欣赏观点式标题案例，如图 2-18 所示。

罗振宇：踩住眼下这块西瓜皮，专心！

来源：▓▓年网
作者：   【字号：大 中 小】【打印】【纠错】

羊城▓▓▓记者何▓

2014年12月13日，由《新周刊》主办的"2014中国年度新锐榜"颁奖典礼在大理古城举行，为这一年的中国立榜，为一个时代测量体温。

▲ 图 2-18　观点式标题案例

025　用趣式标题

所谓用趣式标题，就是用有趣的、别有一番风味的字眼来凑成标题，往往会使读者过目不忘、记忆深刻，下面就来欣赏几则用趣式标题，如图 2-19 所示。

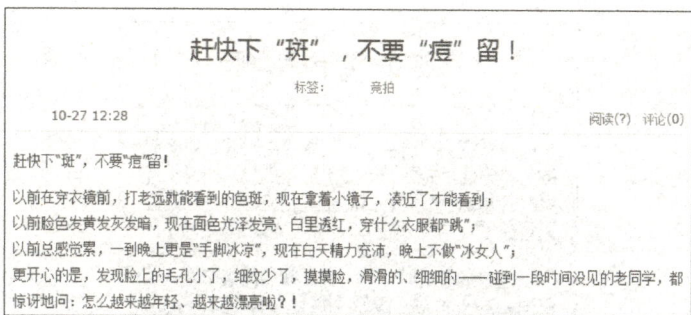

▲ 图 2-19　用趣式标题案例

企业用生动、幽默、诙谐的语言来撰写软文标题，可以将标题变得有生气，用恰当的修辞手法，使标题有活泼、俏皮、谐音的效果，只要运用得当、不夸张、符合软文内容及主题，定能令读者回味无穷。

026　指导式标题

所谓指导式标题，就是针对某一个具体的事情进行一个方法传递，在标题中扣住"如何""怎样""某某的养成之道""更简单某某之道"之类的字眼。比如《选择好店面才能带来好生意》《淘宝网购物，如何防止上当受骗》，往往这一类标题可以吸引大部分新人或者对未知领域感兴趣的“好奇宝宝”的目光。

如何撰写指导式标题呢？其实很简单，要注意内容必须要有较强的专业性、经验性；轻微插入软文广告，排除硬广植入的情况；不要直接复制粘贴别人的文章，要针对具体文章推出一个“指导性教程”，同时还可以把广告完美地融合进去，即可撰写出一个好的指导式标题。

下面就来欣赏指导式标题案例，如图 2-20 所示。

如何做好一份微信营销方案

软文推广 9377雷霆之怒 产品推广 雷霆之怒服务器 个人二手房出售 软文营销 魔兽世界 减肥加盟

我发现网上没有一篇文章可以很系统地讲解一份微信营销方案是如何做的，所以这次我特别分享一下微信营销方案究竟是如何做出来的。

首先，你要分清楚计划和方案的区别，计划可以说是一个框架，而方案就是这框架里面的具体内容，要把微信营销方式、运营、活动、工作安排和很多细节等都写清楚。

如果客户或老板要求你做方案，除非你对这个行业很熟悉，或者以前有相关的营销经验，否则什么根基都没有立刻做营销方案都是不现实的。当然如果老板非逼你做方案不可，这也没关系，文章最后我会教你如何快速做微信营销方案，但是一开始我还是要先讲一下做微信营销方案的详细步骤。

在淘宝网上购物如何避免上当受骗！ + 转载▼

标签： 网上购物 淘宝 时尚 信用 安全 受骗 支付宝 上当 分类： 网购课堂

一. 不要把你的钱直接汇款到对方的银行卡账号上：

尽量使用支付宝中间交易，永远不要把你的钱直接汇款到对方的银行卡账号上！骗子们总是说你不用支付宝我可以给你折扣，用不用支付宝有什么区别呢？有区别！那就是：用支付宝付款，你有保障！直接给对方汇款，等于给骗子送钱！

教您如何选择车型

随着经济的日益发展，随着主观客观所造成的工作与住所距离的日益拉远，以及人们对于行事方便和面子享受的日益注重，购车的人已经愈见增多了。

但在购车之时，却大有不知如何选车之人。首先，对于价格、配置、性能、保值率等无法面面俱知。其次，即使知道了一些信息，购车者也可能不太清楚到底将何者放在第一位考虑比较划算，或者某些根本就不需要放入考虑的范围之内。再者，就每一个细分项，购车者又需要去查看哪些必备件呢……一切的一切都有很大的讲究。那么，在此请允许我们这期周刊邀请一些专家、媒体、网友来给您一些指点或是意见吧……

▲ 图 2-20 指导式标题案例

【分析】：

这一类标题让广告植于无形之中，且有一定的后续性，因为一篇好的指导性文章，读者一定会多次阅读，如果实用性强，还具有推广性、传播性。

专家提醒

指导式标题的设置会让读者觉得此软文的广告性比较弱，而不会对其过于排斥，对企业来说，此类软文能大大加快软文营销活动成功的步伐。

027 建议式标题

所谓建议式标题是指以给人建议的口吻将标题展现出来，最好能抓住人们的逆反心理——"不让他们干什么，这时读者往往都会想干什么"，这样效果会比较显著，下面就来欣赏几则建议式标题案例，如图 2-21 所示。

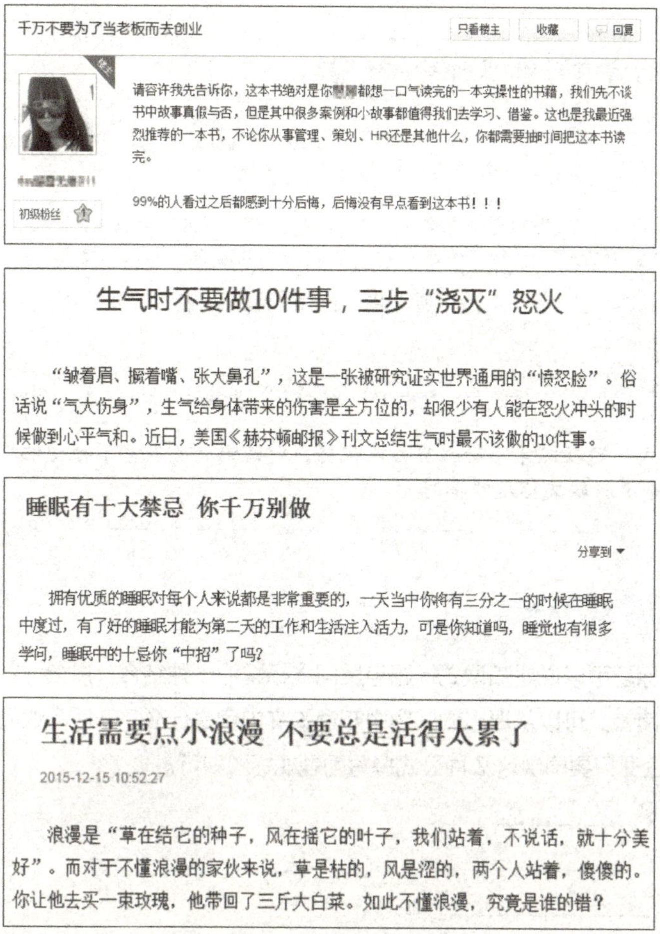

▲ 图 2-21 建议式标题案例

028 鼓舞式标题

鼓舞式标题是用鼓动性的词句来号召人们快速作出购买决定的标题。此类标题的文字要有力量，能起到暗示作用，且易于记忆，使消费者易于接受广告宣传的鼓动而产生购买行为。

下面来看几种鼓舞式标题案例，如图 2-22 所示。

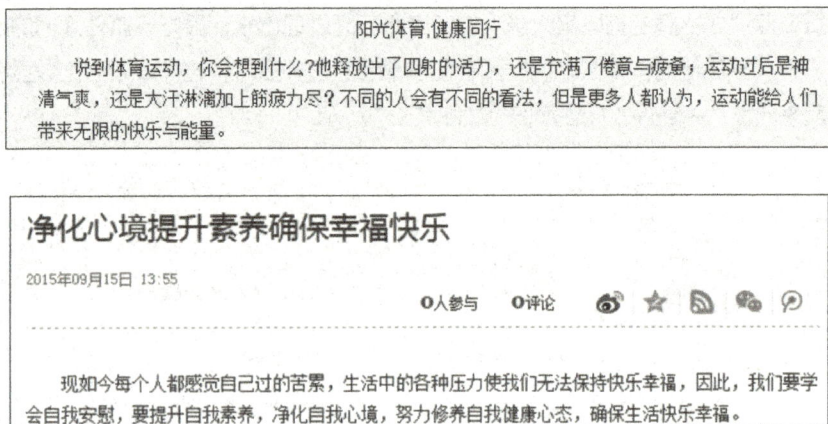

阳光体育,健康同行

说到体育运动，你会想到什么?他释放出了四射的活力，还是充满了倦意与疲惫;运动过后是神清气爽，还是大汗淋漓加上筋疲力尽?不同的人会有不同的看法，但是更多人都认为，运动能给人们带来无限的快乐与能量。

净化心境提升素养确保幸福快乐

2015年09月15日 13:55

0人参与　　0评论 🐦 ☆ 📰 🐷 🅿

现如今每个人都感觉自己过的苦累，生活中的各种压力使我们无法保持快乐幸福，因此，我们要学会自我安慰，要提升自我素养，净化自我心境，努力修养自我健康心态，确保生活快乐幸福。

▲ 图 2-22　鼓舞式标题案例

💡 专家提醒

鼓舞式标题在文学修辞上应力求婉转，以回避一般人都不愿受他人支配的心理特点，来进行软文标题的撰写。

029　问题式标题

问题式标题可以说是知识式标题与反问式标题的一种结合，以提问的形式将问题提出来，而读者又可以从提出的问题中知道软文内容是什么，一般来说问题式标题有 7 种公式，企业只要围绕这 7 种公式撰写问题式标题即可。

"什么是 ＿＿＿＿＿＿＿＿"

"为什么 ＿＿＿＿＿＿＿＿"

"怎样 ＿＿＿＿＿＿＿＿"

"如何 ＿＿＿＿＿＿＿＿"

"＿＿＿＿＿＿＿＿ 有哪些诀窍"

"＿＿＿＿＿＿＿有哪些秘籍"

"某某：当你遇到＿＿＿＿＿＿＿问题时"

下面来欣赏几则问题式标题案例，如图 2-23 所示。

巴厘岛旅游必修课：任性购物有诀窍

2015年07月27日08:05　来源：　网　🔲手机看新闻

打印　网摘　纠错　商城　分享　推荐　人民微博　🔲　🔲关　字号➕➖

热爱购物？速速看过来！雅虎网网罗全球珍品，为您奉上最值得一买的那些"玩意儿"采购指南，让您像个本地行家一样任性血拼。

有人说巴厘岛像一支循环播放悠扬的歌，一个永远也道不完说不尽的故事，在那里，日子一天天过，如梦如幻，让人流连忘返，回味无穷。站在太平洋沿岸，深吸一口气，嘴里满是咸咸的海风，让人垂涎，让人陶醉。眼前风景如画，旭日犹如东道主脸上的笑容，暖暖的沁入人心。然而，这座印度尼西亚小岛的魔力不仅体现在其曼妙好风光上，更体现在游客朋友们的亲身体验中，体现在一步步融入其中，巴厘一行，不枉此生。来巴厘岛，就是去寻原生态，找寻本性，因此尽量避开随处可见的纪念品小店，去寻觅独一无二的物件，它们往往既便宜又独具个性，值得一买。以下是小编总结的一些购物小技能，希望对各位有一定帮助。

如何评定优秀教师？

2015-12-15 09:37:01　教师　学生　课程　👁 阅读(549)　💬 评论(🔲)

举报

评定一位优秀教师的标准——他应该是个多面手，同时拥有自己精通的研究领域；他可以轻松组织各种大型课程，也可以完美领导小组研讨；他既可以教授初级课程，也可以驾驭高级课程。在美国高校众多的考核标准中，有一些因素无法预测，又至关重要，这也成为了决定老师好坏的关键一票。

公务员考试复习：为什么看书都懂了考试却不会？

2015-12-15 14:11:36　公务员动态　国家公务员　公务员经验技巧　👁 阅读(109)　💬 评论(0)

举报

公务员考试需要复习备考，但为什么看书都懂了，考试却不会？相信这一问题一定困扰着很多考生，明明自己也努力看书复习了，但就是考不上，只能一次次的与"成公"失之交臂。下面，国家公务员考试网（www.🔲🔲y.org）就来帮考生简单分析一下其中原因。

▲ 图 2-23　问题式标题案例

030 "十大" 式标题

所谓 "十大" 式标题，是指标题扣住 "十大" 为公式主题，一般 "十大" 式标题的传播效率很高，在网站和论坛大多容易被转载，并且很容易产生一定的影响力，下面就来欣赏 "十大" 式标题案例，如图 2-24 所示。

2015年最酷的十大旅游胜地

Anna Abel   我要评论()   英文

世界很大，而且还在变得更加广大。我认识的每一位认真对待旅行的人都说，每次游历世界上一个新的角落时，他们的旅行愿望清单反倒变得更长了。

那么我们该如何确定目的地的优先次序呢？最新的安全度假去处或尚未被人发现的地方是哪里？介于设施不足和开发过度之间的旅游地有哪些？那些熟知的目的地还有什么新的发现？有哪些是现在不抓紧去，以后就看不到的？

暑期十大旅游热门城市出炉

16:19:05 来源： 旅游   分享到：   A⁻ A⁺

来自同程旅游的统计数据显示，截至日前，上海、北京、广州、厦门、桂林、苏州、南京、成都、青岛、武汉成为目前为止的暑期十大旅游热门城市。

这一数据来自于同程旅游城市旅游预订指数，该指数以同程旅游平台酒店、景点门票、自助游套餐的预订数据综合核算获得，可以比较客观地反映出旅游城市受欢迎程度。

"中国好书榜"：2015年度十大好书推荐
来源   学习网   2015-01-20 13:10

软文推广   软文营销   个人二手房出售   9377雷霆之怒   小学生好书推荐

书，是知识经验的载体，它记载着古今中外的各类知识，它可以对我们扩大视野、增长见识、丰富积累、提高素质，有着十分积极的意义。2015年度十大好书推荐希望能为你的阅读提供更好的选择。

网站推广的十大技巧

来自： ▓▓▓▓▓▓ 电箱)

1．软文网站推广法。写文章，或者引用好文章，里面巧妙地加入自己的网址。

2．博客网站推广法。软文要有发表的地方。一个是发到论坛，文章站，一个是发到博客里。发到博客里有个好处，不会被乱删。

3．同盟网站推广法。单打独斗出不了英雄好汉，一个人的精力、时间和聪明才智毕竟太小，因此，要懂得借用外力。几个站长联合在一起，达成宣传共识。在宣传自己网站的时候，顺便也捎带上别的网站。用同样的劳动，得到更多的收获。

▲ 图 2-24 "十大" 式标题案例

第3章

7 种软文内容布局

学前提示

软文营销中的内容形式多种多样，它不会使企业受到限制，不过企业想要在软文营销的世界里大展拳脚，还得摸清软文营销内容布局的方式。

- "总分总"式布局
- 倒置式式布局
- 层进式布局
- 镜头剪接式布局
- 平行式布局
- 软文营销内容布局
- 疑团式式布局
- 倒三角式布局

031 疑团式布局

所谓疑团式布局，是指把一个完整的故事在情节发展的关键点分割开来，通过设置疑团不作解答的方式，借以激发读者的阅读兴趣。想要制造疑团，可以用以下 3 种形式，如图 3-1 所示。

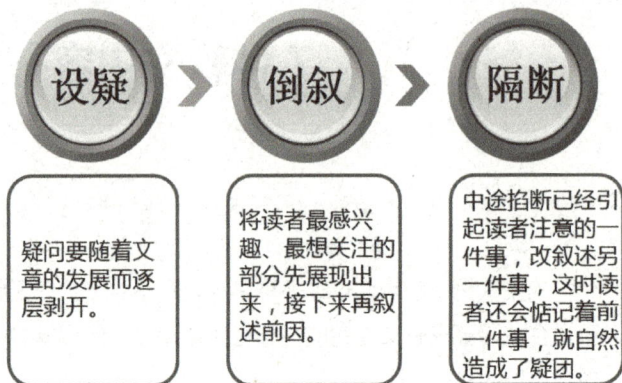

设疑 ▶ 倒叙 ▶ 隔断

疑问要随着文章的发展而逐层剥开。

将读者最感兴趣、最想关注的部分先展现出来，接下来再叙述前因。

中途掐断已经引起读者注意的一件事，改叙述另一件事，这时读者还会惦记着前一件事，就自然造成了疑团。

▲ 图 3-1 制造疑团的形式

疑团式布局的核心是提出一个问题，并且需要提炼一到两个产品的神秘卖点，围绕提出的问题自问自答，需要注意的是回答问题时不能一次性说完，而要根据进度慢慢抖包袱，使读者产生急切的期盼心理，在适当的时机揭开谜底，如图 3-2 所示。

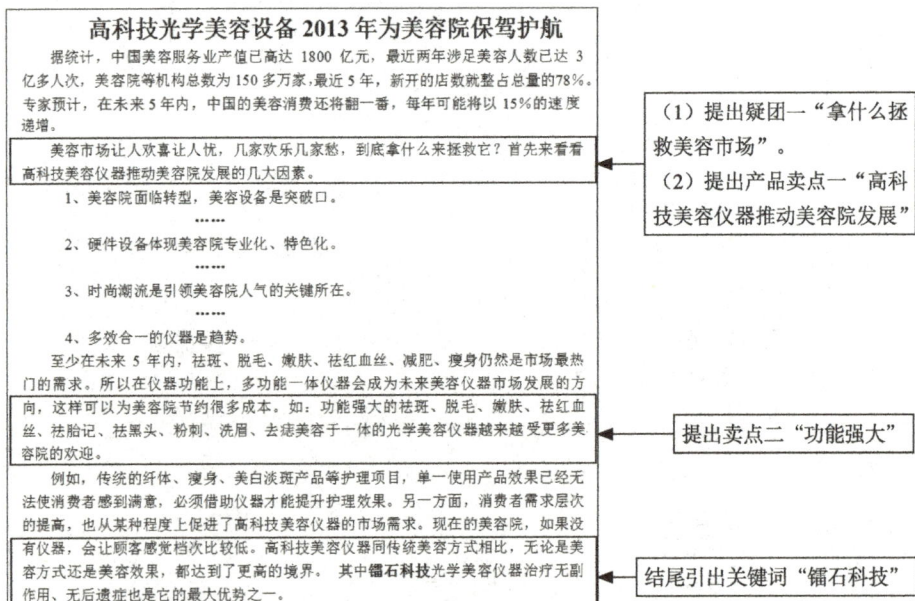

高科技光学美容设备 2013 年为美容院保驾护航

据统计，中国美容服务业产值已高达 1800 亿元，最近两年涉足美容人数已达 3 亿多人次，美容院等机构总数为 150 多万家，最近 5 年，新开的店数就整占总量的78%。专家预计，在未来 5 年内，中国的美容消费还将翻一番，每年可能将以 15%的速度递增。

美容市场让人欢喜让人忧，几家欢乐几家愁，到底拿什么来拯救它？首先来看看高科技美容仪器推动美容院发展的几大因素。

1、美容院面临转型，美容设备是突破口。

......

2、硬件设备体现美容院专业化、特色化。

......

3、时尚潮流是引领美容院人气的关键所在。

......

4、多效合一的仪器是趋势。

至少在未来 5 年内，祛斑、脱毛、嫩肤、祛红血丝、减肥、瘦身仍然是市场最热门的需求。所以在仪器功能上，多功能一体仪器会成为未来美容仪器市场发展的方向，这样可以为美容院节省很多成本。如：功能强大的祛斑、脱毛、嫩肤、祛红血丝、祛胎记、祛黑头、粉刺、洗眉、去褪美容于一体的光学美容仪器越来越受更多美容院的欢迎。

例如，传统的纤体、瘦身、美白淡斑产品等护理项目，单一使用产品效果已经无法使消费者感到满意，必须借助仪器才能提升护理效果。另一方面，消费者需求层次的提高，也从某种程度上促进了高科技美容仪器的市场需求。现在的美容院，如果没有仪器，会让顾客感觉档次比较低。高科技美容仪器同传统美容方式相比，无论是美容方式还是美容效果，都达到了更高的境界。其中镭石科技光学美容仪器治疗无副作用、无后遗症也是它的最大优势之一。

(1) 提出疑团一"拿什么拯救美容市场"。

(2) 提出产品卖点一"高科技美容仪器推动美容院发展"。

提出卖点二"功能强大"

结尾引出关键词"镭石科技"

▲ 图 3-2 疑团式布局

通过疑团引起话题和关注是这种布局的优势。但是必须要掌握火候，首先提出的问题一定要有吸引力，答案要符合常识，不能作茧自缚、漏洞百出。

疑团式布局虽然很容易引起读者的注意，可是怎样才能做到将软文内容说一半留一半，并且还能勾起读者的阅读兴趣呢？其实要做到这一点并不难，只要沿着正确的方向，按照合理的步骤进行下去即可，如图 3-3 所示。

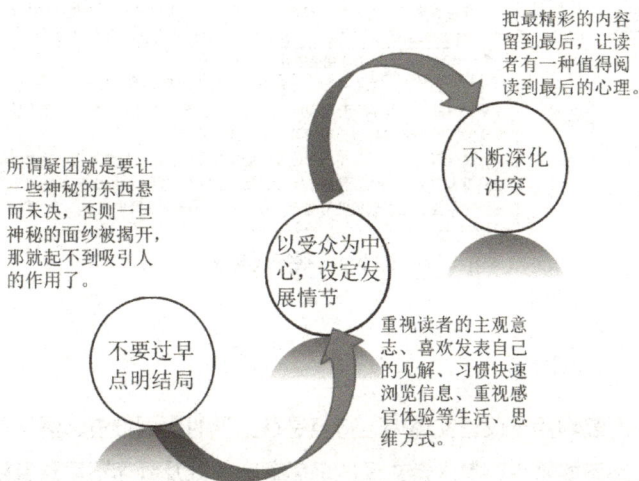

所谓疑团就是要让一些神秘的东西悬而未决，否则一旦神秘的面纱被揭开，那就起不到吸引人的作用了。

以受众为中心，设定发展情节

不要过早点明结局

重视读者的主观意志、喜欢发表自己的见解、习惯快速浏览信息、重视感官体验等生活、思维方式。

把最精彩的内容留到最后，让读者有一种值得阅读到最后的心理。

不断深化冲突

▲ 图 3-3 疑团式布局的写作步骤

032 平行式布局

所谓平行式布局，是从若干方面入笔，并列平行地、不分主次地叙述事件，或是一种以几个平行并列的内容，有层次地论证中心论点的结构方式。其特点是将事件、事物或论题分成几个方面来叙写、说明和议论，每个部分都是独立完整的部分，与其他部分是平行并列的关系。

平行式布局的撰写基本上由以下 2 种方式构成。

- 围绕中心论点，平行地列出若干分论点，并列的几个内容各自独立，紧紧围绕一个中心。
- 围绕一个论点，运用几个并列关系的论据，并列的各个部分必须是平行的，要防止各个方面交叉或从属。

拿"两颗生物原子弹"来说，其文章以"生命科学的两大突破"为中心论点，将当时世界级的话题多利羊克隆技术和脑白金平行并列起来，整篇文章的布局可以相对提高脑白金的学术地位，如图 3-4 所示。

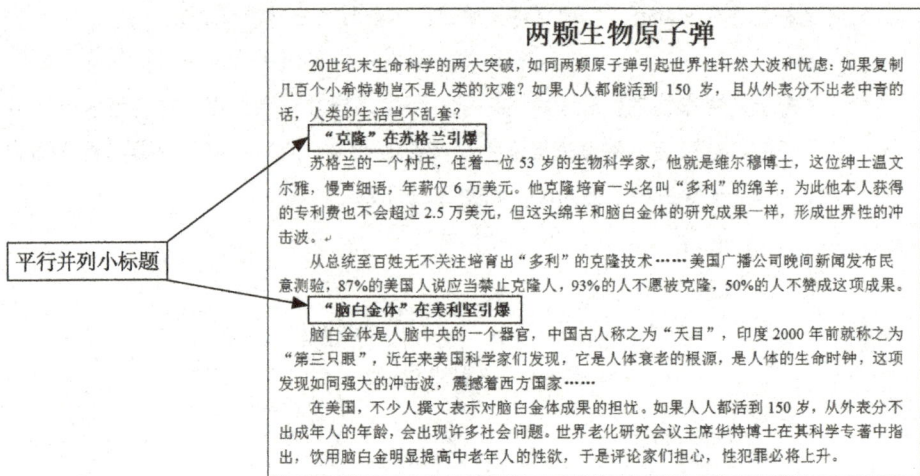

▲ 图 3-4　平行式布局

033　层进式布局

层进式布局经常用于议论文体中，特点是在论证时逐层推进、逐层深入，一环扣一环，每部分都不能缺少，其内容之间的前后逻辑关系及顺序不可随意颠倒，它逻辑严密，是说清楚问题的好方法，在脑白金的众多软文中"两颗生物原子弹"也采用了层进式布局，如图 3-5 所示。

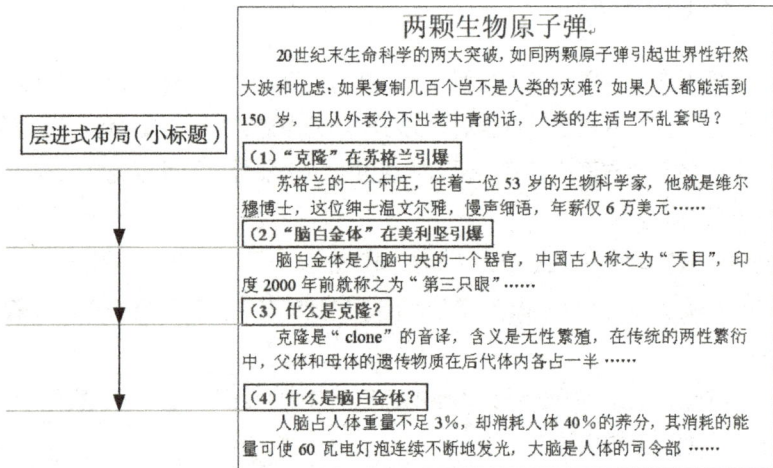

▲ 图 3-5　层进式布局

> 企业利用层进式布局论述时，可以由现象到本质，由事实到道理；也可以提出"是什么"，再分析"为什么"，最后讲"怎么样"，以讲道理的方式层层深入。

一般来说层进式布局有以下 3 种格式。

（1）分解中心论点，将论点变为几个分论点，由简单到复杂、由次到主层层推进，如一篇"要做老实人"的文章，中心论点为要做老实人。全文分了三个层次对中心论点加以论证。

- 做一个老实人，对自己是一种莫大的享受。
- 做一个老实人，对别人是一种莫大的尊重。
- 做一个老实人，是对整个社会环境的莫大贡献。

文章分别从对己、对人、对整个社会 3 个角度由近及远加以论述，使文章说理更有说服力。

（2）以"提出问题—分析问题—解决问题"的思路进行布局，如一篇"学贵善文"的文章，以"那么，问有什么好处呢？"来提出问题，往下以"问是很重要的"来分析"善文"的问题，接着以"向别人请教"来解决之前提出的问题，如图 3-6 所示。

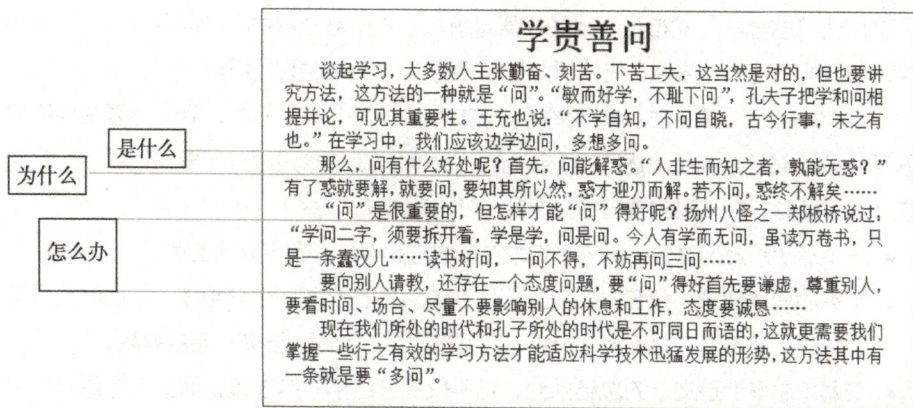

▲ 图 3-6 层进式布局案例 1

（3）剖析某些不好的现象，以"道明现象—分析其危害—追究其根源—指出解决方法"的格式来进行布局。如一篇"给爱一点空间"的文章，此文以一个母亲告诉她将要结婚的女儿一个道理"给爱一点空间"的故事来道明观点，往下以"巨型婴儿"的故事来道明做不到"给爱一点空间"的危害，接着以"鹰养小鹰"的故事来论述"给爱一点空间"，文章的最后起到了首尾呼应的作用，再一次点出了"给爱一点空间"

的论点，如图 3-7 所示。

给爱一点空间

　　曾经听过这样一个故事。一个即将步入婚姻殿堂的女孩问她的母亲："怎样才能使爱天长地久？怎样留住爱人的心？"母亲无语，她默默地弯腰，从沙地上捧起一捧沙子。她双手平摊，沙粒在她的掌中稳稳而立，一滴也未漏出。突然，母亲双手紧握，用力挤压掌中的沙子，许多沙粒从她的指缝间滑落。当她再次向女儿摊开手掌时，掌中的沙粒已所剩无几了。她望着惊讶又疑惑的女儿，说："**给你爱的人和爱你的人一个自由的空间，过多的爱和压力会使爱窒息。**"

　　听完这个故事，我沉思良久。爱是没有错的，但爱的方式却各有千秋。不能否认有些爱的方式只能给你爱的人带来禁锢和伤害。报纸上曾经多次**报道过"巨型婴儿"的故事。**一对夫妇中年得子，异常兴奋……不料一场突如其来的车祸夺走了夫妇俩的生命，当警察走进他们的家时，被一个躺在巨型摇篮里的"巨型婴儿"惊得目瞪口呆，不知如何处理这个已是青年的"婴儿"。他既不会自己走路也不会自己吃饭，自理能力为零，不知如何走完剩下的大半人生。夫妇俩爱孩子，这无可厚非，但他们如此溺爱他，却毁了他本该灿烂美好的一生……那么，深爱着孩子的父母，何不给孩子一个空间、一次机会，让他们自由地穿越风雨、展翅九天？

　　据说，鹰都在悬崖上筑巢，巢中先铺一些荆棘，然后再铺大量柔软的干草，以免伤到小鹰。当小鹰慢慢长大后……**正是因为爱，才不得不用这种方式让它们在残酷的生存环境中尽早自立，展翅九万里，一跃上青天。**

　　有人曾说："**自由是爱的空气，禁锢会使爱窒息，赐予是爱的雨水，泛滥会把爱淹没。**"不要用热烈的火灸烤鲜花，因为这样它会凋谢，不要强加给琴弦一个它不能承受的力道，因为这样它会断掉。**给爱一点空间，让你爱的人在爱的滋润下健康成长！**

▲ 图 3-7 　层进式布局案例 2

034 　"总分总"式布局

　　所谓"总分总"式布局，就是开篇点题，在主体部分将中心论点分成几个基本是横向展开的分论点，最后在结论部分加以归纳、总结和必要的引申。

　　企业在运用"总分总"式布局时，软文中的"分"与"总"之间一定要有紧密的联系，分述部分要围绕总述的中心进行，总述部分应是分述部分的总纲结论。一般来说，"总分总"式布局的结构由以下 3 个部分组成。

- 一个点明题意的开头（总 A）作为文章的总起部分，理应简洁醒目。
- 文章的分述部分（分 B、C、D、E）由文章的正文主干部分组成，它们的几段互相独立，从不同的角度表达中心，在编排先后的次序上要有一定的斟酌。
- 结尾（总 F）是文章的总结部分，它不仅是分述部分的过渡，而且常常是对正文主干部分的归纳小结，又是对总起部分的照应。

　　下面就来欣赏一篇"总分总"式布局的文章"我的家乡"，其文章先以"小兴安岭"为中心论点，再分别讲述了"春、夏、秋、冬"的小兴安岭，最后赞美"小兴安岭"，企业软文大概按照此篇文章写作路数走，然后做到产品推广在软文中没有明显的痕迹，即可撰写出一篇好的"总分总"式布局软文，如图 3-8 所示。

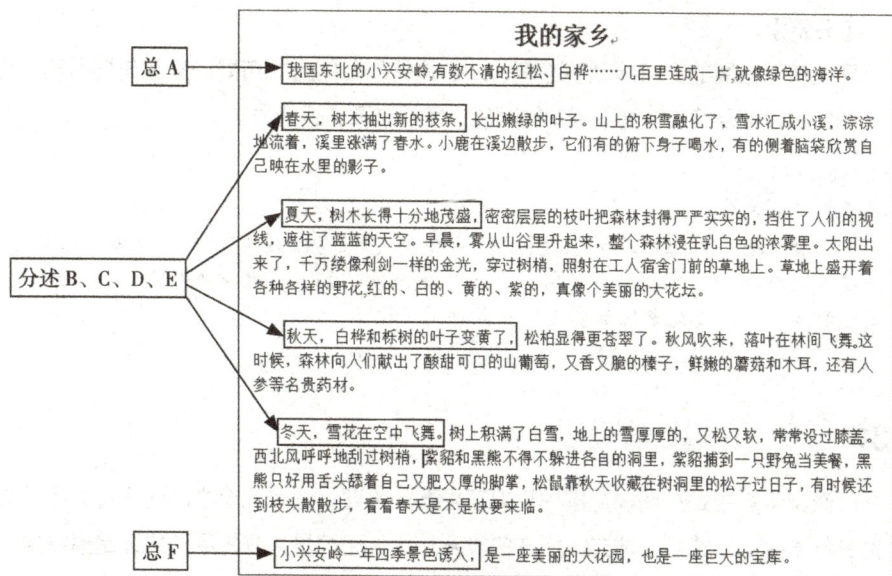

▲ 图 3-8 "总分总"式布局案例

035 倒置式布局

倒置式布局，相当于记叙类文章写作中常用的一种技巧，即"抑扬"，其核心理念是利用"欲扬之，却先抑之；欲抑之，却先扬之"的特点，做到千回百转，避免平铺直叙，使软文产生诱人的艺术魅力的同时，还能突出事物的特点或人物思想情感的发展变化。

杜绝平淡普通的写法，避免读者看完开头就知道结尾的情况发生。下面就以颂扬母爱为主题，分别进行平淡普通的写法和采用欲扬先抑的倒置式手段进行对比，其描述的环境一样，来看看到底哪种写法才能留住读者的眼光，如图 3-9 所示。

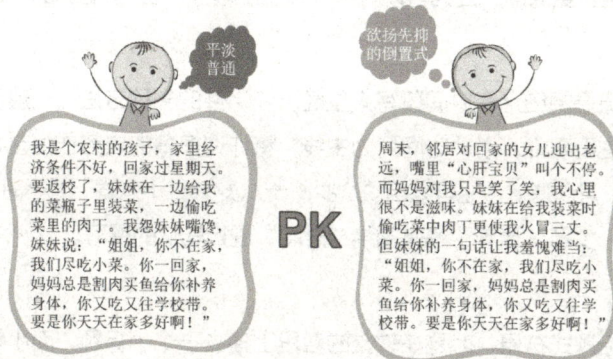

▲ 图 3-9 平淡布局与倒置式布局

【分析】：

平淡普通布局的文章是就事论事，未必是佳作；倒置式布局的文章先抑后扬，显得曲折生动，可以给读者留下深刻的印象，增强文章的感染力。

💡 **专家提醒**

所谓"欲扬之，却先抑之；欲抑之，却先扬之"是指文章可以不从褒扬处落笔，而是先从贬抑处落笔，其中"抑"是为了更好地"扬"，欲抑先扬则正好相反。用这种方法可以使文章情节多变、形成鲜明对比。

---

036 镜头剪接式布局

所谓镜头剪接式布局，是指根据表现主题的需要，选择几个生动的人物、事件或景物进行镜头切换式组合成文。所选的镜头片段，无论是人物生活片段还是景物描写片断，甚至是故事、抒情片断，都要紧贴主题。而片段组合式布局又可分为以下 4 种形式来表达。

1．镜头正反对比式

镜头正反对比式布局是指通过正反两种情况进行对比分析论证观点的结构形式。企业在使用镜头正反对比式布局时，应围绕中心论点选择要比较的材料，所选对象必须是两种性质截然相反或有差异的事物，论证时要紧扣文章的中心，才能确定为对比点。

并且正反论证应有主有次，若软文从反面立论，则以反面论述为主，以正面论述为辅；若软文从正面立论，主体部分则以正面论述为主，以反面论述为辅。

2．排比式

排比式布局是指文章在表达上常用排比句；在内容上句句紧扣主旨、突出中心；在形式上可使层次更清晰；因此可以在很大程度上增强语言的气势与节奏感。

3．时间式

时间式布局是围绕几个时间段写人生经历或事件的一种方法，一般利用记叙每个"时间"中的主要事件，以"时间"为主线，将许许多多的内容作为艺术"空白"留给读者去想象、再创造。企业可以用"八岁－十八岁－二十八岁""小时候－长大后－现在""童年－少年－青年"等来围绕"时间"进行软文的撰写。

4．二级标题式

所谓二级标题式布局，就是在软文的各段上建立一个小标题，而小标题就是每段的中心思想。

一般二级标题式布局可以很好地体现出文章的脉络，所选取的材料要典型新颖、别具匠心、不落俗套，能显示作者独特的视角及立意；并且二级标题还要用准确精练的语言突出记叙、议论、说明的内容；二级标题的拟定要有艺术性、提示性，要体现出软文各部分之间的内在联系，使跳跃的内容联成有机的整体。

二级标题的拟写不仅要整齐、富有艺术感染力，还要能反映作品的创作思路，写作层面跳跃性不可太大，下面就来看一篇"真诚浇开友谊花"的文章，来看一看二级标题式布局的魅力，如图 3-10 所示。

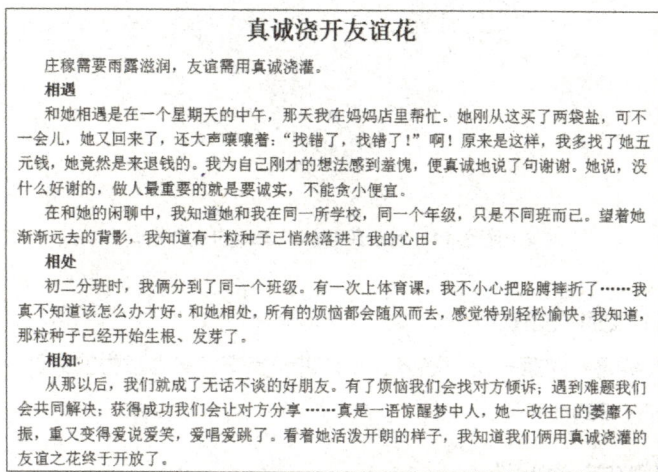

真诚浇开友谊花

庄稼需要雨露滋润，友谊需用真诚浇灌。

相遇

和她相遇是在一个星期天的中午，那天我在妈妈店里帮忙。她刚从这买了两袋盐，可不一会儿，她又回来了，还大声嚷嚷着："找错了，找错了！"啊！原来是这样，我多找了她五元钱，她竟然是来退钱的。我为自己刚才的想法感到羞愧，便真诚地说了句谢谢。她说，没什么好谢的，做人最重要的就是要诚实，不能贪小便宜。

在和她的闲聊中，我知道她和我在同一所学校，同一个年级，只是不同班而已。望着她渐渐远去的背影，我知道有一粒种子已悄然落进了我的心田。

相处

初二分班时，我俩分到了同一个班级。有一次上体育课，我不小心把胳膊摔折了……我真不知道该怎么办才好。和她相处，所有的烦恼都会随风而去，感觉特别轻松愉快。我知道，那粒种子已经开始生根、发芽了。

相知

从那以后，我们就成了无话不谈的好朋友。有了烦恼我们会找对方倾诉；遇到难题我们会共同解决；获得成功我们会让对方分享……真是一语惊醒梦中人，她一改往日的萎靡不振，重又变得爱说爱笑，爱唱爱跳了。看着她活泼开朗的样子，我知道我们俩用真诚浇灌的友谊之花终于开放了。

▲ 图 3-10　二级标题式布局案例

【分析】：

此文紧扣话题，巧妙地把真诚和友谊联系起来，正文用 3 个小标题，选取了"相遇""相处""相知"的 3 个镜头，镜头中有"她真诚待我的事例"，也有"我真诚帮她的事例"，体现了友谊的种子从落进心田到生根、发芽，再到开花的过程。此文选材典型而全面，语言连贯，层次清晰。

037　倒三角式布局

所谓倒三角式布局，是指全文将被分成"三段"，这"三段"并不是指全文的段落只有三段，而是指全文由 3 个部分组成。

1. 第一段是软文的"浓缩"

企业在第一段以较为简练的语言对事件做一个概述性的描述，再以一句话简单概括出这一事件的意义，并有利于读者的阅读。通常第一段要说清楚事件的 4 个方面，如图 3-11 所示。

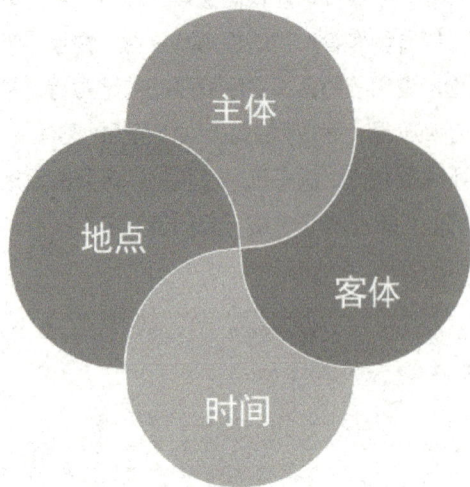

▲ 图 3-11 第一段要述说事件的 4 个方面

2. 第二段是软文的"交代"

第二段主要是针对第一段所描述的事件进一步交代事件发生的背景、事件相关的细节，重点则在于阐述事件。

3. 第三段是软文的"观点"

第三段主要是对事件提出"观点"，撰写这一段软文的要领在于以发散性思维撰写，把核心事件放到大的市场环境、产业背景以及企业自身的发展历史中去写，只有这样，才能够在更高、更深的层面去体现事件的价值和意义。

第4章

9 种软文创意招数

学前提示

　　企业从不同角度进行软文营销的运作，可以增加消费者的新鲜感，消费者看到不常见的事物，往往会花费一点时间来"摸清底细"。本章将讲解 9 种创意招数，让大家一起玩转软文营销。

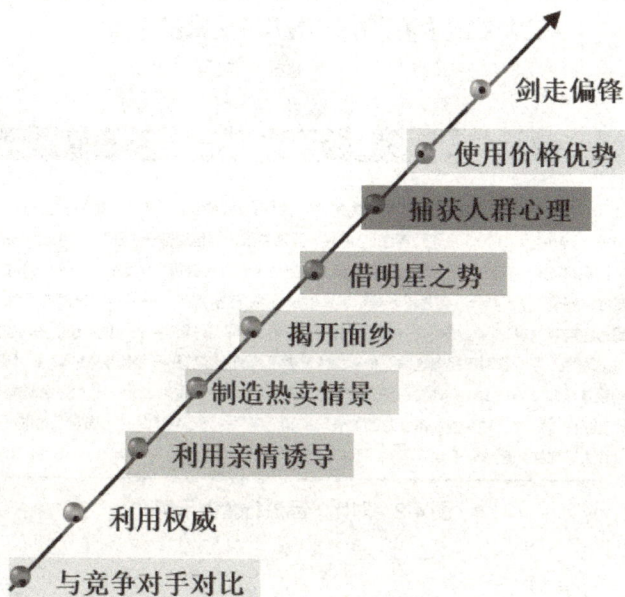

剑走偏锋

使用价格优势

捕获人群心理

借明星之势

揭开面纱

制造热卖情景

利用亲情诱导

利用权威

与竞争对手对比

038 与竞争对手对比

人们常说："竞争对手不仅仅是敌人，还是自己最重要的老师"，所以企业通过引入外界的竞争者，往往能激活内部的活力。软文营销写作也是一样，从竞争对手那里获得灵感，也是软文营销的招数之一。那么，企业应该怎么做呢？如图 4-1 所示。

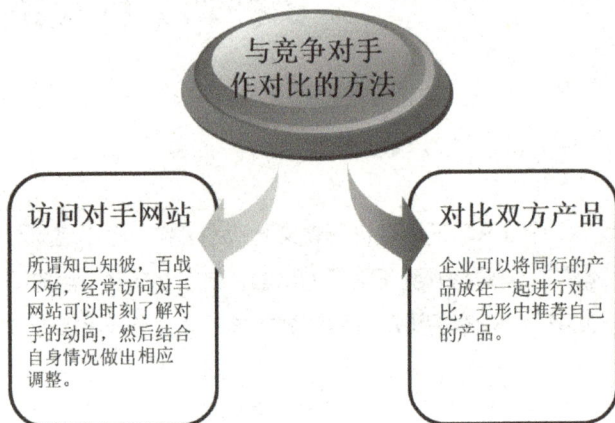

与竞争对手作对比的方法

访问对手网站
所谓知己知彼，百战不殆，经常访问对手网站可以时刻了解对手的动向，然后结合自身情况做出相应调整。

对比双方产品
企业可以将同行的产品放在一起进行对比，无形中推荐自己的产品。

▲ 图 4-1　与竞争对手对比的方法

下面就来欣赏与竞争对手对比产品进行营销的案例，如图 4-2 所示。

三大主流手机系统对比 iOS 上网最流畅

2012-04-12 08:55:31　来源：南方网　暂无网友评论

分享到：　　　　　　　0

浏览字号：大 中 小　｜　打印本页　｜　通过Email推荐给　　　　　提交

　　最近几个月，手机行业可谓风起云涌，先是苹果推出了最新版的 iOS 5.1，微软也在三月下旬召开发布会，Windows Phone 7.5 "全新 · 全易" 登陆中国，这也是第一个正式在中国发布的 Windows Phone 操作系统。而谷歌也是不甘寂寞，上月末它开始销售 Google I/O 大会 2012 的门票，虽然价格高达 900 美元，但是不到半个销售就被订购一空。此次大会能有如此高的人气，主要是因为之前有消息称 Google 将在会上发布最新的 Android 5.0 操作系统，毕竟这也符合它推出新系统的周期。且不管消息是真是假，单从关注度就不难看出各界对于最新系统的重视，随着 Symbian 逐渐没落，Windows Mobile 退出市场，iOS、Android、Windows Phone 逐渐成为手机市场的主角，那这三种系统在各个方面的表现又如何呢？今天小宇就从多方面对三者进行一下对比，让大家对它们能有一个更深入的了解。

▲ 图 4-2　对比产品进行营销示例

039   利用权威

权威一般有 2 个重要作用，而且这两方面相互作用、相互支撑。

（1）容易获得消费者认可。

（2）容易做出好的口碑来。

因此企业在做软文营销时，可以利用这 2 种方式进行。

1. 新闻报道式软文

新闻报道式软文整体感觉与新闻报道一致，在写作之前要先研究投入软文的报纸或网站的新闻风格，包括新闻报道的标题、内文、图片、版式等，它可信度高，能让消费者卸下戒备心理，以平常心阅读软文，对软文的内容深信不疑。

例如，中关村的新闻，一般都会在标题旁放置编辑者的照片，在标题下会有新闻发布的具体时间、作者名字、责编的名字，如图 4-3 所示。

▲ 图 4-3   新闻式报道软文示例

2. 新闻权威式软文

所谓的新闻权威式软文，就是软文营销以权威观点、权威专家论证、权威机构推荐的形式，主要针对社会热点事件，通过新闻的形式进行报道，进行隐性传播，增加软文内容的吸引力与可读性。

其文字风格严肃、纪实性强，以权威可信取胜。企业在软文营销的宣传中，一旦赋予产品某种权威或者权威的暗示，会大大地加深人们对企业产品和服务的信任感。

企业可以针对产品特点，对产品权威之处进行无限放大延伸，对其特点进行深度剖析，对消费者所想要的内容进一步阐明，突出权威性。

企业要学会利益诉求放大，通过权威机构的引证来表现出产品的安全性和高效性。同时具有全新的防治理念和全新的使用方式，紧紧围绕权威、安全、新颖这 3 点核心，可以不断地加深产品在消费者心中的印象。

例如，《人民日报》利用微博发出新闻权威式软文，并加入了准确的数据，使得文章更加具有行业权威性，如图 4-4 所示。

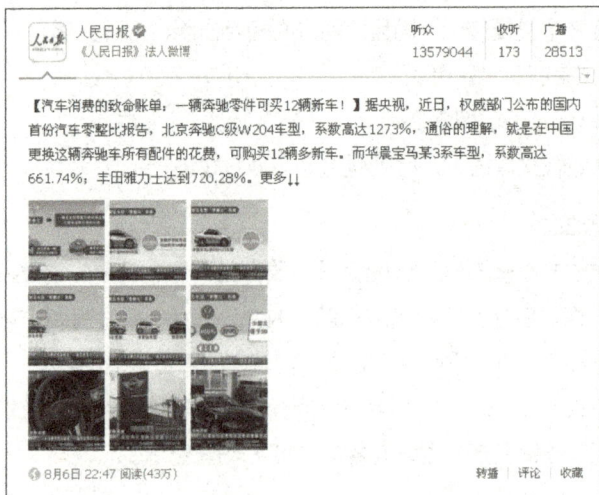

▲ 图4-4 　《人民日报》发布的新闻权威式软文

040 　利用亲情诱导

企业做软文营销时，利用亲情诱导的方法传播软文主题，拿亲情做文章，把话说到消费者的心坎里去，说出消费者的心声，引起消费者的亲情共鸣，可以让消费者在温馨亲情的驱动下认同并购买产品。

亲情诱导式传播主题面对的人群有以下几种。

（1）孝敬长辈的子孙辈。

（2）疼爱丈夫的家庭主妇。

如果是女儿买给父亲的产品，要用女儿的角色去说话，激起女儿对父亲的关爱和体贴，如《爸爸，给我一次机会说爱你》，这是一篇医疗软文，巧妙地利用亲情诱导，传达女儿对父亲的关心，下面就来欣赏这篇软文。

爸爸，给我一次机会说爱你

我们家全靠一个小商店维持着全家开支。

我们家有四兄妹，我排行老三，除了大哥高中毕业后直接工作外，我们三兄妹都上了大学，弟弟还取得了博士学位，现在家里条件都还可以。

回想我们读大学的那些年，父亲不觉中已然步入了中老年，那时家里三个孩子上大学，困难可想而知，可是父亲在我们面前从未显现出一丝疲惫，没有让我们感到过任何危机。

父亲在经营小商店的同时，还跑起了快餐外卖，奔波于大街小巷，起早摸黑，用心血和汗水让我们兄妹顺利完成了学业。他是我们家的支柱。艰苦的日子就那么一天一天熬过去了，一晃我们都各自定位好家庭和事业。然而父亲的身体却大不如从前了。

去年，父亲以前挺拔的腰杆有些弯了，以前清爽的面颊上挂着几丝疲惫……我们发现这些问题后，问父亲最近身体是否不适，要带他去体检，他却拒绝了，他说只是年纪大了，睡眠不好而已，我们信以为真，就买了一些补品给父亲补身。

其实那个时候父亲已经知道自己患了前列腺炎。他不告诉我们，怕影响了我们的事业，他把病看成一种负担，从过去到现在，他都没有给儿女添"负担"的习惯。

今年过年，我们全家大团圆。我在家里住了十多天，无意中发现了一些奇怪的现象。发现父亲老是和我们"抢厕所"，晚上睡觉的时候也常常听到父亲去上厕所的脚步声。

我觉得这不属于正常的习惯。根据这些天对父亲神态、生活等方面的观察，我拨通了武汉 XX 医院的专家咨询热线，专家听完我的叙述之后，他很果断地跟我说，父亲应该是患了慢性前列腺炎，并且说从父亲现在的这种症状来看，患病应该不是一天两天的事情了，还有可能是误用别的药，导致了一些综合症……

这次，我们不顾父亲的拒绝反对，把他带到医院检查。经检查，果然和那天专家说得一样。武汉 XX 医院男科主任胡 X 说，慢性前列腺炎不仅仅具有身体上的痛苦，也会给精神上造成极大的影响；若不慎重及时治疗，发展成前列腺癌的概率也比较大。

经过我们积极劝说，父亲第一次把"负担"交给我们，我们决定让父亲在武汉 XX 医院治疗原因有三：医护人员很热情，责任感强，有很多国内知名名医坐诊；环境不错，便于父亲疗养；武汉 XX 医院口碑好，我的很多朋友都这样说。把父亲安排在这里治疗，我们很放心。

武汉 XX 医院前列腺专家胡 X 说，该科运用治疗前列腺炎的独特方法，集中中西药物、科技于一体，在细菌培养加药物敏感试验诊断比较准确的基础上，合理用药，经过几个疗程终于治好了父亲的前列腺炎。

让我们用心去关心身边的老年人吧，他们年轻的时候为我们付出了太多太多，为了我们失去大半青春，我们共同努力让他们在晚年感受到夕阳无限好！

爸爸，给我们一个机会，说爱您！

【分析】：

此文巧妙地利用了爸爸为整个家无私奉献的情况下，患上了慢性前列腺炎的情景，慢慢引入软文主题"武汉 XX 医院"，利用"拨打热线""专家分析""专家诊断"来突出"武汉 XX 医院"的服务度和专业性。

041 制造热卖情景

“羊群效应”“抢”都是如今消费者的整体特点之一，人们都喜欢跟风，看到哪里人多就会去哪里瞧、望，热卖的东西人们喜欢跟着抢，很多人说好的东西就相信是好的，这是很明显的从众和跟风心理。

所以，企业可以抓住这些心理，制造热卖情景的软文营销，吸引消费者的眼球，用软文撰写出真实的情景、热烈的氛围，营造出产品热销甚至断货的感觉，让消费者在热潮中产生购买冲动和迫切感。下面就来欣赏一篇制造热卖情景式软文营销，如图 4-5 所示。

中秋节将至 普洱茶热销

http://www　com　浏览次数: 102　来源:荟　:23.co

中秋将至，各种中秋礼品销售也进入白热化阶段。近日，笔者走访了今年的中秋礼品市场发现，除了传统的中秋月饼，象征中秋团圆的圆饼普洱茶，也受到人们的青睐。

正在北京西单商场选购普洱礼盒的朱先生说，月饼没有新意，很想给朋友送些有新意的礼品，选来选去，最后决定送普洱茶。过去中秋节，自己都会买月饼送给朋友，也会收到朋友们送的各种月饼，送来送去，有些月饼到最后吃不了都放坏了。而普洱茶却不一样，不仅是健康礼品，还是文化礼品，最重要的是，普洱茶不会过期，越陈越香。

中秋前夕，一些精明的普洱茶生产商纷纷推出了具有吉祥、喜庆寓意的普洱茶礼盒。如云南龙生茶业此次特别推出的“五福”“鸿运”“祥瑞”三款礼盒，目前在市场上销售非常火暴，供不应求。

据一位老茶客介绍，中秋月圆之夜，当我们吃月饼时，不妨来壶茶，茶与月饼是非常搭配的。一来，当月饼的甜腻遇上茶的甘冽，口感相得益彰；二来，从养生角度而言，去腻消脂降糖的普洱茶也是赏月夜的健康之选。近年来，月饼多被冠以油腻高脂的名号，而普洱茶解油腻也逐渐为众人所识。

▲ 图 4-5　制造热卖情景式软文

042 揭开面纱

企业在做软文营销时，可以运用揭开面纱的方法，抓住读者心理，制造神秘面纱即将要被揭开的气氛，给读者一种不看定会后悔的错觉。而揭开面纱式软文的内容，容易产生强大的点击率，获得不少的注意力。

例如，最近神州行的微博在长期不活跃的情况下突然发声，微博内容极其精简，就以一个“太开心”的表情并 @ 中国电信官方微博而组成，结果分分钟就引来了众多电信用户的询问。

结果在第二天就出现了一篇文章“神舟突然挑逗电信！或有不可说的秘密”，这篇文章就神州行的微博内容进行了分析，在最后推出“神舟电脑将在本周四在北京召开 # 我本轻薄 # 主题新品发布会，而神舟手机看来是打算借这个机会给广大的电信用户送去一份大礼。"如图 4-6 所示。

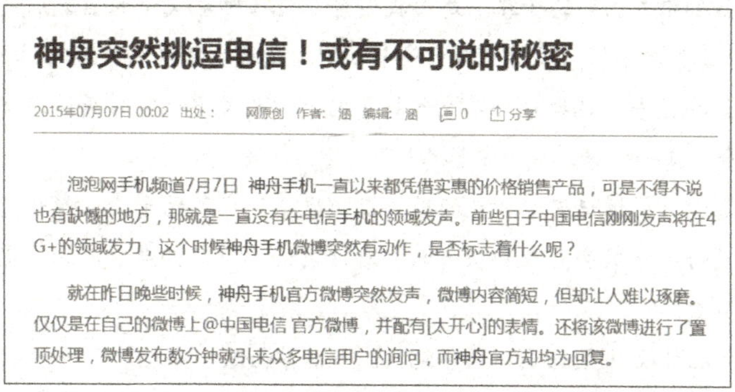

神舟突然挑逗电信！或有不可说的秘密

2015年07月07日 00:02 出处： 网原创 作者：涵 编辑 涵   💬 0   📤 分享

泡泡网手机频道7月7日 神舟手机一直以来都凭借实惠的价格销售产品，可是不得不说也有缺憾的地方，那就是一直没有在电信手机的领域发声。前些日子中国电信刚刚发声将在4G+的领域发力，这个时候神舟手机微博突然有动作，是否标志着什么呢？

就在昨日晚些时候，神舟手机官方微博突然发声，微博内容简短，但却让人难以琢磨。仅仅是在自己的微博上@中国电信 官方微博，并配有[太开心]的表情。还将该微博进行了置顶处理，微博发布数分钟就引来众多电信用户的询问，而神舟官方却均为回复。

▲ 图 4-6 揭开面纱式软文

043　借明星之势

明星效应已经在生活的方方面面产生了深远影响，如电视里经常播放名人代言广告来刺激消费，又或是名人的八卦新闻足够引发人们谈天说地的兴趣，抑或是名人出席慈善活动能够带动社会关怀弱者等。

所以，企业绝不能放过明星效应，这种效应可以带动人群，特别是容易引起粉丝们的强烈关注，不过明星效应是一把"双刃剑"，其积极效应与负面效应都很突出，企业应重点选择正面形象的明星作代言，这样才不会有谩骂声或质疑声。

下面就来欣赏一篇借明星之势的软文。

《风华绝代》背后的精彩　揭秘舞台上刘 XX 的美丽秘密

一个好汉三个帮，话剧《风华绝代》中，传奇影后刘 XX 让舞台成为了自己的"秀场"，展现无穷魅力。近日，记者从话剧组委会得知，舞台上的影后华丽万千，除了自己的独特气质，舞台背后的精良团队和重金投入更是居功至伟。

据悉，在《风华绝代》长达 3 小时的表演中，刘 XX 全场换装 6 次，明黄、橙色、大红、纯白，镶有蝶恋花、鸳鸯戏水、荷花仙鹤等精致图案，造型一套比一套娇艳，而且每件戏服上的图案都是手工刺绣，件件价值过万。据说，有一次刘 XX 在表演时演得入情，说跪就跪，每次跪完，刘 XX 都会心疼不已，说："服装金贵啊，后台拿递间都是小心翼翼生怕损坏，就被我这么往地上跪，不忍心。"

《风华绝代》的服装设计师赵艳此次和田沁鑫导演已是八度合作，虽然《风华绝代》的戏服采用已故香港地区清宫戏导演李翰祥的服装构图为底图，但赵艳还是作了发挥，还原故事发生时代晚清时的华服，此外还会有鲜艳的大红、贵气的金黄紫等多种颜色。同时衣服上的图案也变化多样，连绣片也是精心挑选的。

此外，话剧中刘XX的妆容，是由我国著名化妆师毛戈平亲自完成的。此前，刘XX与毛戈平曾多次合作，成功打造出多个深受大众喜爱的角色，这次刘XX首先想到的化妆师就是毛戈平。她亲自给毛戈平打了电话，毛戈平也非常爽快地回复："只要是XX姐的事，您一句话，我一定尽力！"

主办方负责人告诉记者："有的观众说《风华绝代》的票贵，但我们所有的东西都是用中国最好的标准去要求和执行的，看这场话剧，不仅是看内容，更是去享受，所以一点也不贵。"

"品鉴食品之夜·大型话剧《风华绝代》"购票信息：

总票房购票热线：********

票价：** 元

演出地址：贵州

【分析】：

这篇文章是借用刘XX的知名度以及她的美丽进行撰写的，其标题就以揭开面纱式和明星来吸引人们的注意力，然后文章再围绕标题展开、点题，最后才将软文营销的重点道出来，其文章结构清晰明了，不杂乱无章，让读者很容易掉入借明星之势的诱惑中。

044　捕获人群心理

人群才是企业运行软文营销的核心点，只要捕获了人群的心理，才能使软文营销成功地运行下去，企业才有可能获得收益。

而企业该如何捕获人群心理呢？其实只要将软文扣住人们想要"成功""学习"等对他们有益的方面即可。

下面就来欣赏一篇扣住人们想要发财致富的软文。

舔舔嘴，帮我打开财富之门

这年头，以冰淇淋作为创业项目的人越来越多，各式各样的冰淇淋让人不知从何入手，经过一番精心挑选，我终于选中了一家称心如意的，那就是"舔舔嘴"。

我考察了大概100多家冰淇淋商家，不是产品单一、没有竞争力，就是成本太高，投入大风险就大，现在冰淇淋店那么多，竞争力还是太大了。

这"舔舔嘴"就不一样了，有标准档口店，还有流动车的模式，"舔舔嘴"流动冰淇淋车的投入肯定比一般的店式经营的成本要低很多，规模小、不用房租、不用厨师，只要一个人，推着一辆小吃车就能进行全部的环节，可以说是简单到了极致。

"舔舔嘴"的这种经营合作方式真是灵活极了，不论是写字楼的白领午餐，还是闹市区的休闲夜宵，到处都能赚钱，规模虽小，赚钱的效率可是一点都不低啊。

我开的就是"舔舔嘴"的冰淇淋流动美食车，投入不到两万元，总部提供外卖车以及所有制作和销售冰淇淋的工具，还有食品盒、纸袋、工服等。冰淇淋流动美食车上有一个镶嵌台式冰淇淋机，还有一个温控电炸炉，主要是为了在卖冰淇淋的时候，连带卖一些其他的休闲食品，互相带动一下，不得不提的还有一个内置冷柜，为了保持各种食物的新鲜。可以说是该有的"舔舔嘴"总部都帮我考虑到了。

最重要的是"舔舔嘴"总部提供的培训，一共差不多 80 种冰淇淋的做法吧，一个一个地教，直到学会为止。回想起那段在"舔舔嘴"总部培训的日子，还真是记忆深刻啊。那么多冰淇淋的做法，每一种对于我这种菜鸟级的人来说，都难于上青天，我开始时真是一点信心都没有啊。

但是培训人员非常耐心，还经常鼓励我们，传授我们很多在学会的基础上加快制作速度的窍门，还让我们亲自品尝了每种冰淇淋的味道，充分了解每种冰淇淋的特色。不到一个月的时间，我竟然把 80 多种冰淇淋的做法都学会了，真是不可思议。

现在，我的"舔舔嘴"冰淇淋流动美食店已经开业快两个月了，生意出奇得好，每天都是顾客盈门，忙都忙不过来，总能听到顾客们说"舔舔嘴"的冰淇淋真好吃，我想，这是"舔舔嘴"的收获，也是我的。

【分析】：

此软文以"发财致富"来制作标题，这样可以吸引想要发财的人们的眼球，他们想知道别人是怎样发财致富的，软文以主人公真实的经历来串通文章，把"'舔舔嘴'流动冰淇淋车，不需要太多成本以及容易学习 80 多种冰淇淋的做法"的理念展现在读者的面前。

软文接着提出主人公的生意出奇得好，这会勾起读者发财致富的欲望，甚至会有人直接在网上搜索"舔舔嘴"冰淇淋的相关信息。

045 使用价格优势

对于消费者来说，价格的高低在选择购买产品时能起到很重要的作用。所以，企业可以抓住这一点，来一场价格战，抓住价格的优势，来吸引消费者的眼球。

实惠的价格更容易促使读者购买产品，而购买量的增加是提升产品忠诚度的有效策略，如《只要 199！——小米联合李宁推出智能跑鞋》《360 元的私人电影院？果卡组合不能再划算！》《晚报：只卖 99 元？小米路由可能没那么便宜！》等，如图 4-7 所示。

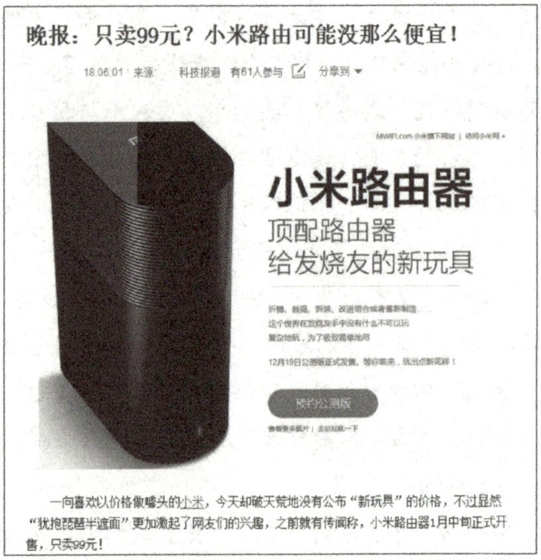
晚报：只卖99元？小米路由可能没那么便宜！

18:06:01 来源 科技报道 有61人参与 分享到

一向喜欢以价格做噱头的小米，今天却破天荒地没有公布“新玩具”的价格，不过显然“犹抱琵琶半遮面”更加激起了网友们的兴趣，之前就有传闻称，小米路由器1月中旬正式开售，只卖99元！

▲ 图 4-7　使用价格优势式软文

046　剑走偏锋

如今，很多销售行业为了在偌大的软文营销团队中脱颖而出，不随波逐流，有自己的核心思想和想法，使用剑走偏锋的形式，来赢取读者的注意力。例如，使用一些比较突出的标题“SEOer 不可不知的软文素材来源”“乐淘‘品牌调性’剑走偏锋”等，如图 4-8 所示。

乐淘“品牌调性”剑走偏锋

在明星大战的当口，鞋类垂直电商乐淘网却独独选择了两只大猩猩做起了另类代言，而这段视频也被评价为时尚、有趣、创意……

鞋子被偷，求救乐淘，大猩猩购鞋……近日，一则强悍的乐淘视频广告悄然在网上被疯狂转发……

利用明星效应拉升品牌知名度被认为是最快捷推广方式，于是各大电商纷纷跟风。但明星效应也有其局限性，代言背后，意味着高额的广告投放，视频网站、地铁广告、公交广告甚至电视广告等一轮广告砸下来，至少要上亿元，需要雄厚资金支持。当年的 PPG 倒下，轻易加大宣传投入正是资金链断裂原因之一，使后来者警钟常鸣。APPC 研究院执行院长王韦铭分析，大家都打广告，就等于都没打广告，过多的明星代言和狂轰乱炸的广告，其实从某种程度上稀释了广告的品牌效应。

乐淘副总裁陈虎谈到这次启用大猩猩做主角时表示，简单的故事只是寻找和消费者在“有趣”这一点上的共鸣，大家在网上购物就是图个轻松省事。一笑之后，希望通过这则视频广告向消费者展示乐淘的优势：物流全方位覆盖，荒郊野外也能到达；超便捷操作，连猩猩都可成功购鞋；多平台支持，手机购物更方便。

乐淘这则视频的创意团队来自知名的动漫形象张小盒的制作团队，整个视频制作成本达到百万元左右。换来的效果是，该视频在各大视频网站播放当天，就有 5000 万人次点击，当日给乐淘新增 40 万 IP 流量。此后 1 周，乐淘每天都会新增将近 50 万独立访问用户，订单量一直维持在超每天 1 万单的水平。

陈虎表示，这则视频只是一个开始，乐淘会再往设定的调性上靠。这个调性就是走向流行时尚。因为前期调研时发现，供货商、品牌商都希望做流行时尚这样的品牌定位，而乐淘要做的是让用户找到一种与这种品质、调性的沟通方式。这时，不要代言费的大猩猩走进了视野。

显然，乐淘作为国内领先的网上鞋城，此前一直低调潜行，但底盘打稳之后似乎今年不再低调，树立乐淘品牌是其当务之急。“只有当潮水退去，才知道谁在裸泳。”面对电商泡沫，巴菲特的这句名言一再被引用。电商各领域的领导品牌正在通过广告巩固各自的行业地位，在 B2C 泡沫涌动的 2011 年，行业分水岭阶段，品牌推广战势在必行，而低成本的“轻营销”正是主力手段。

▲ 图 4-8　利用剑走偏锋的软文

【分析】：

此篇软文，运用了剑走偏锋的形式来诠释软文，以不同的视觉，来为"乐淘"建立自己独特的品牌形象，其效果在"明星代言"风波下，非常显著。下面就来详细分析这篇软文。

（1）软文的标题"乐淘'品牌调性'剑走偏锋"，就是一个绝对吸引人们眼球的话题，很容易夺取读者的好奇心，读者会想"怎样一个剑走偏锋法？""具有怎样的品牌调性？""乐淘是什么？"等。

（2）文章以"明星代言"风波为切入点，突出乐淘走入"羊群效应"跟着大众一同步入请明星为产品代言的风波中去，而是另辟捷径，推出"大猩猩"的形象，来获取消费者的注意力。

🔆 专家提醒

虽然其剑走偏锋的形式有能吸引到无数的目光的特性，且不说产品销售率是否提高，至少能成功地将软文推广出去，但这种软文写作方法还是要慎用，因为剑走偏锋一般都是"开辟新道路"，不随波逐流，若想法异想天开，那绝对是不会被读者关注的。

第 5 章

16 种软文写作类型

学前提示

软文是企业钟爱且十分重要的一种营销方式和推广手段，所以对企业来说软文的写作至关重要。本章将讲解 16 种软文写作的类型，让大家在软文的世界里自由翱翔、玩转无限。

事件软文写作

数据软文写作

问题软文写作

炮制软文写作

固定软文写作

新闻软文写作

有根据软文写作

观点软文写作

专题软文写作

技巧软文写作

揭秘软文写作

生活方式软文写作

专家软文写作

热门软文写作

通讯软文写作

研究软文写作

047　事件软文写作

　　事件软文是以"新闻策划的结果，容易在第一时间引起广泛关注，且能够爆炸式地引发多方评论，随之升级成巨大的轰动效果事件"冠名，也是以"某某事件"冠名所进行的系列写作。

　　需要注意事件软文是策划的结果，重点并不在于写，而是要让大家写、大家评，由此形成强劲的热点风暴和影响力，带动人们的情绪，博取消费者的眼球，使人们关注利用热门事件而作营销的企业、品牌、产品。

　　下面就拿最近较火的事件为例，来揭开事件软文写作的面纱。

　　（1）"另一个地球"

　　2015 年 7 月 23 日，美国航天局在音频新闻发布会上宣布，天文学家通过开普勒太空望远镜确认，在宜居带发现第一颗与地球大小相似的太阳系外行星开普勒 452b，开普勒 452b 的主星不论大小还是亮度，都跟我们的地球非常相似，但这颗恒星的年龄比太阳还要老 15 亿年。因此，这颗行星让我们有机会预览未来地球可能的模样。即大家都称它为"另一个地球"。

　　在百度搜索栏上检索"发现另一个地球"，就有 659 000 条相关信息，各大新闻网站相继报道，如图 5-1 所示。

▲ 图 5-1　"另一个地球"检索数量

　　可见此事件的受关注度很高，在各大媒体上都能看到"另一个地球"的身影，如网民们在微博上建立了"# 另一个地球 #"热门话题，其话题的阅读量达到了 7 900.2 万次，讨论量到达 18.1 万次，粉丝量达到 4.5 万名，如图 5-2 所示。

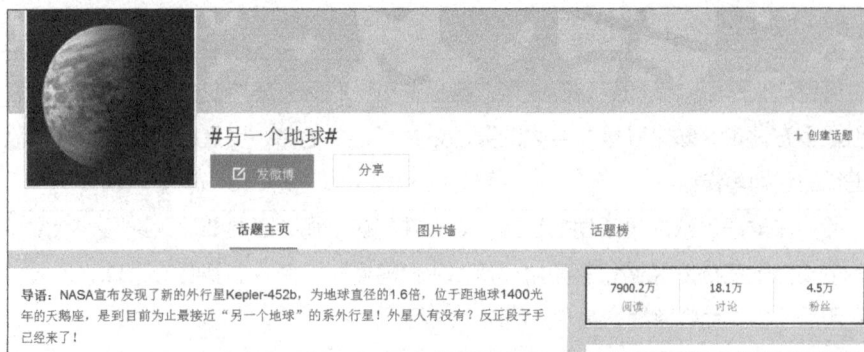

导语：NASA宣布发现了新的外行星Kepler-452b，为地球直径的1.6倍，位于距离地球1400光年的天鹅座，是到目前为止最接近"另一个地球"的系外行星！外星人有没有？反正段子手已经来了！

7900.2万	18.1万	4.5万
阅读	讨论	粉丝

▲ 图 5-2 "另一个地球"热门话题受关注程度

由于"另一个地球"事件有如此多的关注度，各大企业都按捺不住了，相继将注意力放到了此事件上，写出了不少惹人关注的软文，下面就来欣赏各大企业针对此事件而撰写的事件软文，如图 5-3 所示。

支付宝以这样一个界面，将 Kepler-452b 的 Q 版图像放在"付款"的旁边，并配上软文"其实我一直在你的'附近'"，引起了很多网民的注意。

可以看出事件软文并不只是就某个事件而发表的长篇大论，可以利用简短精悍的文字，将热门事件的某个元素加入自己的产品里，也能造就不错的影响力。

昆仑山以"二胎刚放开地球就有兄弟了"作为事件软文，这里面包含了"二胎"事件以及"另一个地球"事件，两个事件相结合，能让读者觉得颇为契合，很容易将这句话变成当下的流行语言。

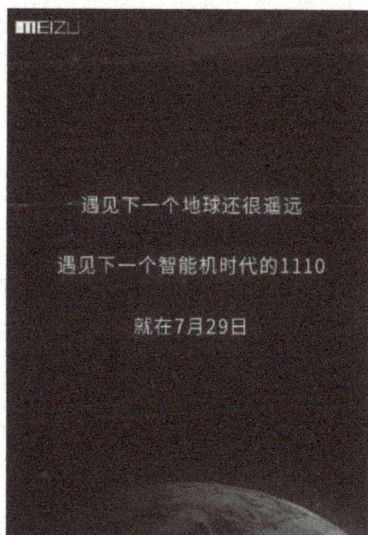

魅族以"遇见下一个地球还很遥远"来指出开普勒 452b 行星只是可能适合人类居住，并不代表一定能居住，一切还是未知，然后又以"遇见下一个智能机时代的 1110 就在 7 月 29 日"推出 7 月 29 日魅族即将召开新品发布会的消息。

陌陌以"好奇的人才能发现新世界"，来鼓舞大家应该放下芥蒂，拿出好奇心与陌生人一起友好的交流，就像美国科学家发现开普勒 452b 行星可能类似"地球"一样。

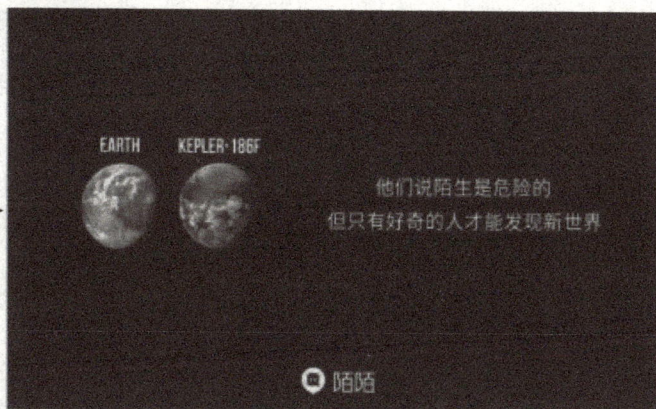

杜蕾斯也参与到了"另一个地球"的事件中，以"即便地球都能有两个 爱人也只能有一个"来突出人们应该关爱、珍惜自己的爱人，突出了该企业产品的特点。

此事件软文利用了 4 个文艺句子，看上去是在歌颂两个星球之间的距离，实际上是芒果 TV 撰写的事件软文，它以"发射""讯号""坐标"等字眼透露其企业的性质。

易信以两个星球之间的距离来诉说"沟通拉近距离"，利用"地球找到伙伴"来呼吁大家用易信进行人与人之间的交流。

利用"另一个地球"难找到的特点进行事件软文的撰写，从这里可以看出，企业在围绕一个热门事件进行软文的撰写时，应该挖掘此事件所有能与企业产品搭边的某一个核心点，那样企业事件软文的风格和分析点都会与别的企业不一样，给读者一种耳目一新的感觉。

▲ 图 5-3　事件软文案例

（2）U 盘丢失事件

一篇关于 90 后因丢失 U 盘而被老板胁迫巨额赔款的帖子出现在网络上，原文大概意思如下所示。

刚毕业的女大学生小如，身材匀称，面容姣好。毕业后千辛万苦谋到一份还算满意的工作，哪知"开门"不顺，上班第一个月就不小心丢失了老板配发的网络 U 盘。按理说 U 盘不值什么钱，可老板一口咬定里面的内容对公司很重要，要求小如必须"天价赔偿"。

身在异乡，无依无靠，胳膊扭不过大腿，小如最终赔偿了公司 5 万元巨款。事后小如含泪在地方论坛发帖寻求网友帮助，希望找到 U 盘并表示要报复老板的想法。并在结尾公布了 U 盘的型号：Aigo、白色、160GB。看过这篇文章，笔者便去搜索了该款商品，没想到在当当上竟然能检索到，那么毫无疑问，这是一篇网络推手精心为该品牌 U 盘做的一篇软文，如图 5-4 所示。

【当当自营】爱国者 2.5寸 160GB移动硬盘 家用移动存储王P8160白领型 白色...

▲ 图 5-4　"U 盘门"事件推广的商品

（3）海尔兄弟变装

海尔集团为了给多年来一直赤裸亮相的"海尔兄弟"置办新的"行头"，特意在网上开展了一场别开生面的新形象征集活动。不过，海尔兄弟被喜欢奇思妙想的网友们"玩坏"了，在网络上出现了许多另类版本的海尔兄弟，如 Q 版、肌肉美男版、土豪版等，从而引出了"海尔兄弟玩'变装'捡肥皂根本停不下来"的热议话题。

所以，"海尔兄弟"新形象活动就顺利成为网友热议的话题，作品在微博上疯传，同时创造了品牌亲近消费者的机会，如图 5-5 所示。

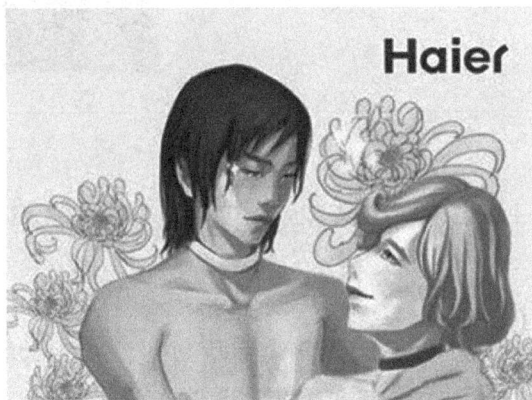

▲ 图 5-5　网友的海尔"变装"

通过上面的案例可知，事件软文可分为 2 种，如图 5-6 所示。

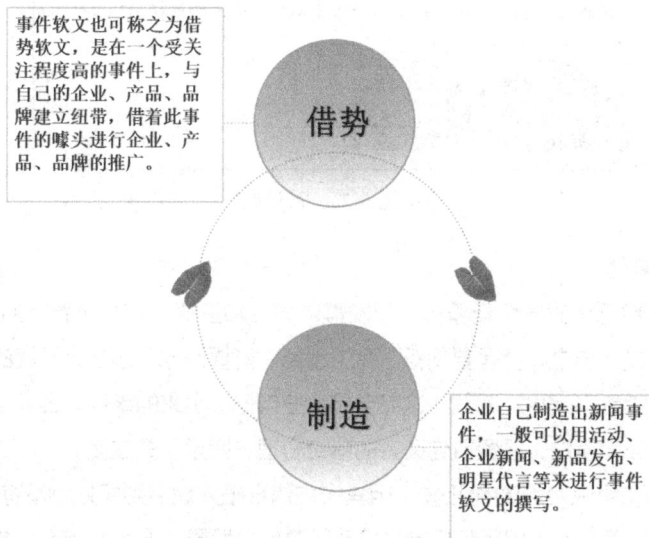

事件软文也可称之为借势软文，是在一个受关注程度高的事件上，与自己的企业、产品、品牌建立纽带，借着此事件的噱头进行企业、产品、品牌的推广。

借势

制造

企业自己制造出新闻事件，一般可以用活动、企业新闻、新品发布、明星代言等来进行事件软文的撰写。

▲ 图 5-6　撰写事件软文的 2 种思路

可是该如何根据这 2 种思路撰写事件软文呢？如何才能使写出来的事件软文发挥出推广、营销的效果呢？下面就来了解事件软文写作指南。

1. 敏锐地发现热门事件

企业必须敏锐地抓住一个具有有高关注度和高传播度的"事"，事件软文的本质，就是敏锐地借助更大的"事件"帮助品牌造势。

2. 抓住热门时机

企业在撰写某篇事件软文时，千万要趁热打铁，不要等事件过势了才拿出来报道，就如企业想以 2014 年 2 月索契冬奥会五环缺一环主题来撰写事件软文，殊不知如今已是 2015 年了，在大家都在关注刘 X 退役的时候，企业却在说去年的事情，那么定然不会引起人们的热议。

例如，最近比较火的"韩国 90 后柳 XX"，她是因为在某剧中显露了凹凸有致的身材而成为热门话题，慢慢有报道推出，她通过 Balletion 运动法成为 Balletion 教练，指出她的姣好身材全靠运动而来。

趁着柳 XX 被关注的火爆事态，就有人利用柳 XX 在微博上发布事件软文，来为 Balletion 运动法做了一次推广，如图 5-7 所示。

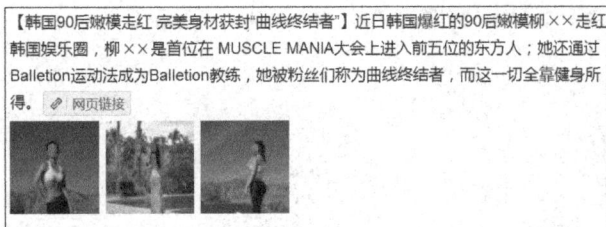

【韩国90后嫩模走红 完美身材获封"曲线终结者"】近日韩国爆红的90后嫩模柳××走红韩国娱乐圈，柳××是首位在 MUSCLE MANIA大会上进入前五位的东方人；她还通过Balletion运动法成为Balletion教练，她被粉丝们称为曲线终结者，而这一切全靠健身所得。网页链接

▲ 图 5-7　事件软文

3. 自己制造事件

企业可以自己想出一个新概念，引发群体关注和追捧，如发布新产品、新思想、新做法、新方式。总之，就是要创新，有了创新才能更好地引起各大网民的关注。

就拿"'U盘门'事件"来说，这完全是企业自己造出来的事件，此事件软文以"第一人称自曝隐私"手法，紧紧抓住读者的猎奇心理，赚足了关注度。

虽然通篇和所说 U 盘息息相关，但其推广信息植入地恰到好处，没有让读者产生厌烦，却因为流畅自然，网民积极参与推动了事件的发展。再加上有幕后推手的介入，与企业互动，带动了人们的情绪，引起人们的注意。

企业还可以自己在各大网站上发布活动，利用活动内容吸引消费者的注意，将活动变成热门话题，也能吸引不少人的眼球。

总之，企业在撰写自己制造的事件软文时，一定要有创意且植入广告需隐晦、高明。

4. 打出 5 张牌

企业在撰写事件软文时，可以打出以下 5 张牌，只要运用得当，定能引起关注，如图 5-8 所示。

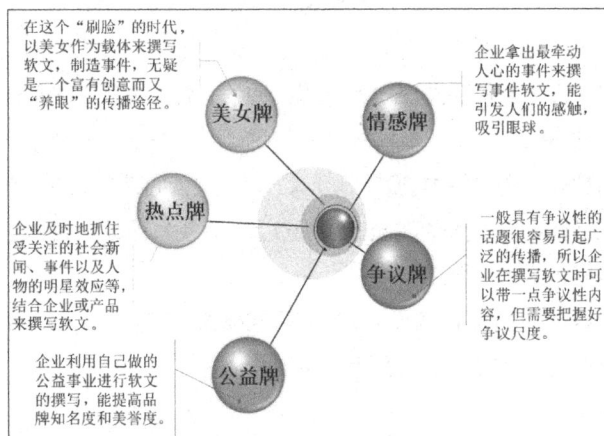

在这个"刷脸"的时代，以美女作为载体来撰写软文，制造事件，无疑是一个富有创意而又"养眼"的传播途径。

企业拿出最牵动人心的事件来撰写事件软文，能引发人们的感触，吸引眼球。

企业及时地抓住受关注的社会新闻、事件以及人物的明星效应等，结合企业或产品来撰写软文。

一般具有争议性的话题很容易引起广泛的传播，所以企业在撰写软文时可以带一点争议性内容，但需要把握好争议尺度。

企业利用自己做的公益事业进行软文的撰写，能提高品牌知名度和美誉度。

美女牌　情感牌　热点牌　争议牌　公益牌

▲ 图 5-8　5 张牌

5. 事件软文注意事项

撰写事件软文之前，需要注重策划和持续报道，重点放在能引发媒体和社会公众广泛关注的事件上；事件软文的精髓并不在多，而是要能够广泛地调动人们自动发表评论、引起议论；需要注重转载率，转载率越高，影响力就越大；事件不一定是正面的，也可以是反面的，只要尺度把握得当即可。

6. 抓住事件的切入点

企业在撰写事件软文时，一定要抓住事件的切入点，并与公众心理完美结合，才能有效地提高自身品牌知名度、产品销量以及企业信誉度，更重要的是，让大众自己无意识地接受企业的产品，这种事件软文所营造的氛围在网民的脑袋里会存在地比较久、效果会比较好。

048　数据软文写作

数据软文是以分析数据、统计数据、调查数据等资料为基础的文章，如果数据具有直接冲击读者眼球的效果，企业可以利用数据来说事，体现企业产品的热门性。

下面就来欣赏艾瑞网以"跑男第二季"做的数据文章。

艾瑞：《跑男》第二季开跑　重归综艺榜首

根据 iResearch 艾瑞咨询推出的网络视频市场监测系统 iVideoTracker 最新数据显示，2015 年 4 月在综艺方面，《奔跑吧兄弟》第二季强势来袭亮点不断，重归榜首。明星旅行真人秀节目《花样姐姐》跃升至第三位。

综艺方面，《奔跑吧兄弟》第二季本月火热开跑，重归榜首。范冰冰李晨互撕，黄晓明助阵 Angelababy，林更新逆袭为大力士，更强大的明星阵容带来更多的看点和笑点，本月覆盖人数超过 6000 万名，优势遥遥领先。老牌综艺《快乐大本营》排名第二。明星旅行真人秀节目《花样姐姐》由上月第八跃升至第三。《我是歌手》第三季于本月中旬落幕，退居第四。《非诚勿扰》《天天向上》等节目稳居榜单前十。

作为韩国高人气综艺节目《Running Man》的国内引进版，《奔跑吧兄弟》相似的节目属性受到了不少《Running Man》粉丝的关注。更多明星的加盟和精彩看点使《跑男》渐入佳境，积累了不俗的人气，两者逐渐呈现出共赢的局面。随着《跑男》第二季的开播，两者在观众的构成方面具体有什么异同点呢？

艾瑞数据显示，这两部综艺的观众构成重合度达到 8.24%。24 岁以下的未婚女性用户对于两者的倾向性明显，TGI 超过 110。其中 19 ~ 24 岁的观众更偏爱《Running Man》，TGI 高达 145。18 岁以下的观众对于《奔跑吧兄弟》的 TGI 达到 136，超过

《Running Man》。媒介/广告/咨询和其他行业的从业者对两者均有关注。银行/金融/证券的从业者更偏爱《奔跑吧兄弟》。而从事旅游/餐饮/酒店业的观众更青睐《Running Man》。政府机关/社会团体从业者对两者的关注度最低。

排名	电视剧 片名	视频播放覆盖人数（万人）	电影 片名	视频播放覆盖人数（万人）	综艺 片名	视频播放覆盖人数（万人）
1	妻子的谎言	7099.5	智取威虎山	1704.2	奔跑吧兄弟	6098.1
2	少年四大名捕	5867.5	微爱之渐入佳境	1236.3	快乐大本营	3274.3
3	天使的城	4719.1	钟馗伏魔：雪妖魔灵	1200.6	花样姐姐	2777.5
4	王大花的革命生涯	2973.4	澳门风云2	1180.2	我是歌手	2056.3
5	极品新娘	2775.7	熊出没之雪岭熊风	1070.5	非诚勿扰	2045.8
6	嘿，老头！	2672.5	爸爸去哪儿2	1011.6	Running Man	1924.2
7	我的二哥二嫂	2263.0	有种你爱我	1008.6	天天向上	1556.7
8	铁核桃	2230.7	速度与激情	1006.3	变形计	1386.7
9	想明白了再结婚	1929.1	太平轮(上)	869.9	我看你有戏	1166.4
10	寒冬	1823.9	一步之遥	822.0	康熙来了	1082.1

来源：iVideoTracker，2015.4。基于对40万名家庭及办公（不含公共上网地点）样本网络行为的长期监测数据获得，仅包括部分在线视频客户端数据。

iVideoTracker–2015 年 4 月中国在线视频媒体电视剧、电影及综艺播放覆盖人数 Top10。

属性		奔跑吧兄弟 视频播放游客 人数比例（%）	TGI	Running Man 视频播放游客 人数比例（%）	TGI
性别	男	52%	91	50%	87
	女	48%	110	50%	115
婚姻状况	已婚	41%	82	37%	75
	未婚	59%	117	63%	123
年龄	18岁及以下	14%	136	12%	120
	19-24岁	37%	126	43%	145
	25-30岁	20%	94	19%	89
	31-35岁	12%	77	11%	67
	36-40岁	10%	78	8%	66
	40岁以上	6%	62	6%	62
行业	政府机关/社会团体	7%	86	7%	87
	教育/科研	15%	103	15%	101
	邮电通讯	2%	87	2%	89
	IT行业	10%	103	10%	102
	商业/贸易	8%	93	8%	92
	银行/金融/证券	5%	109	4%	97
	健康/医疗服务	4%	94	4%	92
	建筑/房地产	5%	92	5%	92
	媒介/广告/咨询	3%	112	3%	111
	旅游/餐饮/酒店	2%	97	3%	105
	制造业	12%	92	12%	92
	其他	27%	107	28%	110

注释：TGI 是最标准的指数。TGI指数=[具有某一特征的群体在某目标群体中所占的比例/总体中拥有相同特征的群体所占比例]×标准数100。
来源：iVideoTracker，2015.4。基于对40万名家庭及办公（不含公共上网地点）样本网络行为的长期监测数据获得，仅包括部分在线视频客户端数据。

iVideoTracker–2015 年 4 月《奔跑吧兄弟》《Running Man》观众构成。

　　艾瑞咨询成立于 2002 年，由杨伟庆发起创立，致力于成为中国新经济最佳消费者洞察及研究咨询公司。艾瑞咨询以"洞察互联网的力量"为理念，为客户提供中国市场专业的互联网相关领域的数据产品、研究咨询等专业服务，助力客户提高对互联网产业的认知水平、盈利能力和综合竞争力，让互联网的力量点燃中国各个行业。艾瑞办公总部设在北京及上海，拥有一支稳定并具有深厚行业服务经验的管理团队，目前拥有员工超过 400 名，在中国香港、广州、深圳、成都、杭州、硅谷、纽约等地设有区域办事机构。

艾瑞咨询拥有基于个人电脑、智能手机、平板电脑、智能电视等不同终端上数百万级用户行为监测样本的互联网收视率数据，是中国最权威的网民收视率公司之一。艾瑞研究院每年发布超过 100 份互联网市场研究报告，在互联网、网络营销、电子商务、移动互联网等领域具有领先的市场研究地位。在多个互联网公司 IPO 上市报告中，艾瑞咨询是主要的第三方数据服务提供方。艾瑞咨询具有广泛且深度的品牌影响力，艾瑞发布的互联网及用户数据被各大媒体引用，在多个领域已经成为数据标准。

艾瑞旗下拥有艾瑞网、艾瑞广告先锋等媒体，并每年主办多次自主品牌艾瑞峰会和行业活动，是行业的营销推广平台。艾瑞已经开展多项围绕客户的专业服务体系建设，包括企业管理咨询、专业培训服务、数据挖掘服务、人力资源顾问与猎头服务、企业会务外包服务等多项专业服务业务。

艾瑞咨询累计服务超过 2000 家客户，涵盖多个行业领域，包括互联网、移动互联网、广告及公关、零售及电商、通信、金融服务、投资研究、消费品、政府及公共事业等，客户几乎覆盖中国所有主要的互联网公司、互联网广告代理公司、电子商务企业、投资银行及互联网对冲基金，还有大量的传统企业与艾瑞合作寻求互联网业务的转型升级等。为客户提升互联网效率，创造更高价值，是艾瑞不变的服务理念。

【分析】：

此数据软文，利用了数据表达方式将数据信息清晰地罗列出来，便于读者阅读，从数据中掌握某些信息，在软文的最后开始介绍企业信息。这篇文章的背后有 2 层意思。

（1）利用清晰明了的数据，将《奔跑吧兄弟》综艺节目的受欢迎程度告诉读者，让读者产生好奇心，从而使那些没有看过《奔跑吧兄弟》的观众产生想观看的欲望心理。

（2）因为开篇就提到了此数据由根据 iResearch 艾瑞咨询推出的网络视频市场监测系统 iVideoTracker 最新数据而得出的，在文章最后介绍了艾瑞咨询的信息，所以，这也可以看做是一篇以数据为噱头，为艾瑞咨询做的推广软文。

综合上述案例，我们可以得到以下结论。

- 数据软文主要是利用各种分析数据、统计数据、调查数据等资料进行加工、整理而凑成的软文。
- 数据软文中大多会用数据图表来表达数据内容，并且数据软文具有强传播性、专业性、写作简洁性等特点。

- 企业还可以将自己的数据软文定期放送，这样能吸引一部分忠实读者。
- 数据软文容易快速建立和发展成专业的企业品牌特色。

对企业来说，数据软文的写作还面临了一项重大问题，那就是如何将数据以表格的形式诠释出来？下面就以某企业的销量来讲解普通数据图标的制作。

图表的基本类型为表格、柱形图、饼图、条形图、散点图、折线图等类型，如图5-9所示。

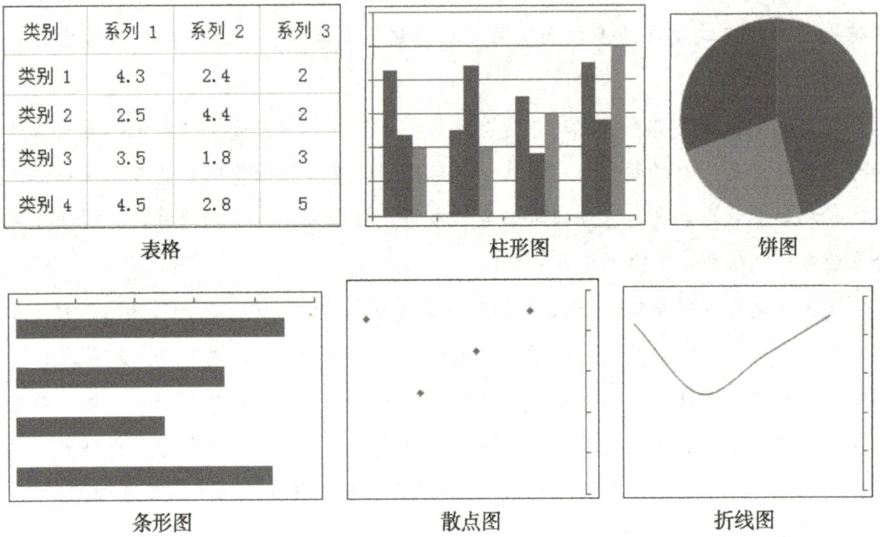

类别	系列 1	系列 2	系列 3
类别 1	4.3	2.4	2
类别 2	2.5	4.4	2
类别 3	3.5	1.8	3
类别 4	4.5	2.8	5

表格 　　　　　　柱形图 　　　　　　饼图

条形图 　　　　　　散点图 　　　　　　折线图

▲ 图 5-9　图表基本类型

企业如果想要界面简单点，就可以直接用表格来呈现数据内容，利用 Ecxel 就可以制作出一个简单的数据表格，下面以某培训班同学的成绩来制作簇状性柱形图。

步骤 ❶　在 Excel 表格中，打开成绩表，选中所有含数据的单元格 A1 ~ F7，如图 5-10 所示。

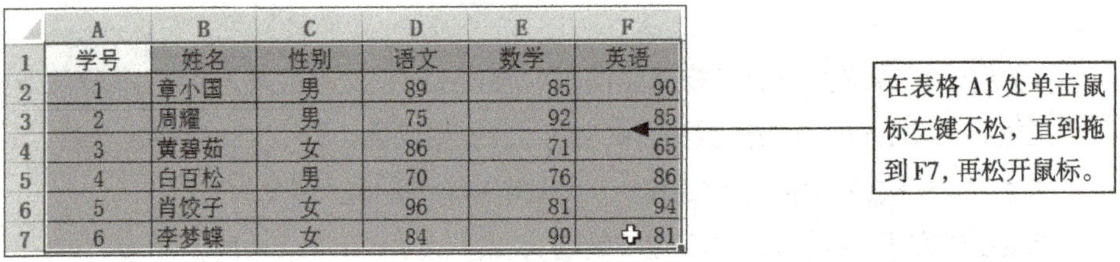

	A	B	C	D	E	F
1	学号	姓名	性别	语文	数学	英语
2	1	章小国	男	89	85	90
3	2	周耀	男	75	92	85
4	3	黄碧茹	女	86	71	65
5	4	白百松	男	70	76	86
6	5	肖饺子	女	96	81	94
7	6	李梦蝶	女	84	90	81

在表格 A1 处单击鼠标左键不松，直到拖到 F7，再松开鼠标。

▲ 图 5-10　选择所以含数据的单元格区域

步骤 ❷　单击"插入"菜单区，选择"图表"选项版上的图表类型，这里选择"柱形图"，如图 5-11 所示。

▲ 图 5-11 选择"柱形图"

步骤 ③ 在下拉框中，选择"簇状性形图"，如图 5-12 所示。

可以在这个区域选择适合的图表类型

▲ 图 5-12 选择"簇状性形图"

步骤 ④ 选择"簇状性形图"之后，则弹出一个柱状形图表，即完成，如图 5-13 所示。

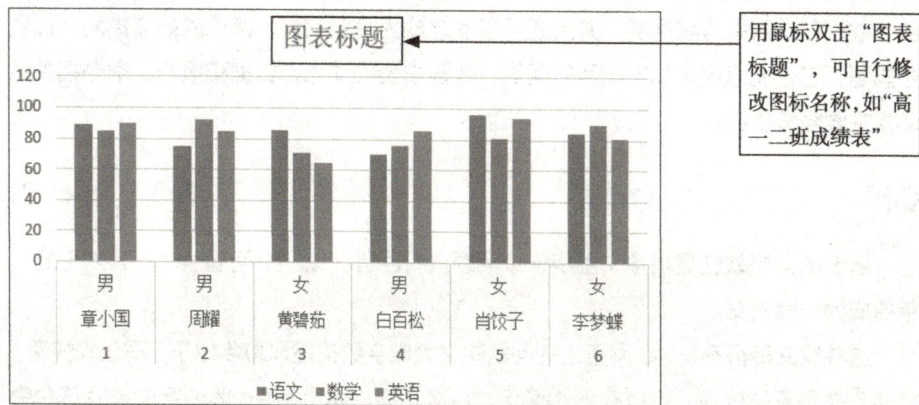

用鼠标双击"图表标题"，可自行修改图标名称，如"高一二班成绩表"

▲ 图 5-13 簇状性柱形图完成

> 💡 **专家提醒**
>
> 数据软文并不是非要有数据表格才是数据软文，只要全文章是围绕数据来进行撰写的，都可以算是数据软文。

那么数据软文该如何写呢？下面就来了解 4 点数据软文的写法。

1．找到数据

数据软文的核心就是要有数据，一般数据可以用来自社会的数据。如手机数据、汽车行业数据等，可以来自网站、论坛的数据调查，如艾瑞网、中国数据网或是可以开展《站长最喜欢哪些类型的培训》《平均每次自助游预算多少费用》等小型调查。抑或是在百度新闻搜索中，查询关键词"调查显示"，可以发现大量原始的数据分析。

2．整理数据

将找到的数据进行整理加工成图表，想办法使之成为企业的特色内容，并结合企业产品制作成数据软文。

3．记住核心思想

数据软文的核心思想是加工数据、制作成图表，写作简洁并快速，最重要的还是将数据软文形成企业的一种品牌。

4．经营数据软文

数据软文是可以经营的，例如全面搜集各种心理咨询类的数据，可以形成数据报告或数据包，供需求者购买，并且还可以使之成为企业品牌，常见的如艾瑞网、投资中国等，它们就以收集和发布互联网类、风险投资类动态、数据和报告、举办相关活动为主要经营项目。

049 问题软文写作

所谓的问题软文是指全文围绕一个问题进行回答，以一个问题一个解答的形式，单独成为一篇软文。

这种软文篇幅不长，在网络上的问题软文大概字数都是 500 字以下，写起来快速、简便。并且素材好找，可以在各大论坛、百度知道、腾讯 soso 等内容中寻找符合突出自己产品的问题或已经解答好的问题进行改编，即可成为一篇问题软文。需要注意的是在网络上挑选问题和答案时，应该选择转载传播率高、点击率高、查询量大的文章，因为这类文章是具有一定吸引力的，企业加工之后，也一定能吸引到大量的目光。

下面就来欣赏一篇问题软文。

高中生如何学习英语

要学好高中英语，应做到"四勤"与"四多"，具体说来，有以下几点。

一、"四勤"

1. 勤背诵

积极记忆高中课本中出现的生词及词组，理解其用法，并适当运用一些正反义词对比、相似词对比等方式加强记忆。这一步虽然枯燥乏味，但少了它，学习英语就像折了翅膀的鹰，空有雄心却寸步难行。

2. 勤朗读

这是学好英语的法宝之一。朗读的内容一般说来只限于课本，并不以背诵为目的，而着重将注意力集中于自己的正确发音、连续语气等。通过朗读可以熟悉单词及其用法，体会英语的语气、语境，增强语感。每天只需半小时左右，但必须要持之以恒地学习。

3. 勤练习

虽然"题海"战术不足取，但适当做一些练习，尤其是针对自己不足之处的练习是必不可少的，如完形填空这种难度较大、考查综合能力的题型，平时就应多做一些。每次做完后，认认真真地重新对照答案细细读一遍，体会这些正确选项究竟合理在什么地方，出题者的意图又是在考查哪些知识点等。只有在不断的练习、体会中，英语水平及应试能力才会不断提高。

4. 勤总结

相对于其他学科来说，英语的知识点相当零碎，一定要在平时的收集、整理、总结上下工夫。平时听老师提到或是在参考书上看到的一些零碎的小知识都要及时记录下来，以备以后复习时用。

二、"四多"

1. 多看

近年来英语试题的难度逐渐增大，试题的触角涉及日常生活的各个领域。因此，从高一开始就应尽可能地扩大阅读面，广泛阅读，以求开阔视野，并在潜移默化中提高自己的英语水平。

2. 多听

近年的中、高考已逐步加入听力试题。其实，多听并不仅是为了应试，更重要的一点是在听的过程中逐步增强语感。培养敏锐的语感有助于增强辨析力和判断力，是英语学习过程中十分重要的一环。

3.多说

多说可以增强口语能力，加深记忆，使学过的知识清晰地映在脑海里，不容易忘记。

4.多练

通过做大量的习题，可以增强实践经验，不至于临阵发慌、手足无措。而且，熟能生巧，做题也能做出规律，做出语感来。

当然，学习一门语言本身也有其自身的规律，所谓"四勤""四多"也只不过是一种加强的手段。要学好英语，更重要的是从语言本身出发，深入钻研其中的奥秘，从字、词、句、章各方面逐个加强练习，严守"四勤""四多"的原则，轻轻松松取得好成绩。

"冰冻三尺，非一日之寒"，要想更好地学好英语也不是一日两日的事情。

首先，高中教材中英语词汇的记忆应达到熟练，词汇是构成英语的最基本要素。不记忆词汇就如建一栋大楼而没有砖块一样。

教材的把握程度。高中英语教材有一些很经典的课文，最好把课文背下来灵活运用，这种方法虽然比较笨，但的确很有效。

句型的总结。善于总结一些典型的句型，归纳在一起，争取做到举一反三、触类旁通。

注意一些重要的动词用法。平时学习时，应多听一些磁带、多记一些东西。语法通常包括时态，名词，代词的数，主、谓语一致，虚拟的语气，主动和被动，不定式（完成时和被动语态），分词（完成时和被动语态），独立主格结构，从句的关系代词及副词等。这些方方面面需要在平时学习时多积累、多记忆。

另外有语法书可以看看。在学习教材时应注意语法方面的内容，这样日积月累，语法在不知不觉中就会学习得比较好。

口语最重要的是张口把英语说出来，在说英语时，会出现一些语法错误，但这是正常现象，如果在说英语时，保证语法不出现错误反倒不正常了，口语最重要的就是多说。把看到的想到的用英语表达出来，这样时间一长口语水平会有一个质的飞跃。另外推荐一本名叫《英语口语大全》的书，由外语教学与研究出版社出版，可以看看。

至于写作方面，应多练习。坚持每周写一篇小短文，并尽量应用单句，当然用复句也可以，参考一些优秀的论文，看看别人怎样写的，然后与自己比较，找出自己的不足。依据我个人的经验来看，阅读量是必不可少的，而且不要怕看生词多的文章，要勤查词典。

如果真有信心学好英语的话，那么可以尝试一下熟背每个单元的重点文章，培养语感。高中英语还是很看重语法的，但是当你具备了基本的语法知识后，就可以不必顾及那么多，凭准确的语感就可以很准确地答题，往往是读着题答案自然就会出来，但是这是还要再停下来从语法的角度多想一下为什么是这样选的，相信会很快提高的。

【分析】：

此篇软文就是以高中生如何学好英语为问题，通篇都是围绕这个问题经行解答，在文章的最后一部分，就带过性地提及了《英语口语大全》这本书，使读者不会发觉这是一篇软文，这种文章的阅读性比较高，读者会很乐意阅读这一类可以让他们学到知识的文章，并且企业产品也能自然随意地进入读者的视野，使读者看不出有广告的性质存在。

那么问题软文该如何写呢？下面就来了解问题软文写作 5 大要点。

- 问题软文的首要任务就是要寻找素材，企业可以在论坛上寻找，利用论坛中的帖子内容以及帖子下的提问与回应，将它们整合在一起，即可成为一篇问题软文。
- 不要将问题软文想得太复杂，只要想到一个与企业产品有关联的问题，就可围绕这个问题展开，再想办法将产品安插到文章中，要做到一有灵感，就马上行动。
- 如果企业要将问题软文投放到网络上，可以以量取胜，问题软文大量制作并不会造成读者的反感心理，需要注意的是，问题软文不能千篇一律，应该从不同的问题角度来进行撰写，才能引起读者的阅读兴趣。
- 企业可以参考已有的问题软文，在原有的基础上进行修改、加工也是不错的选择，切记不能出现侵权的现象。
- 问题软文具有长期性的特点，一篇写于 3 年前的问题软文，5 年后可能仍然有人查询。

专家提醒

企业还可以在各大搜索引擎上搜索"什么是""为什么""怎样的""如何"等关键词，寻找问题软文的素材。

050 炮制软文写作

如今的软文界，很多"大咖"像是开了一个批发部，每天能批量地将软文发布到各大媒体上，一天能写出好几十篇的软文。

而大咖的这种行为就是炮制软文，以最轻松、快速的方式进行批量写作。可是如何才能达到这种状态呢？不要着急，下面将一一说明炮制软文的写作方式。

1. 学会"抄"

所谓的"抄"，并不是一字不改地抄袭别人的作品，而是在积累写作的过程，这也是炮制软文写作必经的快速学习过程。一般来说，企业在写文章时，一定要有灵感、创意、想法，才能将软文快速地写下去，并不会出现干巴巴地坐在电脑面前，什么书也不看，什么资料也不查，就随意地敲出个几千字的软文，那质量也不会过关。

因此"抄"是写作的前提，那到底"抄"是什么意思呢？就是自己找到一些写得不错的软文，对他们进行抄胸，只有用手抄了一遍，才能比较深刻地记住，然后日积月累，脑袋中就自然有灵感、有知识、有创意，可以进行大量的写作了。

当然，还可以抄一些写得好的其他文章，不一定非得是软文，这样可以丰富自己的写作手法，增加自己的知识，使自己的脑袋变成一个"会动的图书馆"，这样就不怕出现无从下笔、想得焦头烂额的情况了。

2. 学会准备

抄书就是一种知识的积累，也是一种为写作思维做整理的准备，只有大脑中有丰富的知识，写作才会信手拈来，一笔而过，如果知识量不足，还要一边想一边写，既不能提高速度，也不能提高效率。

所以，想要快速地进行炮制软文写作，就一定不能临时抱佛脚，应该进行以下 3 点准备，才能做到快而不失质量。

（1）知识收集的准备

一般企业想要在炮制软文这一块成为专家的话，只有具备新鲜的思路、新鲜的话题、独到的见解才能实现。

如果企业在某件事情上没有独到的见解，不知如何才能将软文写得不那么生硬的话，有时候在软文中需要运用无数个例子、数据，才能提高软文的阅读性，可是这些例子和数据从何而来，就算在网上搜索，又如何能确保一下子就能找到合适的例子和数据呢？答案可想而知，那是难以实现的。

所以，知识的收集是不可缺少的，如果在软文中没有示例、数据等实际信息，那么软文该拿什么让读者信服，只是一味地讲述自己的观点和想法，只会让读者觉得毫无意思，纯属瞎编。

由此可知，知识的收集可以使企业的软文有巩固的基底，扎实的思路，说服读者的本事。

（2）资料收集的准备

企业想要将软文写得生动形象，有强有力的说服力，就要常备很多资料，而且对很多数字、情况要"烂熟于胸"。对各种企业简介、企业文件、工作计划、企业新闻、企业活动、工作安排意见、企业品牌故事、工作总结、发展趋势等资料都要了如指掌，对它们极其熟悉，才能快速写作。

（3）写作方式的准备

软文有很多种写作方式，企业必须要熟悉几种，进行软文写作方式的切换，才不会出现形式重复的状况。在文章写作之前，应该多看一看不同形式的优秀软文写法，在各种各样的写法中，寻找几种适合自己用的，将它们固定下来，然后长期使用这几种固定的写作手法来表达。

这样可以大幅提升写作速度，提高写作效率，不过在套用这些固定模板的过程中，还需要自己慢慢摸索出一种属于自己的新"套路"，那样才能炮制出软文。

3. 学会加工

炮制软文写作的核心就是加工，只有学会在一篇已有的软文上进行加工、整理出一篇甚至是几十篇的软文，才能快速地批量写出软文。下面就来看看以一篇"吊起来健身塑绳瑜伽"的炮制源来炮制出的一系列软文，如图 5-14 所示。

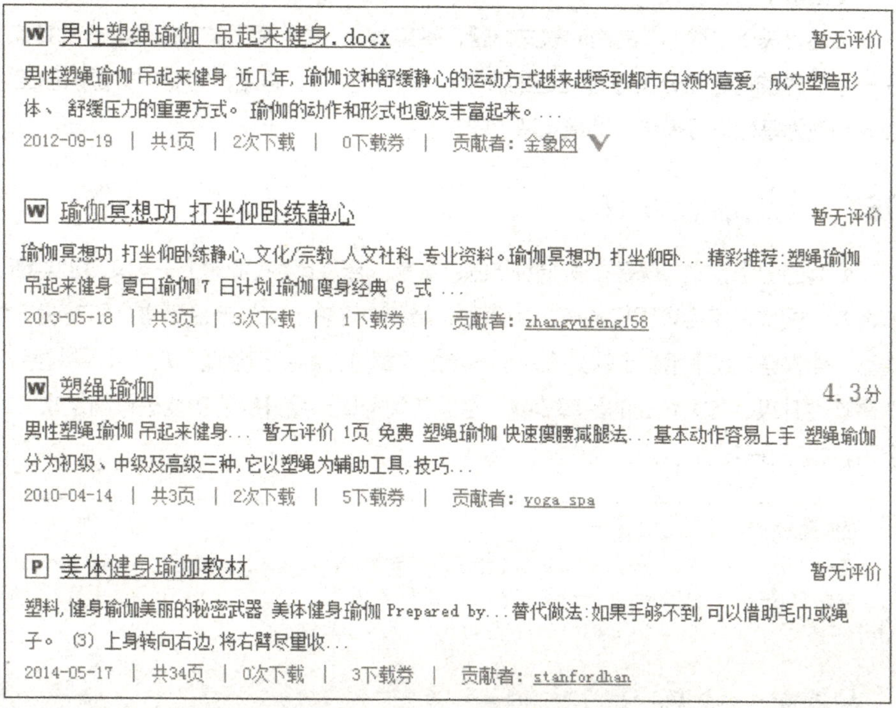

> W 男性塑绳瑜伽 吊起来健身. docx　　　　　　　　　　暂无评价
> 男性塑绳瑜伽 吊起来健身 近几年，瑜伽这种舒缓静心的运动方式越来越受到都市白领的喜爱，成为塑造形体、舒缓压力的重要方式。瑜伽的动作和形式也愈发丰富起来。…
> 2012-09-19 ｜ 共1页 ｜ 2次下载 ｜ 0下载券 ｜ 贡献者：金象网 ▼
>
> W 瑜伽冥想功 打坐仰卧练静心　　　　　　　　　　　暂无评价
> 瑜伽冥想功 打坐仰卧练静心_文化/宗教_人文社科_专业资料。瑜伽冥想功 打坐仰卧…精彩推荐:塑绳瑜伽 吊起来健身 夏日瑜伽 7 日计划 瑜伽瘦身经典 6 式…
> 2013-05-18 ｜ 共3页 ｜ 3次下载 ｜ 1下载券 ｜ 贡献者：zhangyufeng158
>
> W 塑绳瑜伽　　　　　　　　　　　　　　　　　　　4.3分
> 男性塑绳瑜伽 吊起来健身… 暂无评价 1页 免费 塑绳瑜伽 快速瘦腰减腿法…基本动作容易上手 塑绳瑜伽分为初级、中级及高级三种，它以塑绳为辅助工具，技巧…
> 2010-04-14 ｜ 共3页 ｜ 2次下载 ｜ 5下载券 ｜ 贡献者：yoga spa
>
> P 美体健身瑜伽教材　　　　　　　　　　　　　　　暂无评价
> 塑料,健身瑜伽美丽的秘密武器 美体健身瑜伽 Prepared by…替代做法:如果手够不到,可以借助毛巾或绳子。(3)上身转向右边,将右臂尽量收…
> 2014-05-17 ｜ 共34页 ｜ 0次下载 ｜ 3下载券 ｜ 贡献者：stanfordhan

▲ 图 5-14　故事式软文

- 男性塑绳瑜伽 吊起来健身。
- 瑜伽冥想功 打坐仰卧练静心。
- 塑绳瑜伽。
- 美体健身瑜伽教材。

- 瑜伽不同姿势的功效。
- 练习瑜伽前必备的准备工作。
- 轻松瑜伽帮 OL 手臂减肥。
- 瑜伽：成就女人的美丽心事。
- 瑜伽高手年老身不老。
- 英国一 83 岁老太能玩倒立曾教授 40 年瑜伽。
- 脸部瑜伽拯救你的松弛包子脸。
- 空腹瑜伽屏蔽减肥饥饿感。
- OL 日常健身 10 个瑜伽动作。
- 瑜伽让身体成为我的语言。
- 练习瑜伽时的准备工作。

【分析】：

上述是关于"瑜伽"的炮制软文标题，事实上，这是利用了软文批量写作的特点，在一个优秀的内容基础上来建立起的思考、模仿和参考。总之，炮制软文是以加工、修改整理为基础进行模仿，批量制造出软文。

051　固定软文写作

所谓的固定软文，就是在固定的节日、节气、活动上发布的对上一年文章的更新，如春节、国庆、年会等固定的节日和活动，特别对许多季度性产品而言，如空调、取暖器、棉衣等，经常用固定软文来对上一年的文章进行翻新和整理，如苹果手机翻新、杀毒软件升级、各大企业的品牌故事、企业新闻等以产品升级的功能进行固定软文的撰写，如图 5-15 所示。

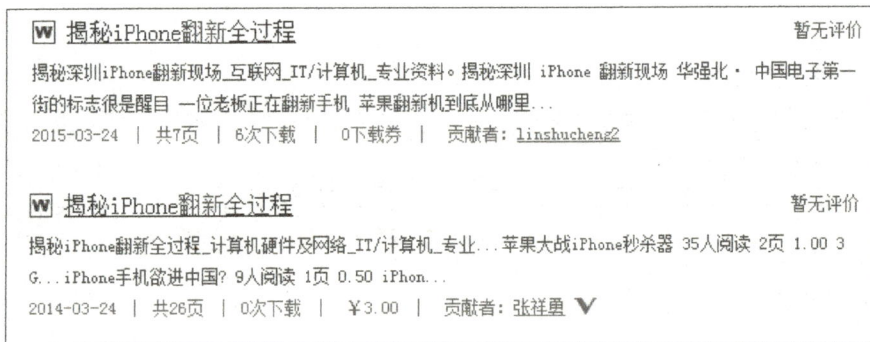

> W 揭秘iPhone翻新全过程　　　　　　　　　　　　　　　　暂无评价
> 揭秘深圳 iPhone翻新现场_互联网_IT/计算机_专业资料。揭秘深圳 iPhone 翻新现场 华强北·中国电子第一街的标志很是醒目 一位老板正在翻新手机 苹果翻新机到底从哪里...
> 2015-03-24 ｜ 共7页 ｜ 6次下载 ｜ 0下载券 ｜ 贡献者：linshucheng2
>
> W 揭秘iPhone翻新全过程　　　　　　　　　　　　　　　　暂无评价
> 揭秘iPhone翻新全过程_计算机硬件及网络_IT/计算机_专业...苹果大战iPhone秒杀器 35人阅读 2页 1.00 3 G...iPhone手机欲进中国? 9人阅读 1页 0.50 iPhon...
> 2014-03-24 ｜ 共26页 ｜ 0次下载 ｜ ￥3.00 ｜ 贡献者：张祥勇 ▼

▲ 图 5-15　固定软文案例

那么固定软文的写作该如何进行呢？下面就来讲解固定软文的 3 点写作方法。

- 每年多制作一些软文，在固定时间发布。
- 勤搜集、勤整理、勤加工，多积累相关资料，写作就不会那么难。
- 搜集越多的资料，写文章越简单，将搜集到的资料相互拆开、删减、组合，就能简单快捷地制作出一篇固定软文。

052 新闻软文写作

新闻软文以写新闻的方式为企业产品宣传，它能多角度、多层面地诠释企业文化、品牌内涵、产品机理、利益承诺，传播行业资讯，引领消费时尚，指导购买决策。

一般来说企业在撰写新闻软文时，需要注意以下 3 点。

- 文章撰写要求避免自卖自夸式的口吻，尽量回避易让读者认为文章是广告的一切名词、图片和形式。
- 新闻软文最好要有摘要，所谓的摘要是用少量的文字介绍整篇文章的主题，便于读者快速阅读。
- 挖掘新闻点或者创造概念必须语言精练，充分理解产品或品牌所具有的特征、功效和内涵，必须记住如果想说服读者，首先就要过自己这一关。

下面就来欣赏一篇新闻软文。

促销升级 XXX 空调再战 2011 春节市场

2011 年元旦，XXX 空调迎来超常热销，较去年同期增长了 200%，"元旦的热销与 XXX 重磅推出的热霸空调是分不开的。"XXX 空调有关负责人透露，"在新年之际，'双涡旋—热霸'空调在 XXX 的大力推动下，很受消费者欢迎，其销量在元旦期间迎来新年的首轮高潮。春节期间，XXX 空调在主推热霸空调的基础上，将加大促销力度，更好地让利于广大消费者。"

促销升级

继元旦期间推出的"XXX 全城热恋，买空调送液晶"等系列促销活动之后，春节期间，XXX 空调"买套餐送液晶"活动全面升级。

XXX 市场部负责人告诉记者，为备战春节促销，XXX 空调总部推出了数款一线高端产品，以创新的设计、优异的性能和高档的品质抢滩节日市场。此次促销活动包括：9999 元送 32 寸液晶；6999 元送 26 寸液晶；4999 元送 19 寸液晶等。

据悉，热霸空调和高能效空调依然是 XXX 此次主推的产品，据 XXX 空调技术总监舒乐华介绍，"由于能效比主要考核空调在制冷状态下的耗电量，导致市场上销售的普通空调普遍采用小压缩机、大换热器和大风量组合以取得能效值，相当于'马小车大'，一旦到了冬季制热能力不足。"

针对这一情况，XXX 研发出"热霸"技术，采用双转子压缩机和 EVI（闪蒸汽）特殊制热系统，黄金优化风道设计，具有制热稳定、速度快、热量大的突出性能。除了制热效果显著外，XXX 热霸空调同样具备绿色节能的优良传统，相比于普通空调，平均制热量提升 30%，制热速度提升 1/3，省电功能提高 2 倍。

服务升级

在刚刚结束的 2010 冷年中，XXX 空调销售业绩同比增长 80%，远远高于行业平均 30% 的增幅。对此，XXX 空调市场部负责人透露，通过系统发力、品牌竞争力突破，近几年来 XXX 明显感觉在市场上的竞争力和话语权得到了提升，竞争更有力、反应更灵活。

多年来，XXX 空调一直秉持"用户在我心中，服务在我手中"的服务理念，不断健全售后服务体系，近来又在行业内首先提出"空调每年免费保养"，并实行空调 10 年免费包修。

"凡是春节期间购买 XXX 空调的消费者，均可免费获得 10 年保修金卡一张。"XXX 市场部负责人表示，"消费者是精明的，消费者也是实在的"，作为销售旺季，春节促销意味着降价、礼包的到来，优惠力度都大大超过以往。

巧盘算、细琢磨的消费者此时出手，不仅能让有限的花费换取更有价值的商品，在满足了购物快感和生活所需的同时，又不至于让自己的积蓄消耗一空。

据了解，在春节期间购买 XXX 空调，消费者不但能够买到性价比最高的空调，而且还可以享受"十年保修，终身无忧"的服务，免除了消费者的后顾之忧。XXX 空调负责人指出，"在商品质量和价格同质化之后，服务必将成为价格战之后的第二张王牌，谁把服务做得最细致、最完善，谁就赢得了消费者的信赖。"

业内人士指出，XXX 空调促销极富特点，针对老百姓量身打造"贴心"的特色赠品及服务。同时，XXX 的营销模式很灵活，有别于其他的空调企业，对于市场信息的变动走向反应迅速，充分显示出了空调新生军的年轻活力。

【分析】：

此新闻软文脉络清晰，井井有条，利用小标题的形式，提出全文的核心主题，突出看点，使读者可以一遍扫过就能大概知道新闻软文所要表达的内容。

全文以新闻的形式呈现，既用"促销升级"来勾住人们贪小便宜的心理，又用新闻的声势来提高信任度，从而两两相结合，就能很好地引发读者的购买欲望。

> 💡 专家提醒
>
> 新闻软文非常有利于引导市场消费，在较短时间内快速提升产品的知名度，塑造品牌的美誉度和公信力。

053　有根据软文写作

有根据软文写作，是以有很强的影响力和很强的专业性的机构、人物、报道等为文章的基准，是一种给读者高权威性、高信誉的软文。

有根据软文通常会以"科学家称：_____""科学家发现：_____""科学家表示：_____"等题材来发表文章及分析性内容。并且有根据软文具有较高的科学性，往往容易让读者信服，也是最容易拥有权威性和影响力的。

下面就来看几则有根据软文案例，如图 5-16 所示。

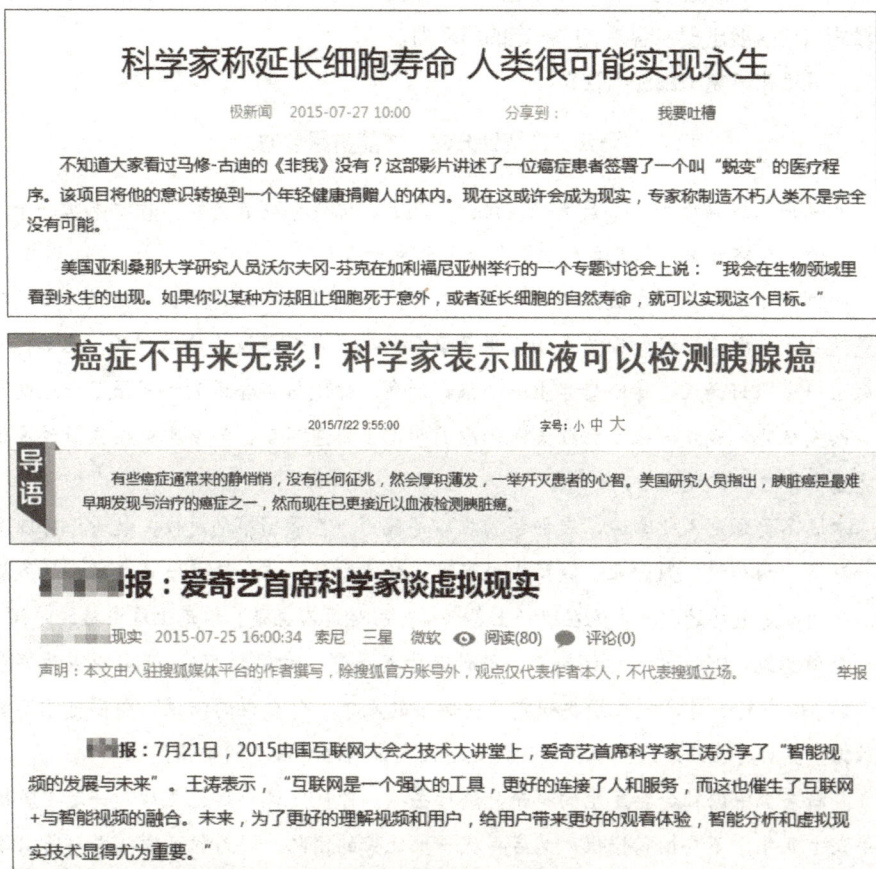

科学家称延长细胞寿命 人类很可能实现永生

极新闻　2015-07-27 10:00　　　分享到：　　　我要吐槽

不知道大家看过马修·古迪的《非我》没有？这部影片讲述了一位癌症患者签署了一个叫"蜕变"的医疗程序。该项目将他的意识转换到一个年轻健康捐赠人的体内。现在这或许会成为现实，专家称制造不朽人类不是完全没有可能。

美国亚利桑那大学研究人员沃尔夫冈·芬克在加利福尼亚州举行的一个专题讨论会上说："我会在生物领域里看到永生的出现。如果你以某种方法阻止细胞死于意外，或者延长细胞的自然寿命，就可以实现这个目标。"

癌症不再来无影！科学家表示血液可以检测胰腺癌

2015/7/22 9:55:00　　　字号:小 中 大

导语　有些癌症通常来的静悄悄，没有任何征兆，然会厚积薄发，一举歼灭患者的心智。美国研究人员指出，胰脏癌是最难早期发现与治疗的癌症之一，然而现在已更接近以血液检测胰脏癌。

███报：爱奇艺首席科学家谈虚拟现实

███现实　2015-07-25 16:00:34　索尼　三星　微软　👁阅读(80)　💬评论(0)

声明：本文由入驻搜狐媒体平台的作者撰写，除搜狐官方账号外，观点仅代表作者本人，不代表搜狐立场。　　　举报

███报：7月21日，2015中国互联网大会之技术大讲堂上，爱奇艺首席科学家王涛分享了"智能视频的发展与未来"。王涛表示，"互联网是一个强大的工具，更好的连接了人和服务，而这也催生了互联网＋与智能视频的融合。未来，为了更好的理解视频和用户，给用户带来更好的观看体验，智能分析和虚拟现实技术显得尤为重要。"

▲ 图 5-16　有根据软文写作案例

那么有根据软文该如何撰写呢？下面就来讲解有根据软文的 3 点写作要求。

- 寻找一些实验、研究围绕它们发表的测试结果，结合产品进行有根据软文的撰写。
- 尝试自己制造一些小型的实验、研究，来针对这些测试的结果，发表自己的感慨

和观点。

- 以搜索整理数据、研究资料为主，还可以结合数据进行软文的撰写。

054 观点软文写作

所谓的观点软文，是指就一事简明扼要地发表自己的见解和主张。一般企业在撰写观点软文时，字数最好三五百字即可，因为读者不会因为你一个人的观点就花费过多的时间或耐心去一字不落地阅读。

观点软文必须一事一议，将观点表达完整，写出来的软文越简短有力越好，注意语言的锤炼，如果没有素材，不知道该怎样表达，可以和朋友聊天、交流，把对话中的精彩讨论摘要出现，容易造成一定的影响力。

下面就来欣赏一篇观点软文。

马云：先找到方向，才能拼尽全力

几年前，我尊敬的一个前辈跟我说："马云，你走到现在为止，你要思考一个问题——你到底有什么，你想要什么，你需要放弃什么？"

而创业十多年来，我最大的心得体会就是：永远思考别人是怎么失败的，哪些错误是这些人一定会犯的。因为成功有很多要素，很多东西是没办法学到的。比如你刚好碰上一个很好的人，你刚好碰上一个很好的事，你刚好在合适的时间做了合适的事情；而失败呢，我发现很多企业失败的原因基本上都差不多，只要把这些失败的原因研究透了，自然就成功了。

永远不要跟别人比幸运，我们拼的应该是毅力。在最困难的时候，就看谁可以多熬一秒钟、两秒钟。做企业、做商人很艰难，就像打仗一样，活着就是成功。从战场上回来的人是成功的，不管他在战场上怎么样，同样商人也是。你走上这条路的时候，你就应该想到，95% 的人已经倒下，凭什么你就是那个幸运的 5%。而要想成为那个幸运的 5% 中的一员，就必须要研究那些倒下的人犯了什么样的错误，警惕自己不要去触犯，然后再找好未来的规律。这就是这几年来我思考最多的事情。

判断未来中国社会要发生的事情，然后去做。你确定这个远见之后，一定要坚持十年或十五年，不要怕犯错误。然后再找一批优秀的团队，因为你不懂技术，所以你要找到最懂技术的人，并且学会怎么跟他合作，而不是他跟你合作；因为你不懂商务、不懂财务，所以你必须找到最懂商务、最懂财务的人，去配合他们的工作，如此一来，这件事情就有机会成功了。

只为钱而奋斗，一点出息都没有

追着钱没有意义，钱是追人的。人要是追钱，一点出息都没有。其实那时候我去见风险投资人，我根本没想过跟人家要钱，我只是觉得大家探讨互联网，我感兴趣而已。感觉问人家要钱，眼神就不对了。你跟人家谈风险投资的时候，你的自信来自于你知道自己要做什么，而不是直接去跟人家要钱。如果直接要钱的话，基本上在对方面前就已经矮了一截。

今天很残酷，明天更残酷，后天很美好，只有那些真正的英雄才能见到后天的太阳

其实我们上市前两个月，很多人认为我们公司根本不赚钱的，也没法赚钱。那时候我很坚信，我们比这些人想象得要好很多，他们说我们很糟糕，其实我知道我们还可以，比想象中的好。但是今天我们碰上了大麻烦，大家认为我们那么好，太好了，说我们无所不能，其实我知道我们没那么好。现在是最危险的时候，别人对我们有很高的期望值，觉得我们公司的人都是神人，什么都能干。而当我们自己也认为自己什么都懂、什么都能干的时候，麻烦就来了。

所以我们每个人一定要明白自己的界限——自己要做什么，想做什么。同时，在做任何产品和服务时，都要问一个问题：客户会不会买？不要说工程师觉得这个东西太好了，结果客户不买。首先我们一定要思考客户觉得好不好；第二，参与者有没有机会；第三，到底能不能活着，如果不能活着，怎么能坚持下去。

互联网带来的文明冲突，是昨天的成功者和今天的成功者的冲突，是昨天的理念和今天的理念的冲突

20 世纪做企业时一定要用好 IT 技术（信息技术），而 21 世纪做企业时一定要用好 Data 技术（数据技术），IT 技术和 Data 技术是有巨大差异的，Data 技术的核心，也就是互联网时代最了不起的东西——利他主义，相信别人要比你重要，相信别人比你聪明，相信别人比你能干，相信只有别人成功，你才能成功。

未来一定是以我为中心变成以他人为中心。如果我钱越多，那么我就越强大，而别人却会越弱小，IT 时代诞生无数巨头，DT 时代（数据处理技术时代）只能倒过来，别人越强大，你才会越强大。IT 时代到 DT 时代，最小的标志是你的思想，如何才能帮助别人成功。

任何一次技术的革命，都会有文明和社会的冲突。工业革命带来的文明冲突，是第一次世界大战和第二次世界大战。今天由于互联网带来的文明冲突，不是战争，而是昨天的成功者和今天的成功者的冲突，是昨天的理念和今天的理念的冲突。数据的鸿沟不是技术问题，是认知的问题，是学习能力的问题。

【分析】：

上述文章，纯粹就是表达作者的一种观点，从文章中可以看出以下 2 点。

- 在标题中出现作者的名字，可以加速扩大软文的影响力，树立个人品牌。
- 整篇文章显得既权威，又个性，更具有一定的影响力，并且文章简短有力，甚至出现高传播率和转发率。

055　专题软文写作

所谓的专题软文是以专题形式进行软文撰写，通过在媒体或网站上建立专题网页，使之在互联网上大量收获点击量。

例如，一篇叫"我国发现幽灵粒子"的文章在百度的风云搜索板上，点击进入网易新闻、比特网、TechWeb 等网站专题，往往会出现在百度搜索引擎的第一个页面上，百度每天贡献给这些的流量堪称惊人，如图 5-17 所示。

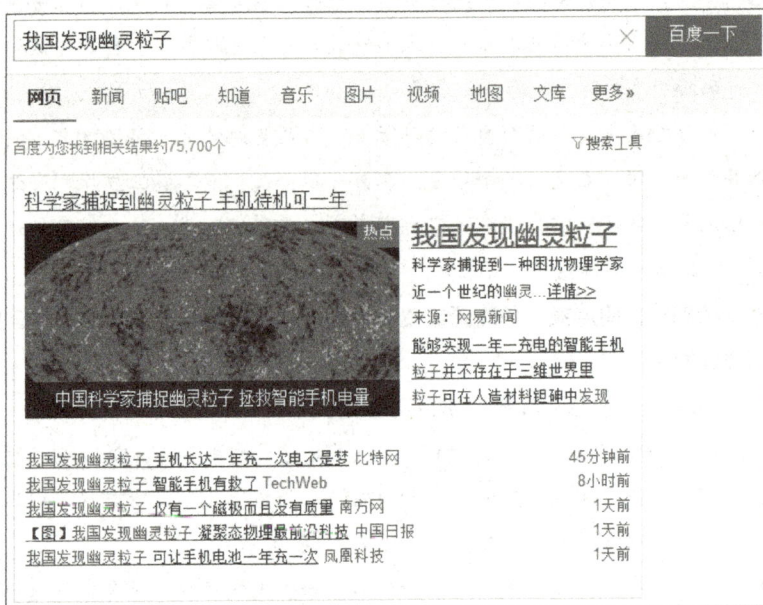

▲ 图 5-17　专题软文案例

既然专题软文可以给网站引来不少的流量，那该如何撰写专题软文呢？下面就来了解专题软文的写作要点。

专题软文并不一定只在其他媒体或网站上发表，还可以在自身网站、自身媒体的专题上发表。

专题软文可以与企业的经营项目捆绑，例如经营工艺品的企业，可以将"玻璃工艺""烙花工艺"等制作成专题。

设定一个专题，如热门、互联网、电子商务等，然后软文都围绕某一个标题进行撰写，如制作一个热门专题，如图 5-18 所示。

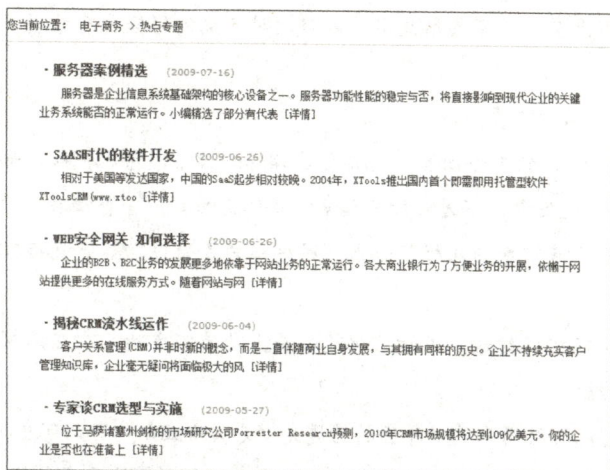

▲ 图 5-18　专题软文热门专题案示例

056　技巧软文写作

　　所谓技巧软文，是指以一些小技巧、小知识为软文中心主题，对于很多产品如软件、某类知识，非常适合用技巧性软文来推广。

　　一般来说，技巧软文好写又好用，在网络上随处可见，它内容虽小，但成文迅速、使用率高、阅读量高、传播率高，有大量的内容都是"如何治疗牙痛""夏天如何使用凉席"的小技巧，这些小技巧经久不衰，不管在何时都会引起一部分人群的注意。所以，该类软文的转载量、传播率都是属于长期的。

　　下面就来欣赏一篇技巧软文。

牙痛的治疗小技巧

　　牙痛最令人痛苦之处莫过于美味享受变成一种最难以忍受的折磨。无论你何时感到牙痛，都应该尽快看牙医，找出病因，对因治疗。但这需要时间，那么在这段痛苦的时间里我们能为自己做点什么呢？

　　方法一 —— 忌口

　　牙痛最常见的诱因要数冷、热、酸、甜的食物了。由于牙齿出问题导致其过度敏感，对入口的食物就会比较"挑剔"，因此最简单最有效的方法就是避免这些刺激。若你咬东西时会使疼痛加剧，那么无论平时你有多讨厌软食，在去掉病因前恐怕除了接受它别无它法。

　　方法二 —— 用盐水漱口

　　建议经常用盐水漱口来治疗牙痛，盐水是很好的收敛止血剂，可以去除口腔异物，所以尽可能常用温盐水（不要用热水）漱口，对牙痛的舒缓会有帮助。但要注意不要将盐水吞下。

方法三 —— 试试丁香油

丁香油含有 80% 的丁香油酚，它具有局部麻醉性质，它比一般局部麻醉常用的成药（如 Anbesol）还便宜，不过可能尝起来味道不是很好。丁香油在健康食品店可以买到，使用时，滴几滴丁香油在棉花球上，用疼痛的牙咬住，如能直接作用在疼痛部位上效果更好。

若你的牙齿有缺口的话，不妨用棉花球滴上几滴丁香油，塞在疼痛的牙齿内，一直到看医生时为止。

另外一种可以暂时用来填补牙齿的物质是"牙齿矫正软蜡"，可在一般药房买到，将蜡填在牙齿上即可，这可以保护牙齿，防止冷水、食物等物质的刺激。

方法四 —— 指压虎口

指压对舒缓牙痛相当有效，但是必须按压到正确的指压点，也就是拇指和食指间的虎口处，不过要指压和牙痛不同侧的虎口，也就是说如果你是左边牙痛，那就压右手虎口。

方法五 —— 用药

当以上这些方法都不能让你的疼痛有所缓解时，你可以口服止痛药，如扑热息痛（Acetaminophen）或布洛芬（ibuprofen）。这里有 2 个小方子，效果不错。

1. 将山栀根 20 克，瘦猪肉 60 克，洗净切片，置铝锅内加清水适量煮 1 小时后放入适量盐、味精、胡椒粉。每日一次，连服 4 天。此方适用于龋齿牙痛和风火牙痛等症。

2. 鸡蛋 2 个煮熟后去壳，同沙参（30 克）加清水煮 1 小时左右，加冰糖适量调味，饮汤食蛋。此方适用于虚火上沿牙痛、咽痛等症。

【神经性牙痛】（包括过敏性）黑胡椒 10 粒，白酒（是指 50 度以上的白酒）1 两，浸二日后喝一口含住，3 分钟即止痛，5~6 分钟吐掉，一日 2 次，两次可愈。此方百试百灵，而且不发。

【风火牙痛】（包括蛀牙痛）小苏打（或食碱）2 克，加蜂蜜调成糊状，用棉球蘸后咬在痛处，立止，一日二次，一天可治愈。特效。

【牙周炎、牙龈炎】用一只鸡蛋清加等量白酒（是指 50 度以上的白酒）搅匀，喝一口，含口中，5 分钟吐掉，一日二次（一日一只蛋），2~3 天消火止痛，并痊愈。

【牙出血】每次用藕节半两，花生红衣 1 钱，煎一碗汤，漱口并咽下，一日二次，连用 3 天有特效。

牙痛是本病的主要症状。早期，牙龈发痒、不适、口臭，继之牙龈红肿、松软，容易出血，疼痛，反复发作。日久牙龈与牙根部的牙周膜被破坏，形成一个袋子，叫牙周袋，袋内常有脓液溢出，炎症继续扩大，可成为牙周脓肿，病情加重，局部疼痛、肿胀，初为硬性，后变为软性，有波动感，可自行穿破，流出脓液，出脓后，疼痛可减轻，或反复发作，非常痛苦。

自疗注意事项如下所示。

（1）注意口腔卫生，养成"早晚刷牙，饭后漱口"的良好习惯。

（2）发现蛀牙，及时治疗。

（3）睡前不宜吃糖、饼干等淀粉之类的食物。

（4）宜多吃清胃火及清肝火的食物，如南瓜、西瓜、荸荠、芹菜、萝卜等。

（5）忌酒及热性动火食品。

（6）脾气急躁，容易动怒会诱发牙痛，故宜心胸豁达，情绪宁静。

（7）保持大便通畅，勿使粪毒上攻。

（8）勿吃过硬食物，少吃过酸、过冷、过热食物。

【分析】：

此文先提出牙痛的问题，然后慢慢讲解牙痛之后应该怎样缓解，然后提点到了"丁香油""Anbesol""扑热息痛"、布洛芬这四种产品，整篇文章以传授经验、技巧为主，使读者不容易发现广告意味，反而会将文章所说的技巧牢记清楚。

通过上文可知，技巧软文是一种最为快速、简便的传播方式，其技巧类软文的转载率是非常高的，其内容精简、易懂。

总之，技巧软文可以靠收集一些小偏方、方法来凑成企业自己的技巧，将这些技巧连串在一起，编写成小技巧软文进行广泛传播。

057 揭秘软文写作

由于人们对一些充满神秘感的东西容易产生好奇心理，只要企业抓住这一点，制作出一篇揭秘软文，定然会引起不少读者的注意，如"＿＿＿＿＿＿揭秘""＿＿＿＿＿＿内幕"等。

下面就来欣赏一篇揭秘软文。

哆啦A梦大揭秘！你所不知道的7大内幕

陪伴了几代人成长的经典动漫作品《哆啦A梦》的最新剧场版动画《大雄的宇宙英雄记》即将于3月7日在日本正式上映。大概很多人都认为自己对哆啦A梦的一切都已经了如指掌了吧，但是近日却有日媒总结了7大关于本作的鲜为人知的内幕，不是资深级粉丝还真是头一次听闻呢。快来看看你究竟知道几个吧。

1.哆啦A梦为什么是蓝色的？

当时本作是在以面向低年级学生的杂志上连载，按照惯例前几页要用彩色印刷，扉页的底色一般都用黄色，标题一般都用红色。既然黄色和红色都被用了，那就只剩下蓝色了。于是就决定把哆啦 A 梦画成蓝色了。这是藤子·F·不二雄本人承认的。

2. 哆啦 A 梦的身体有多处受损

大家心目中的哆啦 A 梦是一个万能机器人，但是在未来世界，他却是一个有身体多处功能都不能使用的残次品。首先是比人类嗅觉灵敏 20 倍的"强力鼻"已经损坏了。其次是可以探测远处物体的雷达胡须，现在已经无法工作了。还有召唤猫咪的铃铛，现在已经不起作用了。扁平足本来可以像猫咪一样无声无息地行走，但是现在也失效了。看来哆啦 A 梦损坏得还蛮厉害的嘛，不知道未来有没有被修复的可能。

3. 其实是静香主动向大雄求婚的

大雄和静香长大成人以后会结为夫妻，而且求婚的人是静香哦。看到大雄这么不中用，静香说"如果我不在你身边怎么办，没法丢下你不管"，用这句话向大雄求婚了。3D 电影版《STAND BY ME 哆啦 A 梦》里对原作中的这段情节稍微进行了一点改动，为大雄挽回了一点面子。

另外，结婚前静香父亲对静香说的一席话也成为本作的经典名言之一。他说："我认为你选择嫁给大雄是正确的。因为那个青年会祝愿别人得到幸福，也会为了别人的不幸而悲伤。这才是身为人类最重要的美德。"父亲大人真是太开明了！

4. 哆啦美刚登场时是一个很胡来的小孩

因为哆啦美是家庭系专用机器人，所以口袋里放了很多"抹布清洗剂""自动购物篮"这些家庭用品系的道具。正因为如此，她不太擅长使用机械，经常用错道具，遇到任意门打不开时还会用身体去撞门。所以，与现在"优等生"的形象不同，哆啦美刚登场时其实是一个爱闯祸的惹事精。

5. 神秘角色鸭子机器人

1970 年在杂志《小学 2 年生》上曾经刊登过一部名叫《机器人嘎子（原名：ロボットのガチャ子）》的漫画。刚从未来穿越过来的哆啦 A 梦经常给事事不顺的大雄惹麻烦，于是大雄的孙子为了帮助哆啦 A 梦而送来了一个鸭子机器人嘎子。嘎子的故事没有出版单行本，在杂志上也只连载了半年左右，所以就连日本读者也很少有人看过这部作品，已经成为一部传奇了。

6. 《哆啦 A 梦》中经常有偶像登场

《哆啦 A 梦》的故事中经常有女性偶像登场。第一次是 1973 年在《小学 3 年生》上刊登的《我是玛莉》中登场的丸井玛莉。另外，《小超人帕门》中的超人 3 号的真实身份就是偶像星野堇，她也在《哆啦 A 梦》中客串过。

7. 声优木村昂为胖虎配音时还是初中生

接替前任声优立壁和也，从 2005 年 4 月开始为胖虎配音的木村昂生于 1990 年 6 月，即使是现在也只有 24 岁。他从 10 年前就开始为胖虎配音，也就是说，他刚接到胖虎这个角色的时候才只有 14 岁，还是初中生哦！存在感太强烈了吧！

顺带一提，木村昂还是一个混血儿，爸爸是德国人，妈妈是日本人，出生于德国，而且在 7 岁之前一直生活在德国，所以德语说得非常流利哦。不知道以后会不会有胖虎拽德文的情节出现……

好了，7 大不可思议的内幕已经总结完毕。其实作为资深粉丝，对这些内幕应该还是略有耳闻的。主人公大雄虽然是一个除了翻绳和射击之外身无长处的废柴男，但是他经常在剧场版动画中逆袭成为英雄人物。在今年的最新作品《大雄的宇宙英雄记》中他又将有怎样的表现呢？大家一起期待吧。

【分析】：

此文通过作者条理清晰地讲述哆啦 A 梦不为人知的内幕来吸引大家的目光，在文章的最后才提到了此文的核心意图"大雄的宇宙英雄记"，是在回忆哆啦 A 梦的过程中，呼吁读者去观看最新作品"大雄的宇宙英雄记"。

从此篇文章可以知道，人们大多对"内幕""秘密"产生好奇心，所以，以"哆啦 A 梦大揭秘！你所不知道的 7 大内幕"为标题，容易产生强大的点击率。

> 💡 专家提醒
>
> 企业可以多在网上以"内幕""秘密"为关键词搜索文章，多方参考，可以进行加工使之变成自己的揭秘软文，并且文章最好以曲折开头，整篇文章可以适当地加入一些传奇色彩，而文章的"内幕""秘密"有时来自于对档案、资料的搜集加工，对于背景知识和情况的掌握。

058 通讯软文写作

通讯软文是最常用的写作方式之一，主要用来报道企业新闻、动态消息、杰出人物等基层报道。

一般来说通讯软文是一种细小、深入而又普遍的写作方式，它要求报道周围的人、周围的事。企业撰写通讯软文的初衷是"做了要说，并且一定要说出去"。

一般企业通过通讯扎根于基层、来源于基层、服务于基层，如今不管是中小型企业还是个人组织抑或是网站，都开始像大型企业一样，有了宣传意识，发现了通讯的力量。于是它们开始将自己的动态、消息、人物及时向社会宣传，从而获得了一定的人流量和知名度。

下面来看淑女屋公司的品牌文化是怎样撰写的，如图 5-19 所示。

淑女屋公司简介
fairyfair introduction

淑女屋创立于1991年 23年的发展 旗下五个品牌 表达了一种时间的延续 美的延续 爱的延续 表现了一个品牌成长的历程 从初生的baby开始她美好的人生 经历从童年到少女 从少女到成为母亲 再延续到她的女儿……爱与美在这里流传和新生 这完美表达了我们品牌的理念——"美好女人的一生" 也是我们品牌创立的初衷

淑女屋她设计时装 她更关注个体对美 对生活的体验 她默默无声地渗透到生活的点点滴滴 把庸常而琐碎的人生缝隙 填满对美好生活的向往与实现

淑女屋的核心价值在于她具有独特的个人风格 她汲取生活的灵感 她创造了独一无二的穿衣理念 她代表一种风格 姿态和生活方式 她更代表了一种纯洁优雅的春华新哲学 23年的100%原创精神 将延续融合到每一季的时尚设计中 让淑女屋产品更具价值感

（1）从公司简介开始，以创立时间为头。
（2）介绍了品牌理念、公司的核心价值。

（1）利用"S"型构图，增添视觉效果，减少读者不耐烦的心理。
（2）用时间轴直观地表达出该公司的奋斗历程的成功。

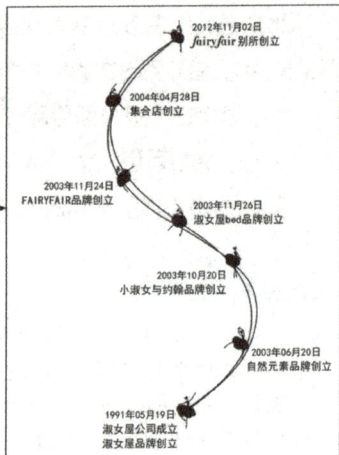

2012年11月02日
fairyfair 别所创立

2004年04月28日
集合店创立

2003年11月24日
FAIRYFAIR品牌创立

2003年11月26日
淑女屋bed品牌创立

2003年10月20日
小淑女与约翰品牌创立

2003年06月20日
自然元素品牌创立

1991年05月19日
淑女屋公司成立
淑女屋品牌创立

小淑女与约翰

[童装]
创立于2003年10月20日

设计内涵

爱从零岁开始 零岁被爱包围
给她爱 她就懂得了爱
给她美 她便用一生去美

（1）介绍创立品牌的时间、名称及设计内涵。
（2）设计内涵以"爱"之名出发，是一篇感情式软文。

设计理念

爱从零岁开始 零岁被爱包围

从此小淑女诞生了

用爱包裹的童话 一切源于美的初始

美好的情感世界 完美的童话情结

王子与白马 城堡与舞会 水晶鞋与玫瑰花

纯洁无瑕 纯真的本性

爱的传承 永不怠慢她成长的每个细节

给她爱 她就懂得了爱

给她美 她便用一生去美

> 品牌的设计理念是衔接着设计内涵的，述说着小孩子是需要被爱守护的，是需要伴着爱成长的，而"小淑女与约翰"就因此理念而诞生。

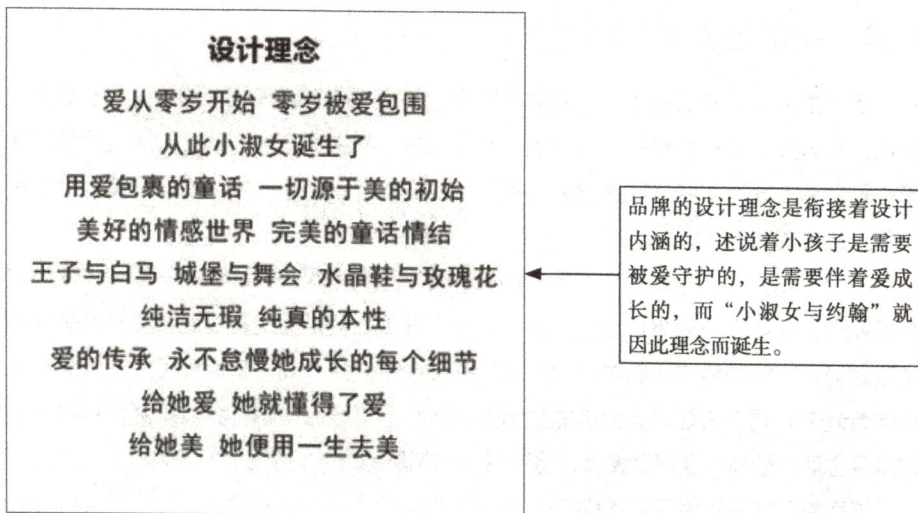

▲ 图 5-19　通讯软文案例

通过上面的案例，不难发现通讯软文并不只是一种单打独斗的软文，而是可以与其他类型的软文结合在一起来增加软文的阅读性。那么通讯软文到底该如何写作呢？下面就来了解通讯软文写作的 7 个要点。

研究各类企业"内刊"，不断提高对动态描写的写作能力，才能使得通讯软文变得长期有效。

- 各企业和网站，要做到有素材、有通讯、有报道，才能撰写好通讯软文。
- 通讯写作不是凭空想象，注意随时采访和记录，素材是第一位的，没有素材就没有通讯。
- 通讯写作要做到短小精练。
- 用事实说话，记录事实。
- 必须扎根基层，必须勤于报道。
- 可以多借鉴其他企业的通讯软文，从上面找到符合自己产品的写作方式，可以适当修改，安插到企业自身上。
- 各类通知、公告、文件，都可能是撰写通讯的内容来源，如网站公告，稍加整理就是一篇通讯。

专家提醒

一般通讯软文都是展现企业欣欣向荣的发展脉络，给外界一种强盛的企业文化感，借着通讯软文来打"宣传"王牌时，要做到"宣传到位，扩大影响"。

059　生活方式软文写作

所谓生活方式软文是指将产品融入生活，围绕生活方式来写作的软文。一般来说生活方式软文并不是在推销一种产品，而是倡导一种生活方式。例如，飞机票预订就是一种生活方式，围绕飞机票怎么轻松预订、怎么节省时间、怎么享受折扣等，都是一种生活方式的享受。

由此可知，生活方式软文就是一种以享受产品为主题的一种软文。那么，这类软文该如何撰写呢？一般来说以生活享受、快乐健康、轻松愉悦为主题，将产品融入到生活也可以。将新科技、新材料、新享乐主义、新便捷方式、新惊喜等生活素材与产品结合起来，看上去是以高品味的生活为主体，推广产品为辅，其实不然，它是一种以享受生活为面具来迷惑消费者，将产品悄然无息地送入消费者的记忆中。

下面来欣赏一篇生活方式软文。

美国早餐——看看老美吃什么

"十一"的时候终于去了趟美国，六天三个地方，拉斯维加斯、大峡谷和洛杉矶。说老实话，早年留学枫叶之国，与美国一墙之隔，也始终没能过去看看。拖了四年，这回却偶然成行了。

赌城满大街都是度假的美国百姓，人高马大，各个二三百斤有余，看得我目瞪口呆，寻思他们是吃哪些食物长大的？转眼到了早餐时间，有名的 IHOP 全日早餐店里一坐，终于明白了。

一份早餐的分量，是可怜巴巴的麦当劳早餐的三倍，7 美元提供：3 个炸鸡蛋，3 根早餐猪肉肠、2 片熏肉、1 大份油炸土豆丝，外加 IHOP 驰名全美的圆鸡蛋饼 3 块加奶油和超级甜的糖浆果酱。咖啡、黄油免费，我掂量了掂量，够咱们一家子的热量了，那边那位美国老太太，慢调斯理地扫完了一盘子，拿面包还在抹盘子；这边的老大爷，一叉子下去 3 片蛋饼就不见了。

吃了早餐，沐浴在内华达州无比灿烂的阳光下，我终于可以自豪地说："我才130 斤啊！"

美国很富裕，80% 以上的国民都受到肥胖的困扰，既然早餐如此过盛，那晚饭就少吃点吧。

晚饭我们进了全美最有名的牛扒店 Morton，一天下来我早就饿得前胸贴后背了，心想一块牛肉算什么？同伴小心翼翼地看了看我说"要不，来个半份？"我仰天长啸地说："这位同学，你不是第一天认识我吧？"点菜的时候侍者老头奇怪地打量了我一番，同伴无奈地点点头。

15 分钟后，一个银盘扣着一块吱吱作响黑乎乎的大牛排出现在我面前，也就跟盘子那么大，一寸厚，浓郁的烧烤香气几乎把人熏晕过去，可为什么我的叉子在颤抖，眼睛几乎掉了出来，这起码有 2 斤牛肉。

可是，味道还是真不错！焦香的脂肪和着浓郁的肉汁完美地融化在舌尖上。Morton 在中国澳门新开的威尼斯人酒店设了分店，有兴趣的朋友们去试试吧，最顶级的美国牛肉，只有和牛才能与之媲美呢。

总之，我们试过早餐吃牛扒，晚餐吃扒牛，早餐半斤，晚餐八两。然后我回来了，一秤体重，直接就晕倒了，再也不能自豪地说："我才 130 斤了！"

【分析】：

此篇生活式软文是以作者去美国的生活记录，说到了美国人一天的吃食，其实是突出"Morton"餐厅的牛扒味道好、分量足，并告诉读者"Morton"餐厅在中国澳门新开的威尼斯人酒店设了分店，呼吁人们去那里吃牛扒。

060　专家软文写作

对于消费者来说，专家的建议、论文、文献等向外发布的信息，往往都容易被采纳，这就叫专家效应，人们觉得专家是有学识的人、德高望重的人、值得信任的人，因为他们知识渊博，是值得信赖的"偶像"。

专家软文则是指以名家、专家的名义，来打响个人品牌。以人名为中心，打造名家或专家形象，会使软文看上去没有那么多破绽，并且此类软文几乎都是些专家的观点、建议，让那些崇拜这些专家的人喜出望外，从而掉入了专家"推广"里，浑然不知其实这是企业一种推广产品的方式。

下面就来欣赏一篇专家软文。

马云：说淘宝假货多的人在淘宝上基本没买过东西

摘要：马云说，对电子商务来讲，假货的解决只能靠互联网，说淘宝上假货多的人基本在淘宝上没买过东西。购物你想 25 块钱就买一个劳力士手表这是不可能的，这是你自己太贪。

互联网大会上，各路豪杰纷纷亮相，社会上都在屏住呼吸聆听他人的声音，而马云的一句话更是引发了网络上的热议。

假货的问题一直困扰着淘宝的成长，也一直是被外界特别是被对手质疑的焦点问题，马云在这个场合敢于主动挑明了说出来，证明了马云并不怕讨论这个难题。

当然，马云之所以会在大会上提起假货问题，可能是对社会上最近一段时间舆论的回应。在阿里巴巴上市前后及"双 11"购物节中，假货的问题一再被提出并炒作，甚至成为了主要竞争对手攻击的靶子，这应该让马云很不自在，借助这个世界互联网大会的平台当着对手的面讲出来，算是不怯场。

水至清则无鱼，电商怎会无假货？

如果说淘宝没假货，恐怕马云自己也不敢说，所有淘宝管理团队的人都不敢说。事实上，淘宝无假货是不可能的，即便是号称无假货的 B2C 电商们，包括京东、唯品会、当当、亚马逊等，估计一个也不敢站出来保证无假货。

假货问题的产生与中国的商业环境有关，如果中国的商业大环境得不到根本改善，作为商业一部分的电商群体也不可能不受到假货的影响。

对于淘宝网来说，其经营模式是鼓励单个体开店销售，通过它的网络平台实现个体经营与客户的对接，等于是开了一个农贸市场，然后把商铺出租给一个个的个体经营者。在这种经营模式下，出现假货也非常正常。

不过，我们也不要把消费者当成傻子，假货骗得了一时却绝对骗不了一世，以售卖假货为主的电商绝对不可能做大。在淘宝网建立之初，就有各方面的专家预言淘宝网不可能长期生存，只能作为一种特例而存在，并不适合大量的复制和推广，其生命周期会很短。但是，我们看到的淘宝网却逐渐坐大，以至于以其为核心的阿里巴巴集团以历史性的 IPO 登陆美国资本市场。

可以说，淘宝网确实有假货，但对假货的治理能力却是淘宝网的核心竞争力，也正是在不断完善的管理规则与制度下，淘宝才有了现在的成绩。当我们看到因为淘宝的强硬管理而引发的网络攻击和群体事件的时候，就应该看到淘宝的竞争力所在。

当然，非常可笑的是，有些人一方面痛骂淘宝有假货，另一方面却支持被惩罚的店主闹事。

因此，我们可以说，电商平台的假货是必然存在的，只是需要进行严厉的打击，将假货数量控制在一定的比例之下，这也符合社会的普遍规律，也是电商健康发展的必须。

买到假货消费者该负主要责任吗？

媒体报道，2014 年 9 月，福州警方破获一起涉案 2000 多万元的"淘宝假货案"，抓获 3 个犯罪团伙，捣毁制售、造假窝点 79 个。有业内人士认为，与打假多年仍走不出售假泥潭的秀水街一样，巨大的商业利益是驱使网店店主售假的主要原因。

以名牌包为例，一般情况下，假冒 LV 的钱包进货价仅需 10~20 元，背包进价在 40~50 元，而假名牌钱包的售价可以达到 50~80 元，背包售价则可过百元，利润率超过 100%。

那么问题来了？一个人花了不到 100 元买到了一款所谓的 LV，他不知道自己在主动买假货吗？如果以这样的价格还可以买到真货，那就不是一般的不聪明了。

当然，作为电商平台来说，并不能把买假货的责任都推给消费者。很多的假货往往只会比正品便宜一点点，甚至以打折的名义进行各种各样的促销以招揽买主，这样就很容易让消费者上当。特别对一些不容易鉴别的商品来说，消费者自身也难以进行准确的判断，上当受骗就难以避免。

淘宝网上的商品太多，种类太丰富，面对千千万万聪明绝顶的中国商人，确实难以做到管理上的滴水不漏，事实上也无法做到彻底杜绝假货，但这并不能成为淘宝出现假货却推托责任的借口。作为电商管理平台，用最大的努力去减少假货是必须的选择，如果出现了假货，不留情面地打击也是必须的行动，而对于消费者的损失，也应该有责任与义务担当。

打击假货，电商义不容辞。

马云说，今天你去广东和福建去调查一下很多假货，他们最怕到淘宝网上去卖，原因很简单，我们很简单地查出谁在卖，公安马上就扑上去了。

这个说法确实有一定的道理。毕竟，在电商平台上进行销售，其管理力度与可追溯性都远远超过了马路边和小型农贸市场。假货卖家一旦被揭发出来，淘宝有一整套的处理系统，工商与警方都能够比较容易地追踪不法商家的行踪、进货销货渠道，取证比较容易，而损失的弥补也相对比线下简单。

这些年，随着电商的快速发展，城市中的批发市场、农贸市场等都已经被改变，大量的商品销售转移到了线上，而假货的泛滥逐渐转移到了农村阵地，主要原因就是农村的市场管理混乱，制假售假相对容易。一旦农村地区的网购活跃起来，假货将更加没有容身之地。

假货是中国经济的毒瘤，也是这些年经济发展的副产品，会随着社会消费水平的提升、商业信誉的提高和国家管理制度的完善而逐渐得到比较彻底的解决，电子商务平台显然会起到催化剂的作用。

假货可恶，人人得而诛之；制假售假可耻，所有的消费者都应该勇于揭发，所有的电商平台也都应该坚决打击。不仅淘宝网应该如此，其他的电商就能袖手旁观吗？

【分析】：

此文围绕马云说的"淘宝假货多的人基本在淘宝上没买过东西"的话，来进行对淘宝的一种推广，以 3 个小标题来诠释"淘宝有卖假货的存在""消费者贪便宜也可能是买到假货的其中一个原因""淘宝一整套打击假货的处理系统"，让读者能理解淘宝假货的存在，分析消费者的心理，推出淘宝应对假货的处理方式，让读者更加信任淘宝，打破了淘宝卖假货的坏形象，在坏形象的基础上理性分析，逆转为好的形象。

通过上面的专家软文可知，专家软文以个人影响力为噱头，围绕个人话术，进行产品的推广，且重点在于观点，与众不同的观点、直截了当的观点、吸引影响的观点，被转载、传播的概率高，影响迅速。

只要专家的名声够响亮，那么人们在搜索引擎中搜索专家的名字，则很有可能搜到专家软文。

那么，专家软文到底该如何撰写呢？下面就来了解专家软文的 3 个写作要点。

- 企业可以找一些专家发布的观点，找到与自己产品有关联的观点，进行专家软文的撰写，可以将标题命名为"某某说：_____"，注意文章必须扣题，否则就有挂羊头卖狗肉的嫌疑。

- 企业还可以自己建立名气，多发布一些观点文章，价值度高的、阅读性强的文章，才能吸引读者的目光，需要注意的是，这样的做法是需要日积月累地去做的，并且在文章上要属一样的名字，这样才能让读者记住是谁。

- 专家软文最好是发布一个知识领域的文章，不要太杂乱了。

061　热门软文写作

所谓的热门软文是围绕热门话题、热点新闻、热点事件所撰写的文章，以评论、追踪观察、揭密、观点整理、相关资料等方式写作的软文。

热门软文可以在第一时间从互联网上抓取流量，伴随新闻热点的巨大搜索量，相关评论、相关知识将在第一时间获得转载、搜索，会获得不少的人气。

前段时间，刘 X 退役引起了不小的轰动，不少人都感到可惜，并祝福刘 X，而耐克公司抓住了刘 X 退役的热点，迅速做出了"平凡也能飞翔"的 6 张致敬图，引起广大网友的关注和讨论，如图 5-20 所示。

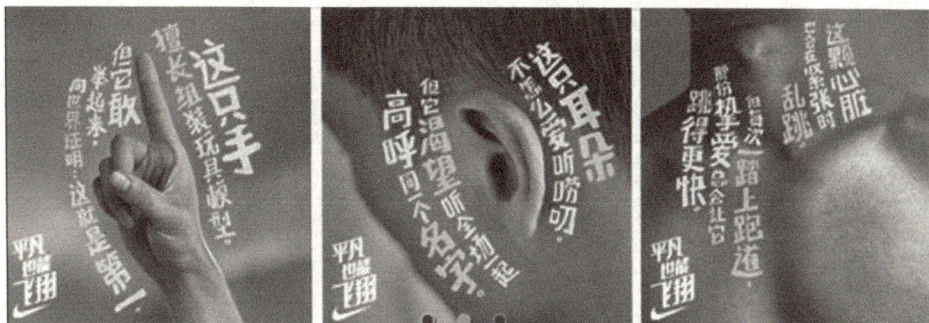

▲ 图 5-20 热门软文案例

【分析】：

此软文分别以刘 X 的眼睛、大脑、背、手、耳朵、心脏为核心图，以图文并茂的形式展开致敬语，并在每张图上印上了耐克的 LOGO，引起不少网友的注意，得到了大量的点赞、评论。而耐克利用刘 X 退役的热门话题进行软文撰写的做法，不仅为刘 X 收取了满满的祝福，还为自身的品牌提高了知名力度。

所以，企业要有灵敏的鼻子，才能扣住最新热点，成为因热点而获利的幸运儿，多找一些热门词，不过一定要抓住时机，不要等热点冷却了一段时间才发布出软文，那样并没有什么用处，不会有几个人愿意去阅读过时的信息。

下面就来了解热门软文能带给企业的好处。

- 容易获取关注，只要企业在热门话题还在被热议的时候发布热门软文，一般都不用愁没有点击率的情况发生。

- 提高品牌知名度，企业在热门软文中巧妙地插入自己品牌的名称、LOGO，都很容易提高企业品牌的知名度。

知道热门软文的好处之后，又面临了一个大问题，那就是如何进行热门软文的写作？下面就来了解热门软文的写作方式。

（1）企业可以利用百度风云榜查看热点榜单首页，就可以看到最近几天 6 个板块下的热门信息，如图 5-21 所示。

企业根据榜单上所给的热点信息，从中找到适合自己产品的热点，进行热点软文的撰写。

（2）紧跟新闻事件，几乎每天都可能发生一些热门事件，在百度新闻频道首页，会有公布着最新"热搜新闻词"板块，如图 5-22 所示。

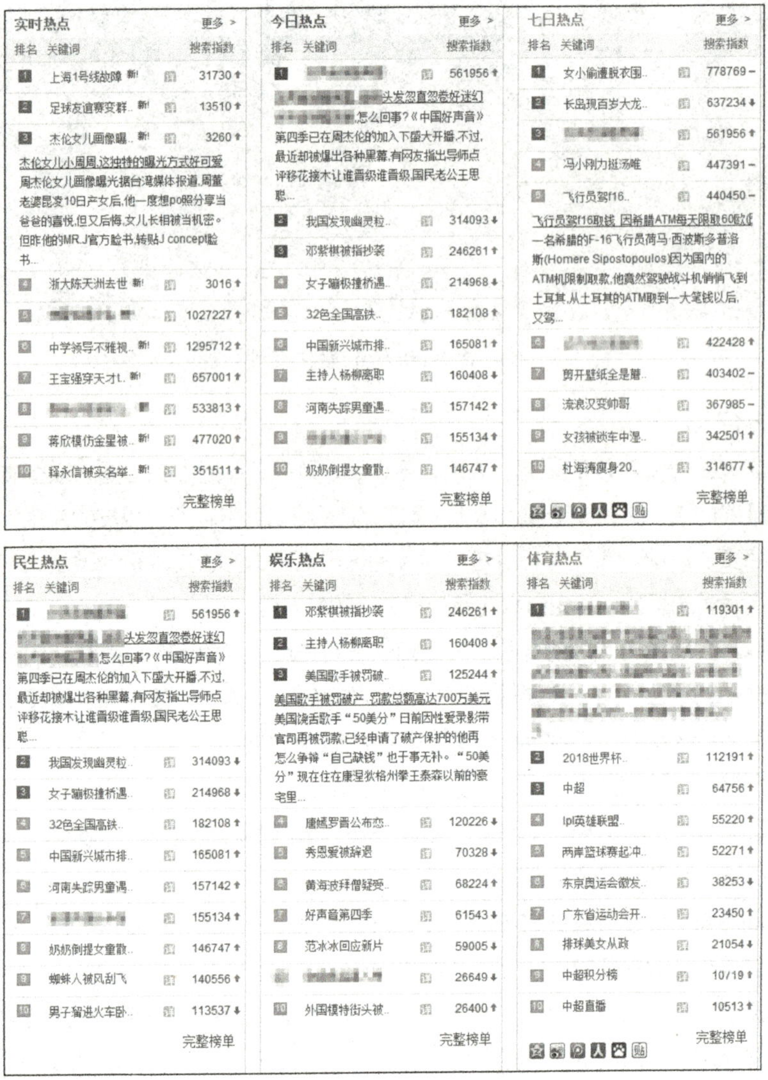
实时热点 更多 >
排名 关键词 搜索指数
1 上海1号线故障 新! 31730 ↑
2 足球友谊赛变群.. 新! 13510 ↑
3 杰伦女儿画像曝.. 新! 3260 ↑
杰伦女儿小周周,这独特的曝光方式好可爱
周杰伦女儿画像曝光据台湾媒体报道,周董老婆昆凌10日产女后,他一度想po照分享当爸爸的喜悦,但又后悔,女儿长相被当机密。但昨他的MR.J官方脸书,转贴J concept脸书...
4 浙大陈天洲去世 新! 3016 ↑
5 1027227 ↑
6 中学领导不雅视.. 新! 1295712 ↑
7 王宝强穿天才t.. 新! 657001 ↑
8 533813 ↑
9 蒋欣模仿金星被.. 新! 477020 ↑
10 释永信被实名举.. 新! 351511 ↑
完整榜单
今日热点 更多 >
排名 关键词 搜索指数
1 561956 ↑
头发忽直忽卷好迷幻
怎么回事?《中国好声音》第四季已在周杰伦的加入下盛大开播,不过,最近却被爆出各种黑幕,有网友指出导师点评移花接木让谁晋级谁晋级,国民老公王思聪...
2 我国发现幽灵粒.. 314093 ↓
3 邓紫棋被指抄袭 246261 ↑
4 女子蹦极撞桥遇.. 214968 ↓
5 32色全国高铁.. 182108 ↑
6 中国新兴城市排.. 165081 ↑
7 主持人杨柳离职 160408 ↓
8 河南失踪男童遇.. 157142 ↑
9 155134 ↑
10 奶奶倒提女童散.. 146747 ↑
完整榜单
七日热点 更多 >
排名 关键词 搜索指数
1 女小偷遭脱衣国.. 778769 –
2 长岛现百岁大龙.. 637234 ↓
3 561956 ↑
4 冯小刚力挺汤唯 447391 –
5 飞行员驾f16.. 440450 –
飞行员驾f16取钱 因希腊ATM每天限取60欧
一名希腊的F-16飞行员荷马·西波斯多普洛斯(Homere Sipostopoulos)因为国内的ATM机限制取款,他竟然驾驶战斗机悄悄飞到土耳其,从土耳其的ATM取到一大笔钱以后,又驾...
6 422428 ↑
7 剪开壁纸全是蘑.. 403402 –
8 流浪汉变帅哥 367985 –
9 女孩被锁车中湿.. 342501 ↑
10 杜海涛瘦身20.. 314677 ↓
完整榜单
民生热点 更多 >
排名 关键词 搜索指数
1 561956 ↑
头发忽直忽卷好迷幻
怎么回事?《中国好声音》第四季已在周杰伦的加入下盛大开播,不过,最近却被爆出各种黑幕,有网友指出导师点评移花接木让谁晋级谁晋级,国民老公王思聪...
2 我国发现幽灵粒.. 314093 ↓
3 女子蹦极撞桥遇.. 214968 ↓
4 32色全国高铁.. 182108 ↑
5 中国新兴城市排.. 165081 ↑
6 河南失踪男童遇.. 157142 ↑
7 155134 ↑
8 奶奶倒提女童散.. 146747 ↑
9 蜘蛛人被风刮飞 140556 ↑
10 男子留进火车卧.. 113537 ↓
完整榜单
娱乐热点 更多 >
排名 关键词 搜索指数
1 邓紫棋被指抄袭 246261 ↑
2 主持人杨柳离职 160408 ↓
3 美国歌手被罚破.. 125244 ↑
美国歌手被罚破产 罚款总额高达700万美元
美国饶舌歌手“50美分”日前因性爱录影带官司再被罚款,已经申请了破产保护的他再怎么争辩“自己缺钱”也于事无补。“50美分”现在住在康涅狄格州拳王泰森以前的豪宅里...
4 唐嫣罗晋公布恋.. 120226 ↓
5 秀恩爱被辞退 70328 ↓
6 黄海波拜僧疑受.. 68224 ↑
7 好声音第四季 61543 ↓
8 范冰冰回应新片 59005 ↓
9 26649 ↓
10 外国模特街头被.. 26400 ↑
完整榜单
体育热点 更多 >
排名 关键词 搜索指数
1 119301 ↑
2 2018世界杯.. 112191 ↑
3 中超 64756 ↑
4 lpl英雄联盟.. 55220 ↑
5 两岸篮球赛起冲.. 52271 ↑
6 东京奥运会徽发.. 38253 ↓
7 广东省运动会开.. 23450 ↑
8 排球美女从政 21054 ↓
9 中超积分榜 10719 ↑
10 中超直播 10513 ↑
完整榜单

▲ 图 5-21 百度风云榜榜单

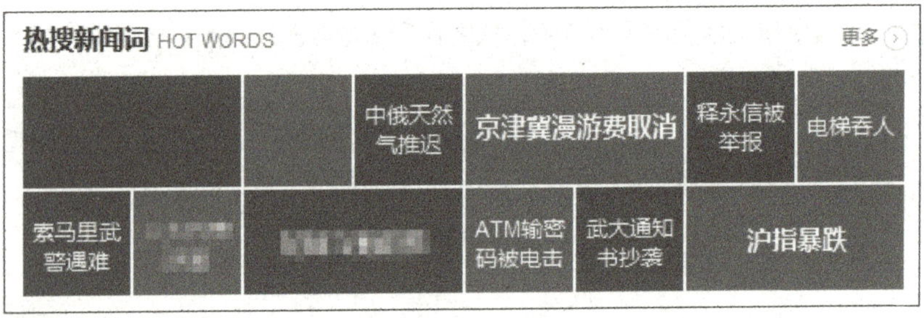
热搜新闻词 HOT WORDS
更多 ›
中俄天然气推迟
京津冀漫游费取消
释永信被举报
电梯吞人
索马里武警遇难
ATM输密码被电击
武大通知书抄袭
沪指暴跌

▲ 图 5-22 百度新闻首页热搜新闻词板块

企业可以围绕这些热门关键词整理相关评论、知识，来撰写出一篇热门软文，并且软文会具有一定的影响力，获得一定的访问量。

（3）保持新闻敏感性，一定要富有创意，第一时间追踪热点新闻和事件，围绕这些热点，制造人们想看的文章。

062 研究软文写作

所谓的研究软文写作是以研究报告、研究资料、文献为基础，经过企业加工、修改，使这些学术文章与自身产品相结合，变成一篇地地道道的研究软文。

一般社会性或行业性的研究文章具有传播率高、影响力大的特点，所以，研究软文多以引用这类文章为主，以史实、学术等研究为辅，来表达新发现、新思考、新研究的结论，不过有一些研究性文章带有学术批判的意味，所以要慎用。研究软文的写作有 3 种方式，如图 5-23 所示。

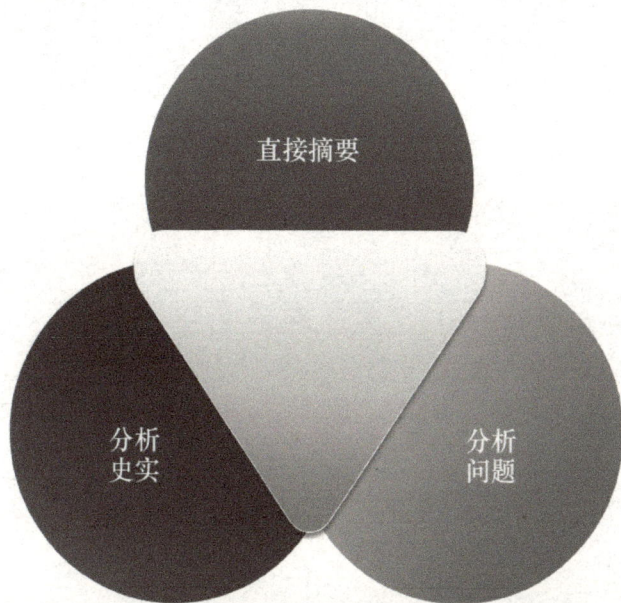

▲ 图 5-23 研究软文写作的 3 种方式

那么研究软文写作该如何进行呢？下面就来了解研究软文的写作要点。

- 研究软文要以摘要和引述为主，摘要建立在研究报告和资料的基础上，而引述一般先要找到大量的引述原始资料才能写出软文内容。

- 研究软文一般面对的读者都是一些高端的知识分子，他们要求阅读价值比较高，所以整篇软文要贯穿主题核心内容，不然很容易让读者看出端倪。

- 一般研究报告、资料除了正文之外，还包括关键词、摘要、参考资料等环境，所以在字数方面定不会少，甚至有可能使研究软文以论文的形式存在。
- 由于研究软文具有学术性、参考性、历史价值、趋势性，所以企业在选择文章时，需要找到对社会及行业影响较大，或在某些学术领域影响较大的文章。
- 企业可以找一些以出版发行报告和咨询项目为主的网站或报刊，如艾瑞网、万网、国研网、亿邦动力网等，从中挑选适合自己制作的研究性软文。

第6章

3种软文推广技巧

学前提示

软文营销需要推广，若不推广出去，软文营销也不会成功。本章将讲解软文营销推广的3个必不可少的技巧，希望大家能熟练掌握。

C

把握软文推广时间

A

推广前期准备要做好

B

选择软文发布平台

063　推广前期准备要做好

所谓推广前期准备，是软文推广操作的基础。它包括以下几点。

（1）一篇确定主题、内容精彩的软文。

（2）确定推广平台。

（3）从各方面做好推广预算。

在软文的环节要注意，推广出来的软文必须是经过多次修改、优化后确定下来的。那么该怎样来确定软文无需再优化、修改呢？如表 6-1 所示。

表 6-1　软文优化需注意的问题

需注意的问题	解　释
行动目标是否植入	企业软文营销推广的主角是否成功地插入到软文中，并且不突兀，是否融合在软文所制造的情景中，其软文营销推广的主角可有企业产品、品牌、活动等
软文标题是否吸引人	软文标题是整篇软文中第一个与读者见面的环节，正所谓"第一印象可决定生死"，如果标题够好、特别，那么读者自然会进去阅读，若标题平淡无奇，那么读者只会扫一眼就走开
软文中是否存在错别字	软文中若有错别字，会让读者觉得不靠谱，会带有嘲笑的态度阅读，甚至直接停止阅读
软文内容是否上下连贯	若一篇软文整体不连贯，会让读者在阅读时不知所云，不能理解文章所要表达的东西，甚至会觉得自己遇上了可恶的"标题党"
软文是否存在标点错误	一篇好的软文，应该严谨，不能犯一丁点的"细心"错误
软文结尾是否自然合适	一篇好的软文应该首尾呼应，首尾自然衔接、合适，才能使整篇文章的可读性上升几分
软文的配图是否合适	软文中的配图能让文章不显得那么枯燥，在使用配图时，需要注意是否具有法律风险
关键词植入是否过于密集	密集的关键词能加深企业产品在读者脑海中的印象，注意关键词的布局要谨慎小心，不能太过招摇，应做到关键词密集，又不让读者发现这是一篇软文
软文的超链接是否正确	有些企业会在软文里放置超链接，而所谓的超链接是一种读者点击就能跳转到企业想要读者去的页面，所以超链接是否正确很重要

每篇软文的字数最好不要超过 1000 字，除非是研究性的软文，不然最好是越精简越好。这样才不会磨去读者阅读的耐心，达到推广的作用。

软文推广是品牌目标和销售目标广告化的产物，最终要达到的是建设形象与获取利润的目的，因此，软文推广也应遵循计划、组织、实施、修正的操作规律。

064　选择软文发布平台

企业推广软文时选择发布平台尤为重要，要根据不同的软文做出分类选择不同的平台，其次就是要对选择平台的搜索引擎中的权重分析和分阶段发布。

然而，如何发布软文才既能让搜索引擎收录，又能提高用户的体验呢？在笔者看来，发布软文时一定要注意以下 3 点，如表 6-2 所示。

表 6-2　软文发布时的注意事项

注意事项	正确做法
网站权重问题	企业在发布软文时一定要选择权重相对较高的网站，因为，在权重相对高的网站，软文很容易被收录，而在权重偏低的网站，软文就不一定会被收录
发布平台问题	平台的权重不同会影响软文发布的效果，好的平台会为软文营销带来大的流量，而差的平台则可能阻碍软文的线上传播
操作方式问题	文章该怎么写，怎么发，发在哪里，一篇文章一次可以发布到多少个平台，什么样的文章更容易被收录，什么样的文章更容易吸引来流量等这些都是企业进行软文营销时必须考虑的问题。 企业优化软文重复次数不要太多，因为收录后容易被忽略，进行软文营销推广时最好是大批量的发布，发布得越广效果会越好

软文发布平台，是指提供给企业进行软文推广的一个归纳、结合、专业传媒资源的平台，软文发布平台可以为企业宣扬，找到新的突破口，以软文的方式经过软文发布平台媒体途径进行宣布发布。

下面就来了解软文营销推广的发布平台有哪些，如表 6-3 所示。

表 6-3　软文营销推广的发布平台

平台	平台解释
微信	如今，最为火爆的交友聊天软件上面有很多功能，可以让企业发布软文，如朋友圈、公众号等
论坛	搜索引擎可以快速收录，但是在论坛中爆光率是有限的，需要有论坛管理人联系好，置顶效果才是最好的，而且有的论坛不能带链接
微博	字数有限制，一般不超过 200 字符，如果粉丝多的话，可以让很多人看到

续表

平台	平台解释
博客类站点	博客类站点主要是针对搜索引擎优化用的，而且企业发的软文说不定哪天就会被博客编辑发现，从而向大家推荐。企业最好到各大网站的博客都注册一个账号，如百度空间、搜狐博客、新浪博客、网易博客，这样才能有备无患
百度平台	百度平台有很多可以发布软文的地方，如百度文科、百度百科、百度贴吧、百度知道等
门户网站	主要指的是全国较大的地方门户、行业门户网站，如新浪、搜狐、网易、中国网等
站长类网站	站长类网站是指主要为站长提供各类交流、资讯、资源及服务的网站，虽然站长类网站是为站长服务的，但里面的从业人员也不乏高手，如中国站长站、Admin5、落伍者等
报刊	平面媒体如报纸、期刊等，一般为新闻稿件
分类信息网站	分类信息网站发软文也是软文营销的渠道之一，不过像 58 同城这些大型的分类信息网站对你发布的信息有一定限制，并且对外链有严格审核

065 把握软文推广时间

企业在发布软文应注意时间点，可选择在每天早上的 8 点半到 9 点半进行软文发布，这个时候的转载率是最高的。不过不同的平台有不同的黄金发布时间段，下面笔者以微信软文的发布时间为例进行说明，如表 6-4 所示。

表 6-4 微信平台的发布时间

发布时间	时间解释
早上 8 点左右	新的一天开始，人们的大脑得到了充足的休息，对信息的需求量也相对大，这是企业推送信息的黄金时段
中午 11 点半到 12 点半	这段时间大家一般进入吃饭、午休的阶段，玩手机微信的概率大大增加，企业可以把握这个时间进行信息推送
晚上 8 点到 9 点	这个时间进入晚上的黄金时段，工作一天，大家进入放松的时刻，通常是在看电视或者散步，比较容易接受广告推送

不同的软文营销项目和不同企业选择的软文发布渠道不尽相同，营销者可以结合优势资源及软文特点整合几种形式。软文的发布时间并非一成不变，没必要严格按照推荐时间进行发布，这样也是不切合实际的。

接下来就来分析企业微信内容推送时间的技巧，如表 6-5 所示。

表 6-5　微信推送软文时间的技巧

技巧	时间解释
因人而异	对不同的营销对象，企业要采取不同的推送时间，微信里很多好友都是自己熟悉的朋友，朋友们的作息时间一般都能掐准，所以，很容易做到因人而异
分析数据	分析数据是企业针对不熟悉的好友而做的，这样是为了成功把握好友活动的时间，利用合适的时间进行微信内容推送，效果往往会事半功倍
定时推送	对一个想要塑造品牌形象的企业而言，在保证微信内容质量的同时，最好形成定时推送的习惯，这样能让用户避开那些骚扰信息，定时地去翻看企业的微信
拒绝刷屏	要根据固定的时间进行软文推送，不要出现刷屏现象，这样只会伤到朋友情谊
紧跟动态	企业必须随时注意社会动态，当遇上重大时事政治、社会新闻时，可以根据具体情况改变推送微信的时间

第 7 章

6 种玩转微信软文的方法

学前提示

如今是"微信"当道，不管是企业还是个人，都开始带着软文进军微信，所以就出现了在微信朋友圈、公众平台、漂流瓶、摇一摇等功能上软文"满天飞"的现象，虽然软文随处可见，可在这众多软文之中还是不乏优秀的软文存在。下面就来挖掘软文营销在微信中遨游的好方法。

朋友圈

附近的人

公众平台

图文并茂
才吃香

摇一摇

漂流瓶

066 朋友圈

微信朋友圈是一个可以随时发表自己当时的动态、心情、图片、分享链接的地方，人们很喜欢在闲暇时刷朋友圈，看看自己的朋友们在做什么。所以企业可以利用微信朋友圈来做软文营销，从而获取人流量、产品曝光率以及品牌关注度。

企业在朋友圈里运行软文营销之前，要先研究朋友圈的两个特性。

朋友特性。在朋友圈做软文营销就是拿自己的名誉做赌注，只要还想保持朋友关系，就不可能对自己的朋友坑蒙拐骗，从而容易取得朋友们的信任。

人群特性。俗话说"物以类聚，人以群分"，一个朋友圈里的一群人肯定是有共同爱好或共同经历，这也是软文营销在朋友圈运行的价值所在。

朋友圈的这两条特性奠定了软文营销在朋友圈运行的强大威力和效果。

在知道朋友圈特性之后，就要开始掌握一些技巧来发布软文了，下面介绍在朋友圈进行软文营销的 8 点技巧。

1. 图文并茂

在朋友圈上发布，最好采用图文结合的方式，因为图片比文字更加醒目、更加吸引人，蕴含的信息量也更大。那么该如何在朋友圈发布图文并茂的软文呢？下面就来介绍在朋友圈发布图文并茂信息的步骤。

步骤 ① 点击微信界面下方的"发现"按钮，进入"发现"界面，点击"朋友圈"的按钮，如图 7-1 所示。

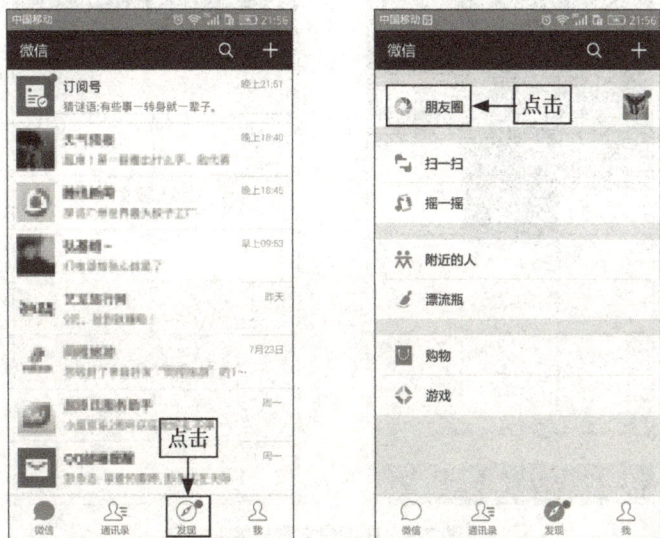

▲ 图 7-1　点击"朋友圈"的按钮

步骤② 执行操作之后，进入"朋友圈"界面，点击"📷"按钮，则弹出一个小框，在小框上选择"照片"，如图 7-2 所示。

▲ 图 7-2 点击"从手机相册选择"选项

步骤③ 进入"所有照片"界面，选择照片，点击右上角的"完成"按钮，执行操作后，进入相应界面，在相应文本框输入文字，如图 7-3 所示。

▲ 图 7-3 在相应文本框输入文字

步骤 4 在相应文本框输入文字完成之后，点击右上角的"发送"按钮，如图 7-4 所示。

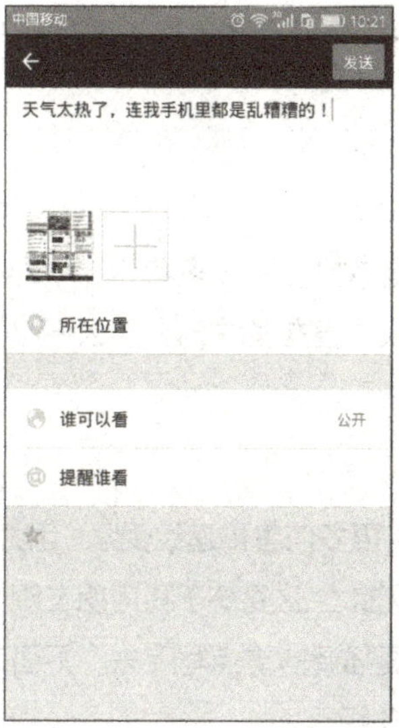

▲ 图 7-4 点击"发送"按钮

2. 学会留空白

所谓留空白就是给有轻微的"强迫症"患者准备的，如一排发 3 张照片，下一排发 2 张照片，有一个空白的位置，这样的朋友圈，让那些有轻微"强迫症"的人看了就会有点受不了，从而会比较容易引起朋友的注意，如图 7-5 所示。

留白会使"强迫症"患者看到受不了，甚至他们还有可能会要求发布者重新发布"3 的倍数"图，这时就可以发挥自己的口才，让"强迫症"患者更加留意产品信息。

▲ 图 7-5 发图要有技巧

所谓"3 的倍数"图，是指要么发 1 张，要么发 3 张、6 张，以此类推，数字为 3 的倍数即可，这样的版式看起来更舒服。如果发 2、5、7 张图，会留下空白，让"强迫症"患者看着有点难受。

3. 积极与好友互动

企业不能一心只发布微信软文，还要多和朋友互动，多去评论朋友的微信，为他们点赞，这样他们会觉得有人一直在关注他，那么下次他要买东西的时候肯定会想到那个经常关注他的人。

4. 不放过评论

朋友圈的评论功能可以将更多信息传递给受众，因为它的特性是不管评论有多长，都会全部展现在好友面前，因此企业要善于利用朋友圈的评论功能，将他人看不到的内容写上去，或者将一些需要强调的重点写上去，下面来欣赏运用评论功能给受众传递更多信息的案例，如图 7-6 所示。

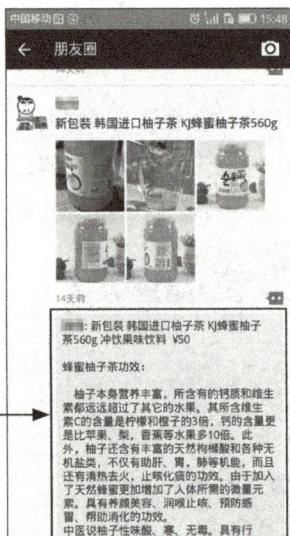

评论区域能够将更多信息传递给受众。

▲ 图 7-6 利用评论

5. 不要经常刷屏

在微信朋友圈中，千万不要在十分钟内连发多条微信软文或者广告，不然很容易被朋友厌恶，造成被屏蔽的下场，建议一天发两三条微信软文，并且内容要有不同的形式。

6. 软文不要太长

在朋友圈里，如果发布的内容太长，就会发生"折叠"，只显示前几行的文字，余下的内容需要点击"全文"才能查看。

对于那些必须点击"全文"才能看的内容，朋友们可能就匆匆扫一眼，这样一来，企业所编写的软文就失去了它的价值，而且内容越多，折叠得越厉害。

一般来说微信朋友圈只有 6 行能直接展示文字的功能，对于软文营销而言虽没有字数限制，但最好是利用前三行来吸引微信用户的目光，将重点提炼出来，最好让人一眼就能扫到重点，这样才能使人们有继续看下去的欲望。

下面来看因内容超过一定限度而发生"折叠"情况的示例，如图 7-7 所示。

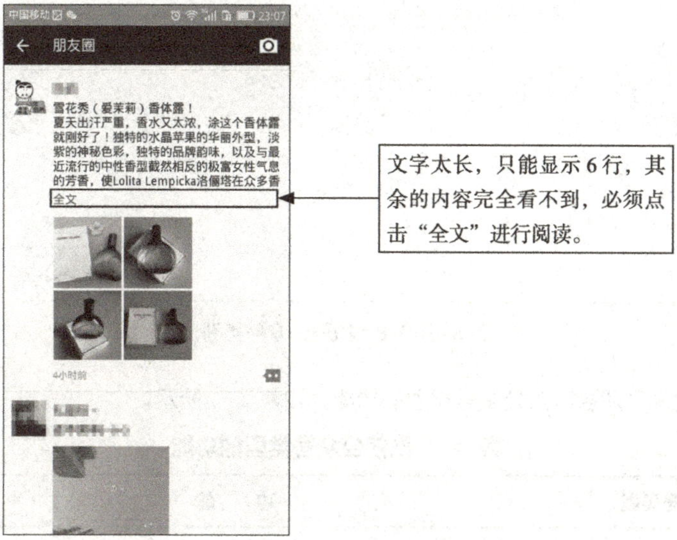

> 文字太长，只能显示 6 行，其余的内容完全看不到，必须点击"全文"进行阅读。

▲ 图 7-7 出现"折叠"现象

7. 不要只发广告

在自己微信朋友圈里不要只宣传产品的信息，应该要有一些自己生活写照的东西，如今天去哪里玩了、心情怎么样等，拍点照片分享一下，会拉近与朋友们的距离。

8. 塑造个人品牌

企业或个人在做朋友圈软文营销时，至少要把产品描述清楚、说得明白，分享的东西必须是正面的、积极的、正能量的，有助于塑造个人品牌。

9. 多加朋友

无论是企业还是个人，一定要将自己所认识的人全部都加入到微信中，这样才会不放过一次能产生买卖的机会，可以利用手机通讯录、QQ 好友、附近的人、摇一摇、漂流瓶等不同的路径，加一些朋友。

067　公众平台

微信公众号的口号是"再小的个体，也有自己的品牌"，足以见得它对品牌推广的重要性和适用性。

微信公众平台是为企业或个人打造一个微信的公众号，并可以实现企业或个人与特定群体以文字、图片、语音等方式进行交流与互动。微信公众平台分为服务号、订阅号、企业号三类平台，如图 7-8 所示。

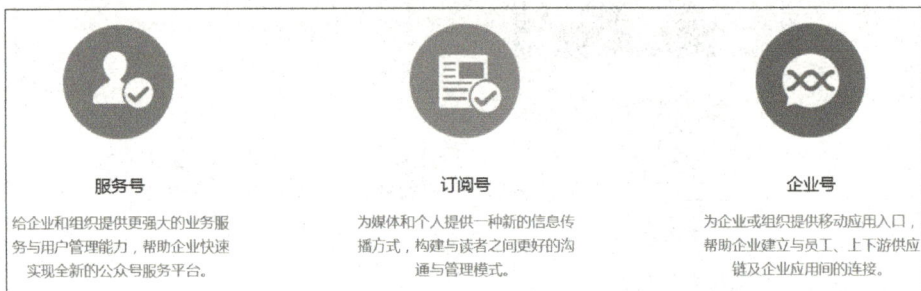

服务号	订阅号	企业号
给企业和组织提供更强大的业务服务与用户管理能力，帮助企业快速实现全新的公众号服务平台。	为媒体和个人提供一种新的信息传播方式，构建与读者之间更好的沟通与管理模式。	为企业或组织提供移动应用入口，帮助企业建立与员工、上下游供应链及企业应用间的连接。

▲ 图 7-8　微信公众号类型

下面就来了解各微信公众号类型的功能，如表 7-1 所示。

表 7-1　微信公众号类型的功能

微信公众号类型	功　能
服务号	（1）1 个月内可以发送 1 条群发消息。 （2）发给订阅用户的消息，会显示在对方的聊天列表中，并出现在相对应的微信首页。 （3）服务号会出现在订阅用的通讯录中。通讯录中有一个服务号的文件夹，用户只要点开，就可以查看所有的服务号。 （4）服务号可申请自定义菜单
订阅号	（1）每天 24 小时可以发送 1 条群发消息。 （2）发给订阅用户的消息，将会显示在对方的"订阅号"文件夹中，点击两次可以打开。 （3）在订阅用户粉丝的通讯录中，订阅号将被放入订阅号文件夹中，用户不用在好友列表里查找。 （4）订阅号不支持申请自定义菜单

续表

微信公众号类型	功　　能
企业号	（1）主要受众为企业内部员工。 （2）一般发布企业告示、新闻、员工注意事项等。 （3）消息显示位置出现在好友会话列表首层。 （4）有基础消息接口或自定义菜单。 （5）有高级接口能力。 （6）最高每分钟可群发 1000 次

企业在微信公众号上可以摒除传统宣传媒介，通过微信渠道将软文营销推广给上亿的微信用户，减少宣传成本，提高品牌知名度，打造更具影响力的品牌形象。

那么企业该如何注册公众号呢？下面就来讲解微信公众号的注册。

步骤 ❶ 在搜索引擎上输入"微信公众平台"，找到 "微信公众平台官网" 点击并进入，如图 7-9 所示。

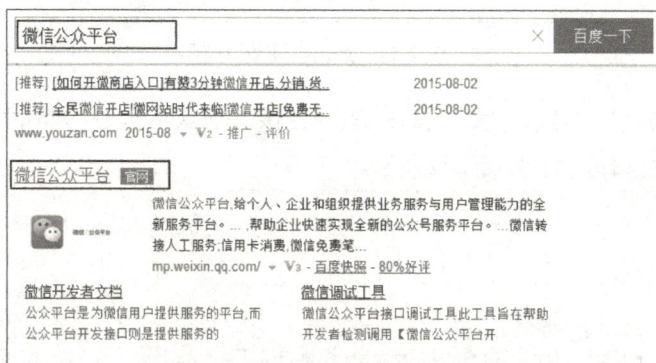

▲ 图 7-9　进入"微信公众平台官网"

步骤 ❷ 进入微信公众平台界面后，点击"立即注册"，如图 7-10 所示。

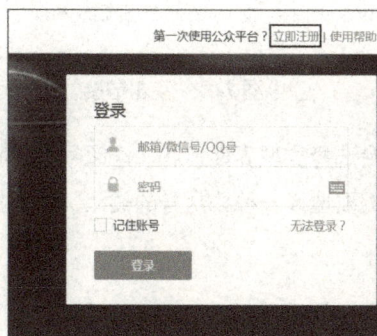

▲ 图 7-10　点击"立即注册"

步骤 3 进入注册页面，填写基本信息，点击"注册"按钮，如图 7-11 所示。

▲ 图 7-11　点击"注册"按钮

步骤 4 去填入"基本信息"的邮箱里，找到微信公众平台发过来的邮件，点击邮件里的链接，如图 7-12 所示。

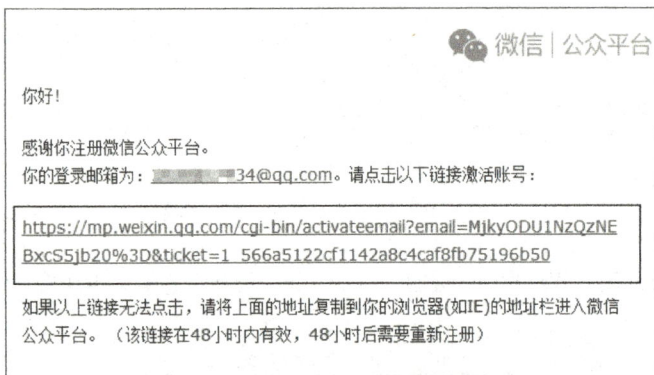

▲ 图 7-12　点击链接

步骤 5 跳转到微信平台选择类型界面，有"订阅号""服务号""企业号"，企业可根据自身需要选择一种公众号的类型，这里就选择注册"订阅号"，如图 7-13 所示。

专家提醒

需要注意的是，企业微信公众账号一旦成功建立，类型是不可更改的，所以要慎重考虑哪种公众号类型适合自己。

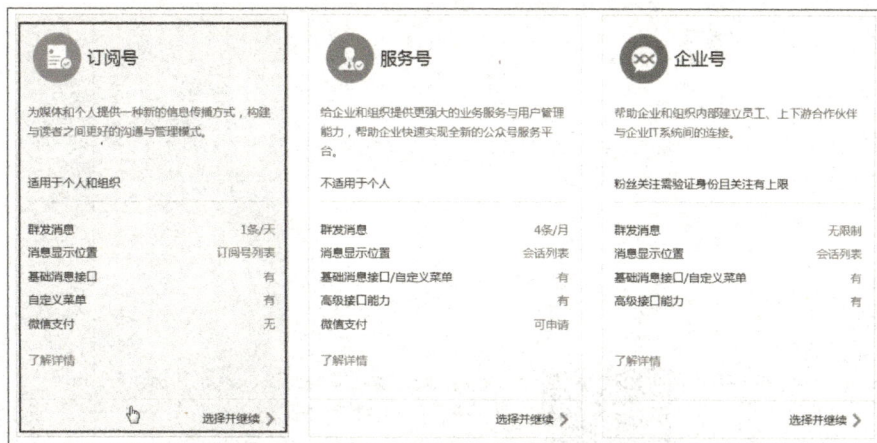

▲ 图 7-13 选择"订阅号"

步骤 6 在弹出的"温馨提示"对话框上点击"确定"按钮，如图 7-14 所示。

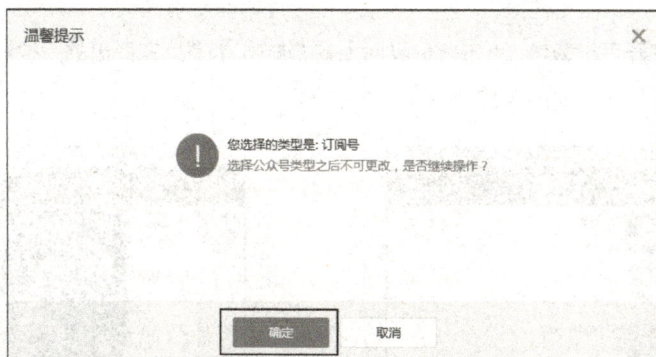

▲ 图 7-14 点击"确定"按钮

步骤 7 进入"信息登记"界面，根据自身需求选择主题类型，这里选择"个人"，如图 7-15 所示。

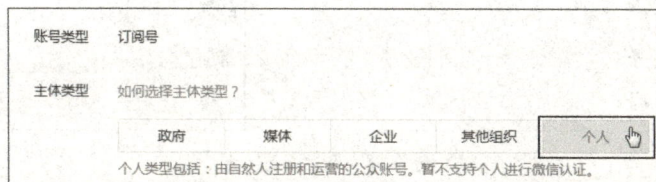

▲ 图 7-15 选择"个人"

步骤 8 根据要求填写"主体信息登记"，如图 7-16 所示。

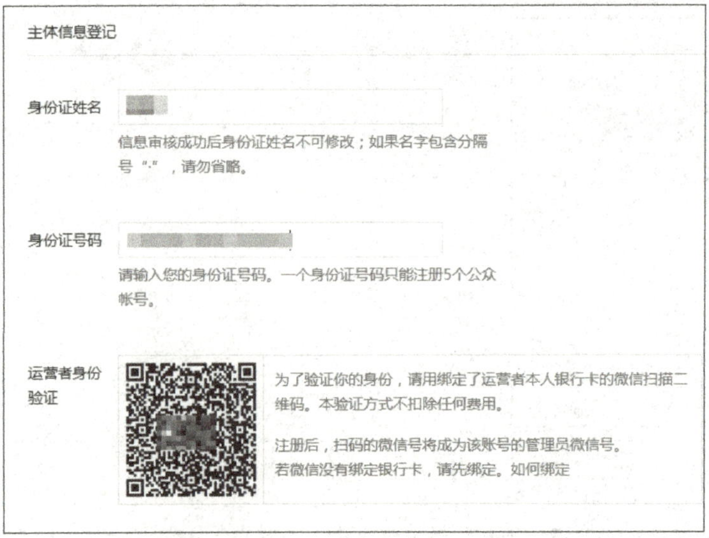

▲ 图 7-16　填写"主体信息登记"

步骤 ⑨ 打开手机微信，点击微信界面上的"加号"按钮，在弹出的下拉框上选择"扫一扫"，如图 7-17 所示。

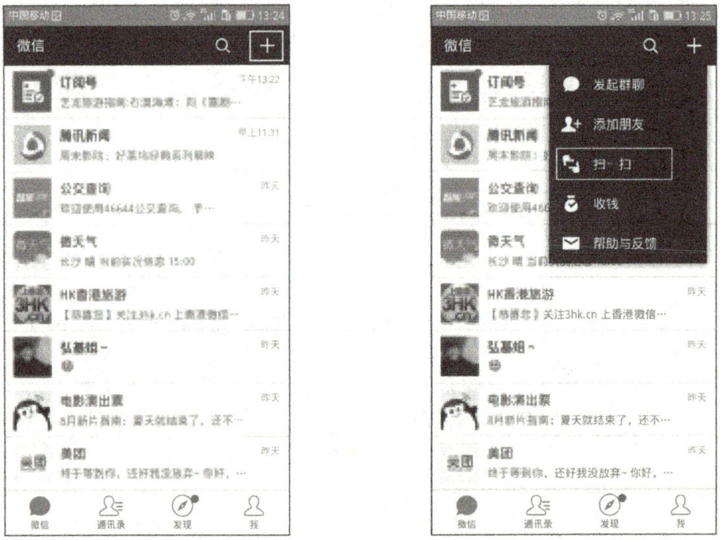

▲ 图 7-17　选择"扫一扫"

步骤 ⑩ 进入"扫一扫"界面，将二维码对准"扫一扫"界面的空白框，如图 7-18 所示。

▲ 图 7-18 扫描二维码

步骤 ⑪ 进入"银行"界面，确定公众号注册身份，点击"我确认并遵从协议"，如图 7-19 所示。

▲ 图 7-19 点击"我确认并遵从协议"

步骤 ⑫ 回到"主体信息登记"界面，按要求填写"运营者信息登记"，填写完毕后，点击"继续"，如图 7-20 所示。

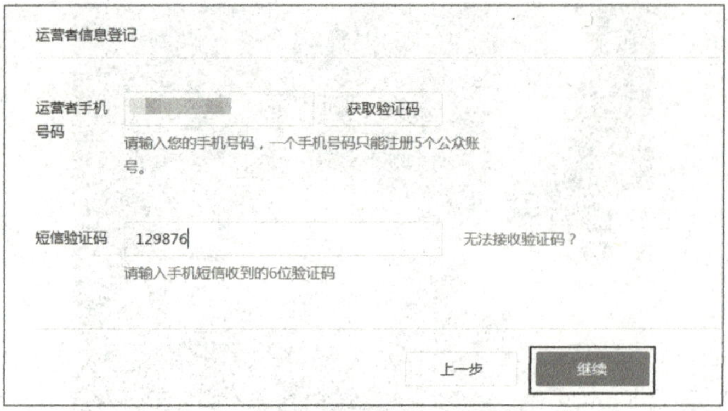

▲ 图 7-20　点击"继续"

步骤 ⑬ 进入"公众号信息"界面，按要求填写微信公众订阅号信息，填写完毕后点击"完成"，如图 7-21 所示。

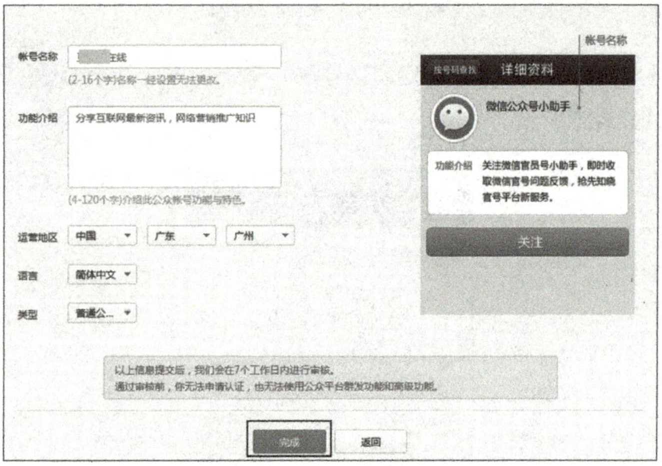

▲ 图 7-21　点击"完成"

专家提醒

　　微信公众号信息应按要求填写，其中账号名称想好再填入，一旦申请后名称不可以修改。

步骤 ⑭ 注册成功，需等待工作人员审核。

　　企业或个人可以根据自己的需求来进行微信公众号的选择，下面来讲解如何利用微信公众号进行有价值的软文营销。

1. 定位受众人群

    微信公众号面对的都是对企业、产品、品牌感兴趣的人群，所以企业推送的消息可以根据目标消费者的喜好进行定位。

    例如，一家游戏公司推出一款手游，经调查发现有 58.24% 的男生喜欢玩这款手游，其中有 85.33% 的男生会投入金钱，相比之下女生比男生玩这款游戏的概率小，所以，这家游戏公司针对男生会比较多地推送一些关于手游的装备和技巧，而针对女生就比较多地推送关于手游的攻略，如图 7-22 所示。

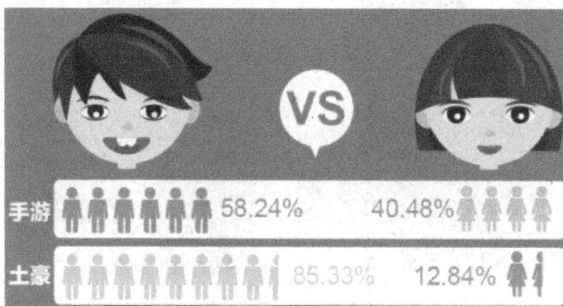

▲ 图 7-22 用户群体调查

    公众号的消息还可根据产品特点、功效定位，如艺龙旅行网公众号的主要营销目的就是让消费者产生旅游欲望，并推送同程的旅游优惠，吸引消费者订购。因此，艺龙旅行网公众号就会向订阅者推出关于旅游类的信息，如图 7-23 所示。

▲ 图 7-23 艺龙旅行网公众微信平台

2. 账号名称要起好

在这个追求差异化、独特化的年代，想要吸引粉丝的眼球，就要有一个富有特色的企业账号名，一个好的名字能够体现出企业微信公众号的价值、服务、内容、范围、行业等信息，从而让感兴趣的人快速关注。

不过企业在起公众号名称时，需要注意以下两点，如图 7-24 所示。

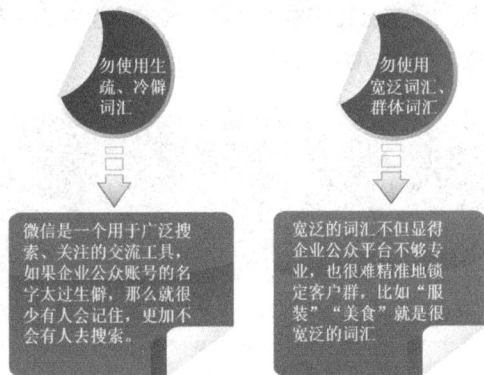

勿使用生疏、冷僻词汇

勿使用宽泛词汇、群体词汇

微信是一个用于广泛搜索、关注的交流工具，如果企业公众账号的名字太过生僻，那么就很少有人会记住，更加不会有人去搜索。

宽泛的词汇不但显得企业公众平台不够专业，也很难精准地锁定客户群，比如"服装""美食"就是很宽泛的词汇

▲ 图 7-24　起公众号名称注意事项

下面就来介绍几种创造企业账号名的方法。

（1）直接用品牌名称

可以直接用企业的名称、产品、服务的名称作为微信公众号名称，比如肯德基的微信就叫"肯德基"，还有"必胜客""优衣库""美团"等微信账号，都是直接采用了企业名，如图 7-25 所示。

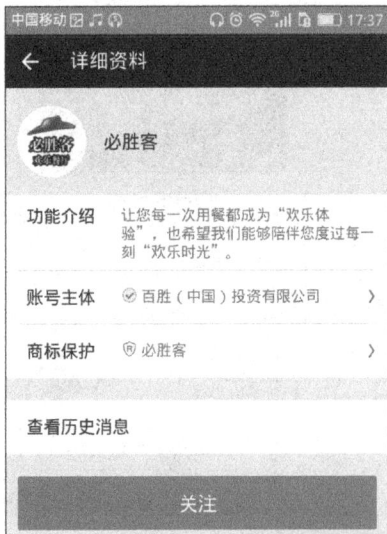

▲ 图 7-25　直接用品牌名称示例

（2）设问取名

这个方法有点类似于你问我答，比如"宝宝吃什么"，每日会给母亲们推荐适合1-8岁宝宝吃的食谱，并且还有社区栏目，可让母亲之间自由讨论；"明天穿什么"，每日会给用户发送搭配衣服的方法；"今天玩什么"，则会给用户推荐最新鲜、最潮流的演出、电影、聚会等活动和赛事；"今天吃什么"，则会每天推送一些食物的做法、好吃的，如图 7-26 所示。

▲ 图 7-26　设问取名示例

（3）以用途起名

以用途起名可以直接将企业公众号的用途和功能展现出来，例如对于"减肥方法"这个账号，用途就是推荐一些减肥技巧、功效，"每日读书"就是推荐一些优美的文字、书籍等，这些展现企业公众号的用途和功能的名字，能够帮助用户更快地了解平台，如图 7-27 所示。

▲ 图 7-27　以用途起名示例

（4）行业取名

这种方法操作起来很简便，通常的方法就是行业名加用途。比如"腾讯地图""LOVO 家纺""十点电影"和"大学生杂志"等，如图 7-28 所示。

▲ 图 7-28　行业取名示例

（5）以"百科"为名

以"百科"为名，是指公众账号的名字上会带"百科"两字，并且取的名字包含的范围比较广，所以不少微信取名总会跟它有着千丝万缕的联系，例如"糗事百科"，就是每天分享日常生活中各种各样、形形色色的搞笑糗事；"互动百科"就是推荐海量的百科知识等，如图 7-29 所示。

▲ 图 7-29　以"百科"为名

（6）个性取名

一个具有个性化的公众号名称能勾起微信用户的好奇感，只要名称够吸引人，那么微信用户就会有关注的欲望，例如"笑喷你"，为用户倾情打造笑料，博得用户们在紧张生活中的一笑；"屌丝的一天"，每天分享一些贴近生活的文章，还有一些富含人生哲理的文章；"不弄头发就闹心"，会发一些关于发型的消息；"石榴婆报告"，会推一些穿衣搭配、娱乐八卦等消息给用户，如图 7-30 所示。

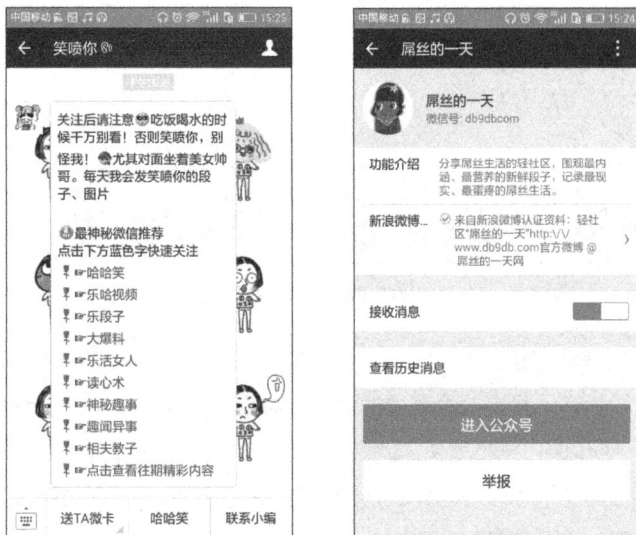

▲ 图 7-30 个性取名示例

（7）贴近生活

企业还可以围绕生活来入手，了解人们对哪些事情比较关注，然后根据人们的关注度取名，还可以根据体育类、电影类细分入手，或者从健康、天气、职场、音乐、热门等入手。

例如，"新闻晨报""公交查询""实用生活小妙招""微天气"等公众号就是贴近人们生活必不可少的东西进行命名的，如图 7-31 所示。

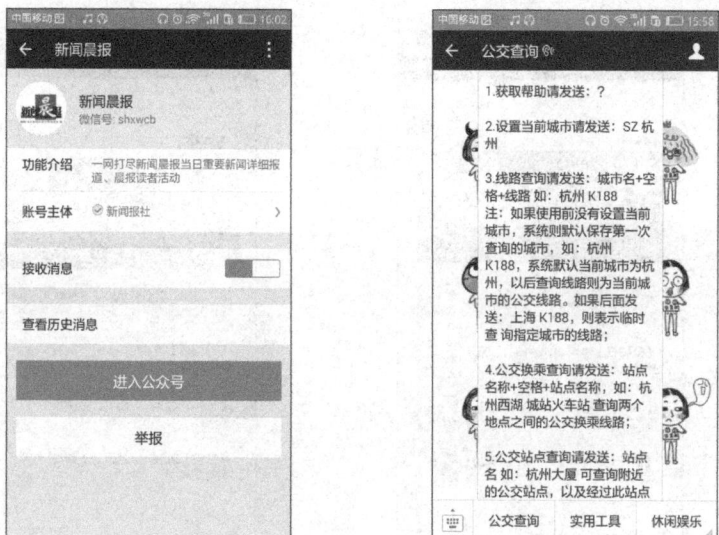

▲ 图 7-31　贴近生活取名示例

3. 要有自动回复服务

　　微信公众号的自动回复功能是十分强大的，能够吸引众多粉丝，留住粉丝，随着微信功能的不断完善，现在不少商家都采用相关软件来实现智能回复，只需要直接下载软件进行设置，就可以智能答复用户问题了。

　　例如，在微天气公众号上，用户发送某个城市的名称，它则会回复这个城市的天气情况，如图 7-32 所示。

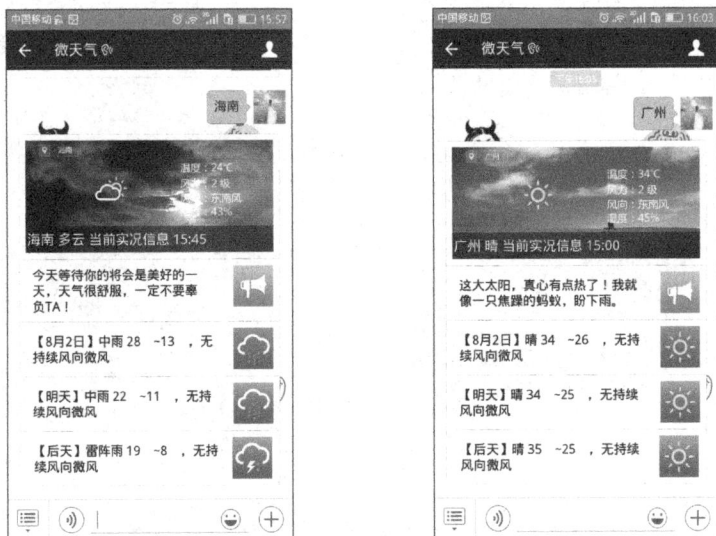

▲ 图 7-32　微信智能回复

除此之外，企业还可以通过自定义回复接口，使用户可以通过输入指定关键字查看消息，例如，暴走漫画公众号让用户发送"游戏"，则会向用户发"暴走小游戏合集"；星巴克的微信公众号、华中科技大学公众账号等都设定了很多个关键词，用户可以根据自己的需要选定关键词，如图 7-33 所示。

▲ 图 7-33　微信关键词回复

还有一种自动回复服务类型，在用户第一次关注后，公众号就会发信息给用户，这一环节很重要，因为这样可以让用户知道自己的公众号有哪些设置、是做什么的，并且还可以跟用户拉近距离。

例如，福利大放送公众号，在用户第一次注册后就会告诉用户此公众号会有些什么消息；美团公众号用恶搞的软文吸引用户的注意，然后给用户介绍公众号里的功能；"途牛旅游网"公众号给自己取了一个昵称"小蜜"，这样拉近了与用户之间的关系；"笑喷你"公众号用诙谐搞笑的软文来推荐其他微信账号，如图 7-34 所示。

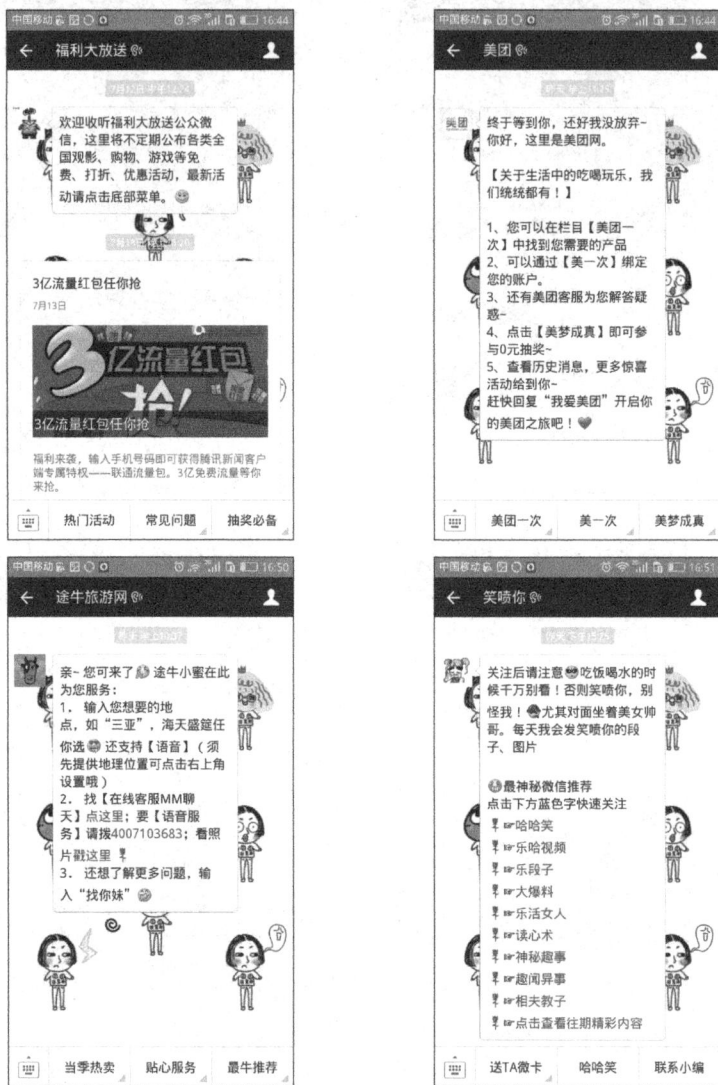

▲ 图 7-34 第一次关注的自动回复

4. 推送消息的类型

虽然订阅企业公众号的人群对企业的某一项功能感兴趣，但企业还是要规避订阅者流失的可能性，所以企业公众号推送的软文或消息一定要站在用户需求的角度上考虑，且要具有以下几个特点。

（1）差异化

差异化就要求企业在推送微信内容时，无论是报道方式、语言风格，还是故事视角、编排撰写上，都与其他的公众号具有差异性，这样的内容才具有较高的识别度。

例如，暴走漫画的个性化内容抓住了热点进行消息的推送，几乎是用图文并茂的方式出现，并且还有漫画的形式；糗事百科公众号以无厘头的内容进行推送，其软文标题充满新意，容易博得用户的注意，如图 7-35 所示。

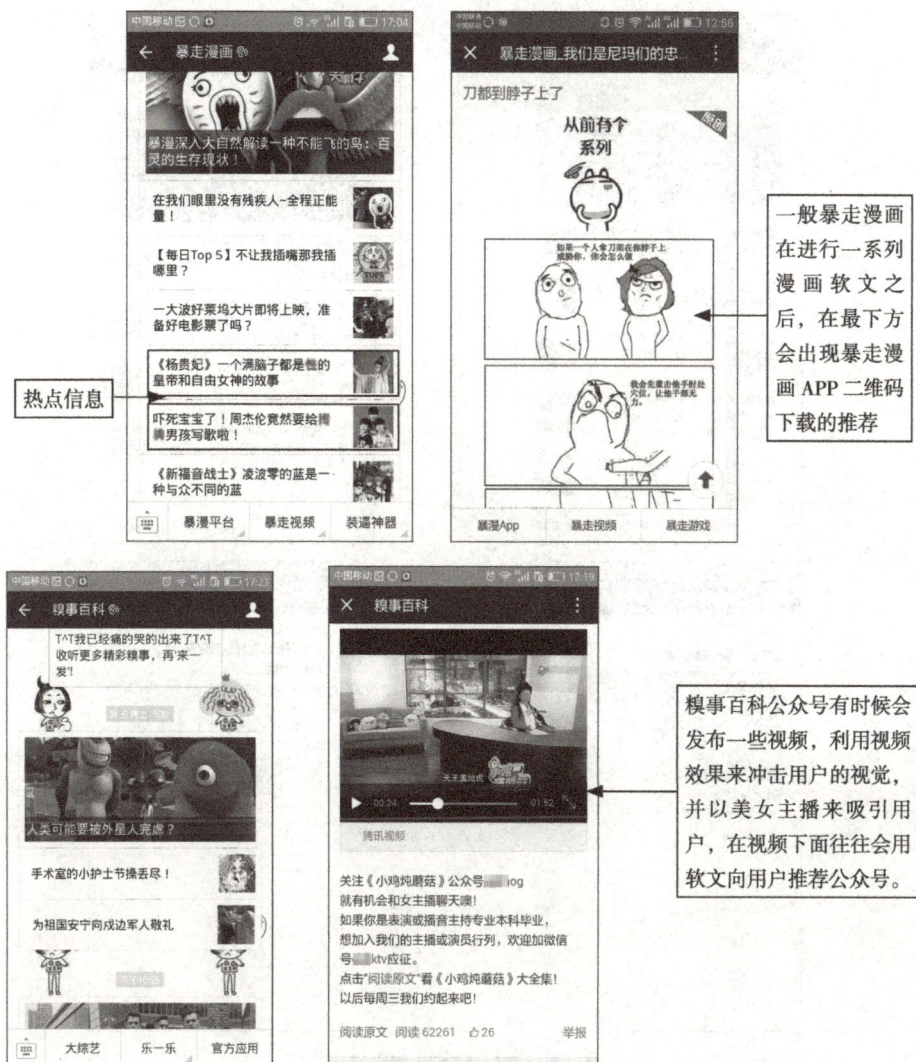

▲ 图 7-35　个性化内容推送

（2）拉近距离

所谓拉近距离，可以从以下 2 个方面入手。

- 地理上的拉近。
- 心理上的拉近。

从地域上，企业可以根据本土和外地的差异制作不同的微信内容。例如，长春微旅游公众号就会一次发一个固定地区的旅游攻略、优惠等消息，这样可以让用户在自己的家乡感受外地的美；深圳定制旅游公众号推送的内容则是关乎用户自身的内容，如图 7-36 所示。

▲ 图 7-36 地域上推送内容

从心理上,企业可以撰写与人们日常生活相关的内容,拉近受众的心理距离,例如,"写到心坎的文字"公众号就经常会发一些与人们生活相关问题的文章,来引发用户的关注;减肥对一部分人群来说是生活的一部分,而"减肥方法"公众号有时会发布一些关于情感的文章与减肥文章混合在一起,起到了调剂作用,届时再安插软文也不容易被察觉,如图 7-37 所示。

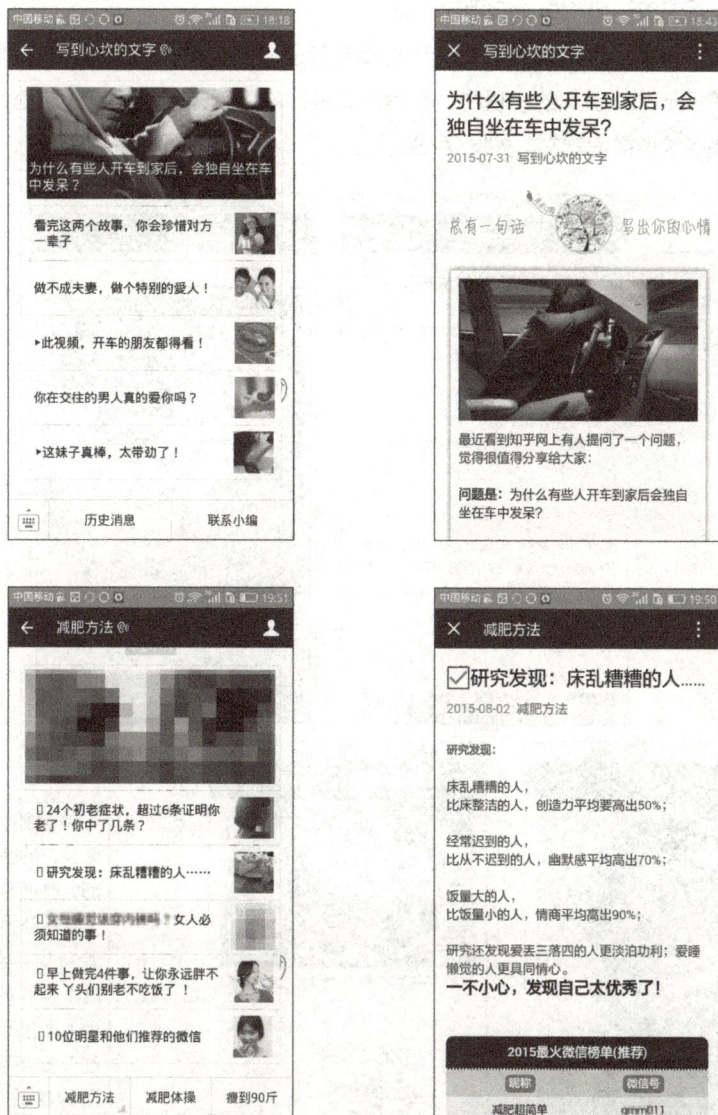

▲ 图 7-37 心理上推送内容

（3）经验型

经验型微信软文要求企业发送的那些微信消息以分享经验为主，这样就做到了在实用的基础上进一步扩大影响，实现第二轮人际传播。

具备可分享性的经验信息主要是指向用户提供个人经验、技巧类的资讯等，如旅游攻略、减肥方法、私房菜的做法、试吃心得、个人健康经验等。商家则可效仿这些，提供行业相关的贴心指导、实用建议等。

例如，一篇标题为"水果核不要丢 做成杯子里的小森林！"的软文，教用户怎样用水果核做成绿意盎然的小植物，然后在文章的最后就开始推荐其他微信账号名，这一篇就是经验型微信软文，如图 7-38 所示。

经验型标题，直接点出文章核心内容。

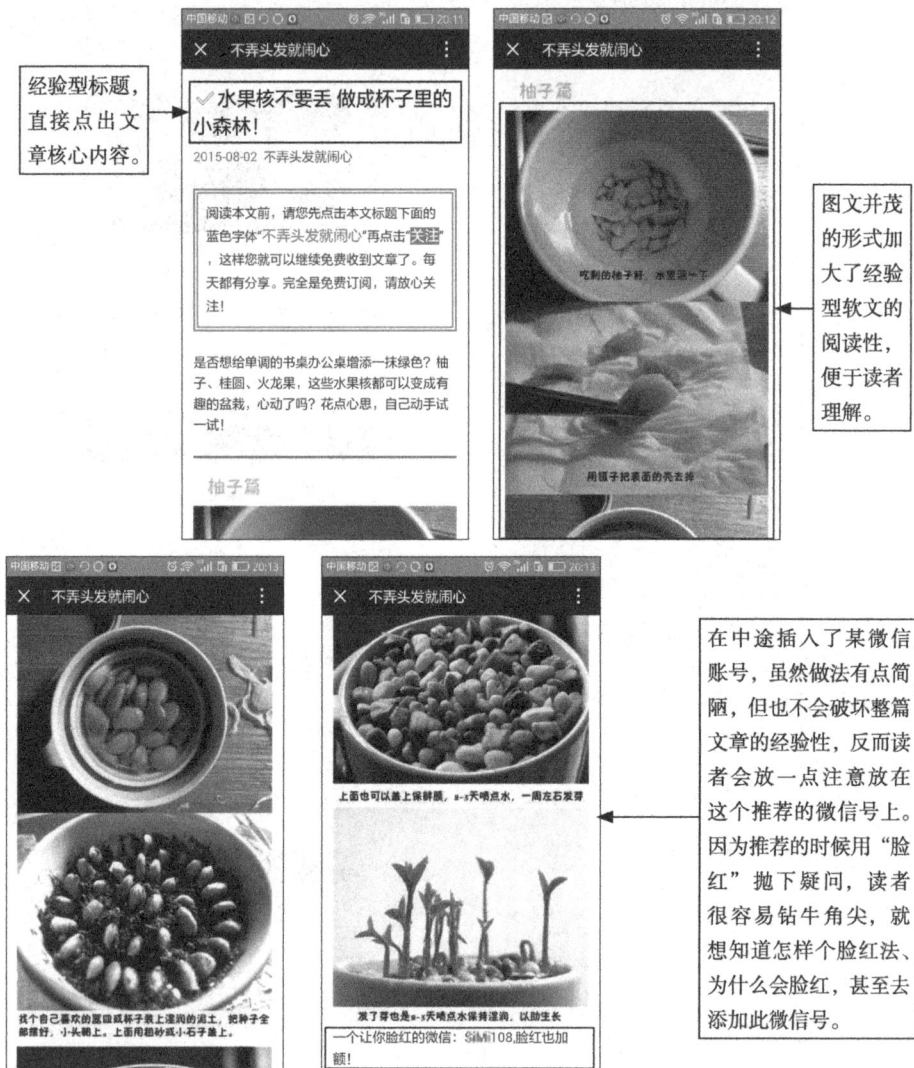

图文并茂的形式加大了经验型软文的阅读性，便于读者理解。

在中途插入了某微信账号，虽然做法有点简陋，但也不会破坏整篇文章的经验性，反而读者会放一点注意放在这个推荐的微信号上。因为推荐的时候用"脸红"抛下疑问，读者很容易钻牛角尖，就想知道怎样个脸红法、为什么会脸红，甚至去添加此微信号。

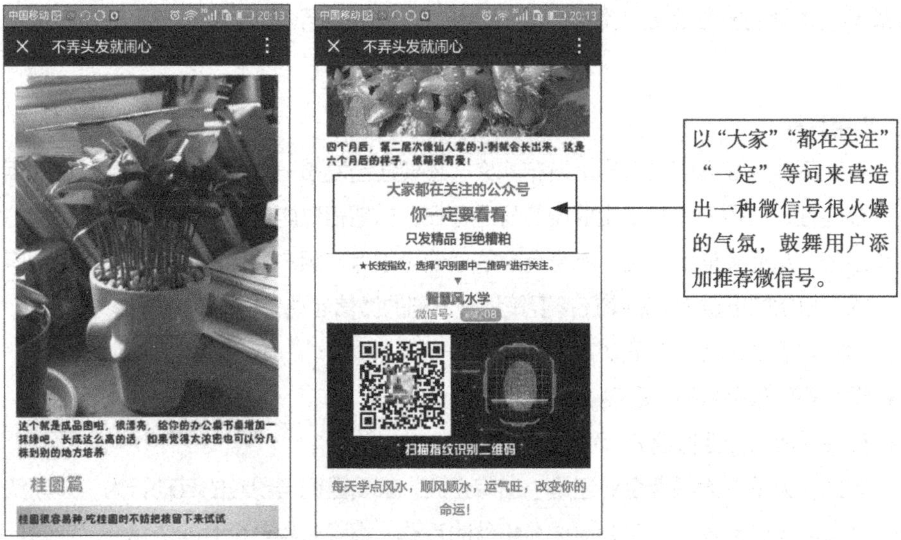

以"大家""都在关注""一定"等词来营造出一种微信号很火爆的气氛，鼓舞用户添加推荐微信号。

▲ 图 7-38　经验型微信软文

（4）参考型

参考型是指从用户的需求出发，提供对用户日常生活具有参考价值和指导意义的内容。例如，热点新闻、假期期间旅游折扣、美食攻略等，衣食住行是人类必需的信息要求，因此企业可以从这些方面出发编辑推送内容，如图 7-39 所示。

▲ 图 7-39　参考型微信软文

（5）故事型

有故事的微信软文用户才会更喜欢阅读，只要有深度、有情节更容易被吸引，并且故事能够让企业显得更人性化，美化用户对企业的看法，从而对产品改观，选择购买。

5. 巧用活动

企业不能只在微信公众号上发布软文，还要适当发布一些活动，这样可以调动用户的参与性，让用户不忘记企业微信号的存在。长期相似内容的推送，会导致用户的审美疲劳，从而降低活跃性，新奇有趣的活动可以保持用户的活跃度，增加互动。所以，除了日常的推送外，商家还需要策划一系列的微信活动。

而策划活动的目的在于以下几点。

- 提升粉丝与平台的互动性。
- 提高粉丝对企业微信公众平台的依赖性。

因此，无论是大品牌企业还是小品牌企业，都要重视与粉丝的互动行为，定期策划一些有心意的活动，以此来促成与粉丝的互动，增强粉丝对企业的依赖性，让粉丝"长期有效"。

下面就来讲解微信公众号活动策划的方法。

（1）进行精准分析

企业首先需要考虑"企业的目标人群是哪些？""他们最需要什么？""什么样的东西最吸引他们？""本次策划活动的最终目的是什么？""是为了增加用户的黏性，还是为了增加销售额？"等问题。

经过专业、精准的分析之后，策划出来的活动才更加吸引人，也更加容易实现目标。例如，最近星巴克推出了一款新产品"星冰乐"，就这款产品推出了一次活动，如图 7-40 所示。

抓住了消费者的狩猎心理，用"买不到"制造出一种限量的气氛，会更鼓舞消费者参与此活动。

用有趣的文字结构，来诉说活动内容及规则，并用参加活动的照片做成活动照片墙，突出活动参加的氛围。

点出奖品的限量性，点出为什么你能买到，是因为此杯子是为了感谢参加此活动的人，这又以一个温馨的氛围将读者围起来，很容易让读者感受到星巴克的诚恳、对消费者的感激之情，以及为消费者着想的理念，这会深受读者的喜欢，推动读者去参加活动。

▲ 图 7-40　星巴克微信公众号活动

【分析】：

　　星巴克的此次活动是从消费者心理出发，营造一种为活动参与者着想，将活动参与者围绕在"限量""特别设计却只为你""感谢"等词汇中，而这些词汇正是抓住了消费者的狩猎心理，可以说是很成功的。

　　想必星巴克在策划此活动时，定然分析了目标消费者的消费心理，并将活动的整个过程分析透彻。

（2）活动次数

一般建议为按照每周、每月来划分，这样比较符合用户的习惯，也方便用户安排时间。商家举办的活动次数不用太频繁，否则，用户可能失去新鲜感，对活动的优惠和奖项降低心理期望，从而降低参与度。

专家提醒

企业在宣布活动结果时，可以顺便预告下周活动，这样做的目的有两点。
● 可以起到承上启下的作用。
● 可以安抚没有中奖的客户。

（3）活动形式

所有商家的最终目的都是实现盈利，因此，活动的策划也要紧紧围绕这个主题，商家可以借鉴以下的形式，如表 7-2 所示。

表 7-2　微信公众号活动策划形式

微信公众号活动策划形式	做　　法
为店铺画皇冠	（1）在活动现场借助二维码签到，既可以让用户关注企业公众账号，又能扩大影响效果。 （2）连续签到，或与公众号聊天满多少天，商家可以赠送神秘礼品或优惠券，以此调动用户的积极性
微信答题	商家提出的问题最好和店铺相关，让用户返回到店铺寻找相关答案，加深对店铺的印象，加强店铺品牌的认识度
线上线下整合	用户通过二维码扫描，关注商家发布在微信平台上的活动信息，产生兴趣，然后到实体店去参与，领取奖品
转发给朋友	将公众号加上自己的祝福语转发至朋友圈，这属于裂变式传播，经过熟人在朋友圈内发布，可以起到宣传店铺的效果
以活动受众出发	为了让整个活动更具有延续性和主动传播的动力，企业可以将漂流瓶打造成真心话分享站，让参与活动的受众用自己的故事为品牌传递影响力，当然，要随机赠送礼品以激发消费者的主动性
想出新意	单纯地发布硬广告和软文对粉丝的转化率基本为零，所以要学会用这种朋友交流的工具以朋友互动的方式来进行传播。商家可以进行一些有新意的活动，这样企业的微信营销就更像是一个浪漫的交友活动，能极大地提升对消费者的吸引力

互动十分重要，无论是大品牌企业还是小品牌企业，商家都要做好优质内容，通过微信为老用户或者新用户提供更多有价值的服务，并且与他们互动。增加用户黏性是非常重要的，因此企业软文营销在微信公众号上举办活动也是非常有必要的。

　　如果是品牌，策划活动的形式可以由品牌代言人与用户进行互动聊天；如果是电商，可以做免费抽奖活动。当然，关注即送小礼品、转发有奖等活动也很受用户的青睐。

6. 红包消息

　　微信红包是微信用户喜爱的一个功能，在企业微信公众号里适当地发一下红包，可以勾起微信用户的注意力，拉近你我之间的距离。例如，同城旅游公众号就十分聪明地运用了发红包的技能，如图 7-41 所示。

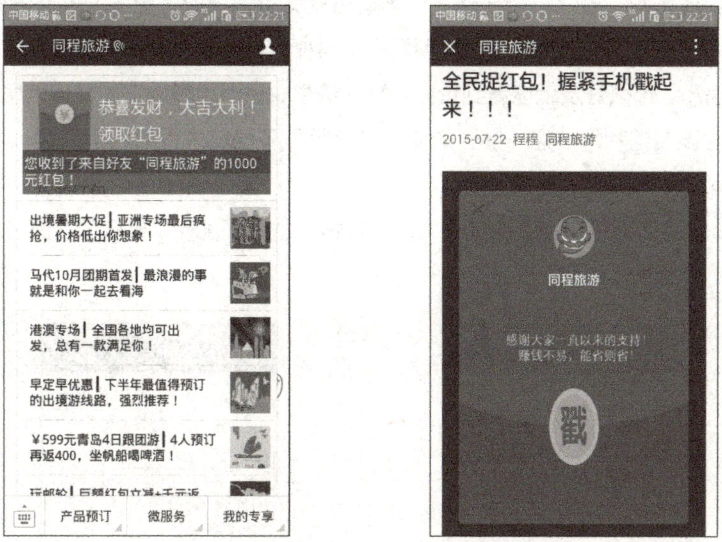

▲ 图 7-41　微信公众号活动策划形式

068　摇一摇

　　"摇一摇"是微信最独特也最强大的交友方式，支持通过"摇一摇"手机找到同时也在摇手机的朋友。只要是在同一时间摇动手机的微信用户，不论在地球哪一个角落，都可以通过这个功能认识彼此，从而增加用户间的互动和微信黏性，如图 7-42 所示。

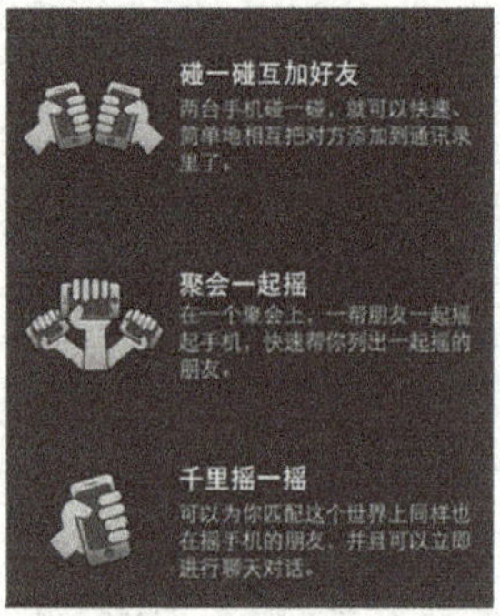

▲ 图7-42 微信"摇一摇"

对企业来说，微信"摇一摇"，无疑为软文营销获取了更多的好友资源。企业可前期与"摇一摇"的朋友聊天，等到熟悉了再加为好友，然后在朋友圈发布营销软文、活动等信息，那么好友就能看到企业的营销信息，轻而易举地实现宣传信息的目的了。

企业该如何利用"摇一摇"的交友渠道呢？下面就来讲解利用"摇一摇"添加用户的步骤。

步骤① 点击微信界面下方的"发现"按钮，进入"发现"界面，点击"摇一摇"，如图7-43 所示。

▲ 图7-43 点击"摇一摇"

步骤② 进入"摇一摇界面"则会看到"人""歌曲""电视"3个选项，点击"人"，用手摇晃手机听到"咔嚓"一声后，就能找到与你同一时刻摇动手机的人了，如图7-44 所示。

▲ 图7-44　摇晃手机

步骤 3 点击摇到的朋友，就能进入其朋友的详细资料界面，如图 7-45 所示。

▲ 图7-45　进入详细资料

步骤 4 点击"打招呼"按钮，即可进入打招呼界面，可发送消息给此朋友，如图7-46所示。

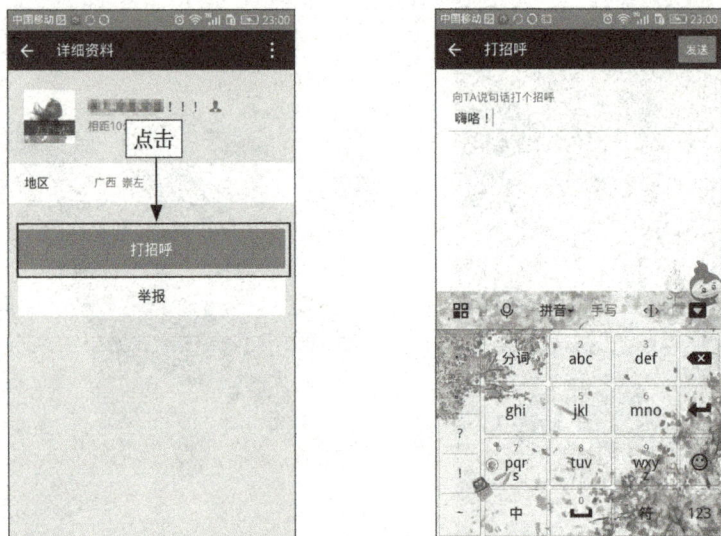

▲ 图 7-46 进入详细资料

步骤 5 等稍微熟悉了，就可以征得对方同意之后添加成为好友，也就可以让此朋友看到企业朋友圈里的软文消息了。

企业还可以利用微信公众号通过"摇一摇"的方式将活动宣传出去，然后，来一场微信公众号与受众之间的交友之旅。

步骤 1 在搜索引擎中输入关键词"微信公众平台"，找到"微信公众平台"官网并点击，如图 7-47 所示。

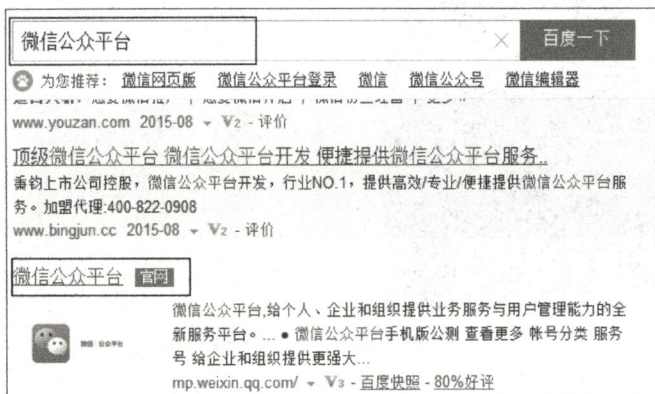

▲ 图 7-47 输入关键词"微信公众平台"

步骤 2 进入"微信公众平台官网"，在登录下方填写公众平台的账号、密码，如图 7-48 所示。

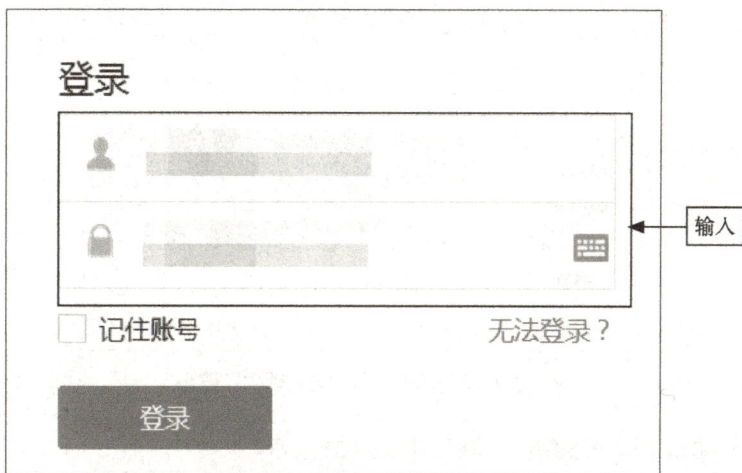

▲ 图 7-48　填写公众平台的账号、密码

步骤 3 执行操作后，单击"登录"按钮，如图 7-49 所示。

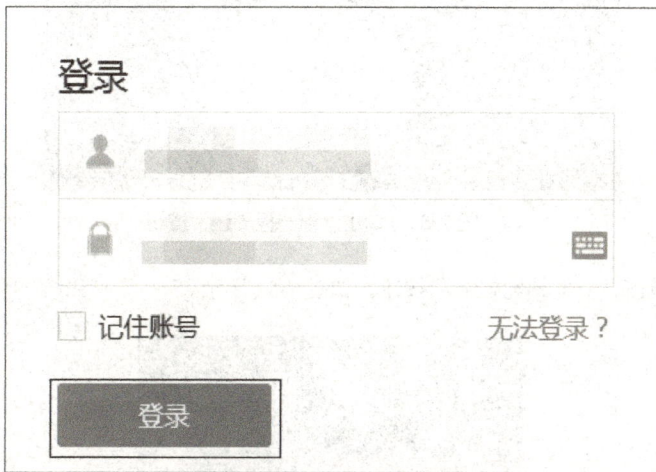

▲ 图 7-49　单击"登录"按钮

步骤 4 执行操作后，进入微信"摇一摇"周边申请条件和流程说明页面，单击"添加功能插件"按钮，如图 7-50 所示。

专家提醒

　　对于已经进行微信认证的公众号，直接点击"授权微信摇一摇周边"，然后进入公众号登录授权，点击"登录并授权"，进行公众号登录授权，需要使用微信手机客户端，扫描二维码进行验证。用手机客户端扫描了二维码后，会在手机微信客户端出现一个页面，这个页面会询问这样一句话："你确认要用你的公众号XXXXXX进行授权托管吗？"然后点击"确定"就授权成功了。

▲ 图 7-50 单击"添加功能插件"按钮

步骤 5 单击"摇一摇周边"按钮，如图 7-51 所示。

▲ 图 7-51 单击"摇一摇周边"按钮

步骤 6 单击"立即预约接入"按钮，如图 7-52 所示。

▲ 图 7-52 单击"立即预约接入"按钮

专家提醒

　　虽然这样的方式容易遭到拒绝，但只要坚持，微信好友会逐渐增加的，微信软文营销的成果也会越发地明显。

069　漂流瓶

　　微信漂流瓶功能是指用户可以将自己想说的话写在纸上，然后放入瓶子，将它扔进水里，等待其他用户的拾取和回复。它还支持将语音放进漂流瓶里，不管是哪里的微信用户，都能拾取，功能十分强大。

　　漂流瓶一共有 3 个功能，如图 7-53 所示。

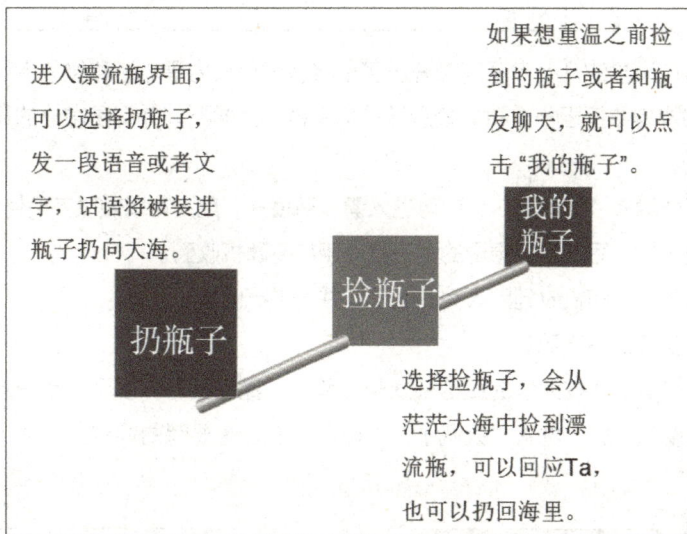

进入漂流瓶界面，可以选择扔瓶子，发一段语音或者文字，话语将被装进瓶子扔向大海。

扔瓶子

捡瓶子

我的瓶子

如果想重温之前捡到的瓶子或者和瓶友聊天，就可以点击"我的瓶子"。

选择捡瓶子，会从茫茫大海中捡到漂流瓶，可以回应 Ta，也可以扔回海里。

▲ 图 7-53　漂流瓶的功能

　　企业可以抓住漂流瓶的性质，把软文营销的产品通过软文或者是语音的方式放置到漂流瓶里，可以大范围进行软文营销的推广，不过其方法的有效性不是特别高，很有可能出现瓶子石沉大海的现象。

> **专家提醒**
>
> 　　用户只要通过扔瓶子、捡瓶子，就能实现和商家以及其他用户的交流互动，完成信息流通。

　　企业利用漂流瓶运行软文营销的主要好处，如表 7-3 所示。

表 7-3　漂流瓶的好处

特点	介　绍
可宣传多次且成本低	微信每天能扔瓶子、捡瓶子 20 次，如果效果很好，可以多申请几个账号，增加宣传的面积和力度

续表

特点	介　绍
庞大用户群体	漂流瓶的最终目的是为企业能吸引到更多的顾客，庞大的微信用户群体也为企业提供了庞大的隐藏客户群
漂流瓶有随机性	如今的人们讲究"缘分"，收到漂流瓶会觉得这也是一种缘分，只要软文内容不让人反感，一般人都会点击软文上的网站链接，而一旦用户点击，就成功了一半

华中科技大学的几名学子成功开发了华科版微信校内漂流瓶和微信上墙等功能，这些微信功能均依托于一个微信公众号"华中科技大学"，并利用微信的开放接口进行技术实现。

用户只要输入"漂流瓶"，即可进入漂流瓶模式，用户可以做以下两件事。

- "丢瓶子"，写下自己想说的话，其他用户将随机收到。
- "收瓶子"，随机收到别人丢的瓶子，并可进行回复。

其操作步骤如下所示。

步骤 ❶ 在华中科技大学的微信公众号上输入"漂流瓶"，就会自动回复告诉用户该怎么做，输入"丢瓶子"，即可将自己想要写的内容扔出去，如图 7-54 所示。

▲ 图 7-54　漂流瓶的功能

💡 **专家提醒**

　　届时，企业可以在这个微信公众号上对学生发一些软文，不过需要把握数量，无需在这里花费很多时间。

步骤 ② 在华中科技大学的微信公众号上输入"收瓶子"，就会收到其他人的瓶子，还可回复他，然后两人之间可以进行交谈，成为朋友，如图 7-55 所示。

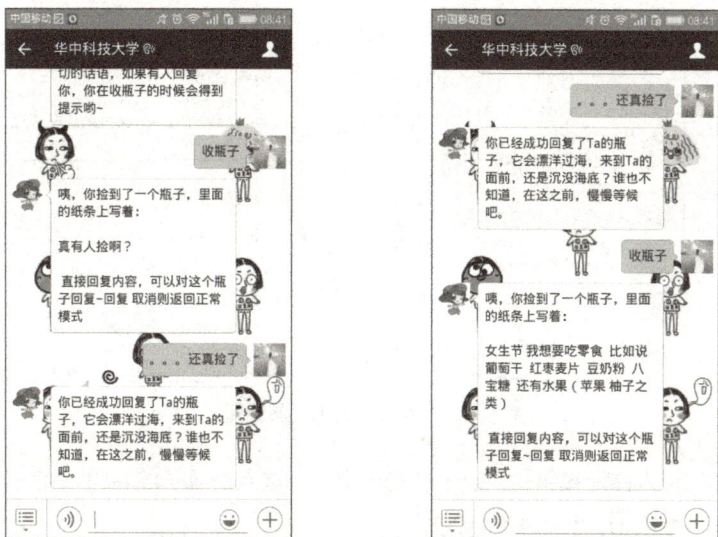

▲ 图 7-55 华科微信漂流瓶

【分析】：

　　华中科技大学公众号从开发一些互动的小游戏开始，就积极调动了用户使用公众号的频率，并且用户还可以通过华中科技大学公众号漂流瓶功能来交朋友。

　　所以，像华中科技大学公众号一样设置漂流瓶环节，也是不错的选择。

　　由此可见，企业利用漂流瓶运行软文营销其实是很简单的，企业可以利用热点话题、近期趣闻、爱心事情、幽默文字等容易吸引眼球的信息吸引关注；也可以发一些经典笑话、情感短语等，可任意组织内容，从而引导别人进入网站。只是发布的内容不要太多，那样瓶友不会仔细阅读。

💡 **专家提醒**

　　需要注意的是，企业利用漂流瓶运行软文营销也存在一定的缺点，它不适宜长期、单独使用。漂流瓶的转化周期和转化率并不像摇一摇那么显著，在宣传效果上可能有所欠缺，企业可以考虑和其他方法配合使用。

　　那么企业该如何使用微信漂流瓶功能呢？下面将详细叙述微信漂流瓶的用法。

步骤 ① 打开微信，进入微信界面，点击微信界面下方的"发现"按钮，进入发现
界面，选择"漂流瓶"，如图 7-56 所示。

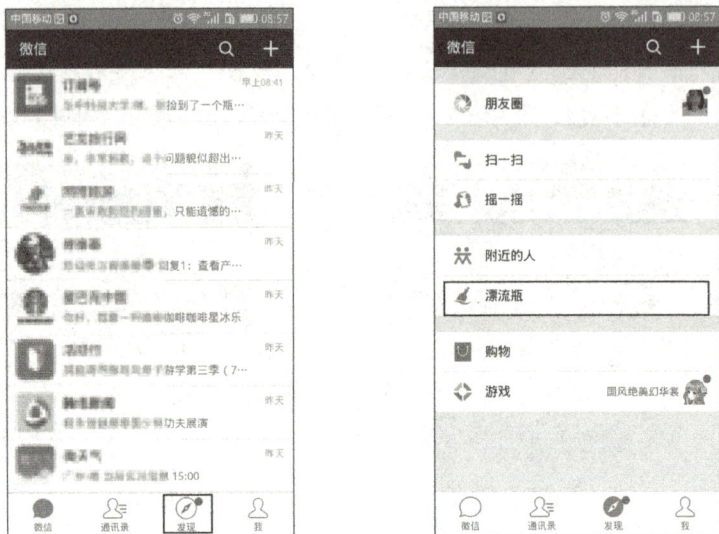

▲ 图 7-56　选择"漂流瓶"

步骤 ② 进入漂流瓶界面，点击"扔一个"，进入扔瓶子的界面，点击"小键盘"
按钮，如图 7-57 所示。

▲ 图 7-57　点击"小键盘"按钮

步骤 3 进入书写文字界面，在上面书写软文，如"我这里有天然无刺激的马油水，它可以有效祛痘印疤痕，若感兴趣快来联系我吧！"输入完软文后点击"扔出去"，如图 7-58 所示。

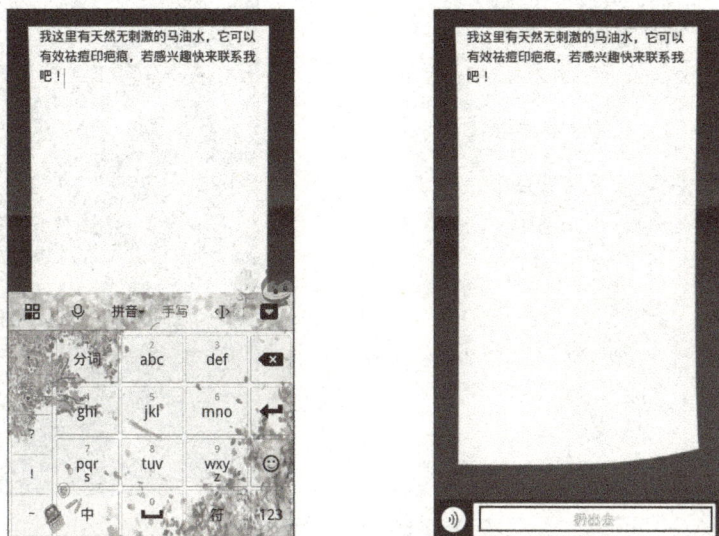

▲ 图 7-58　点击"扔出去"

步骤 4 扔出去后，就可以等待朋友收你的瓶子了，企业可以在"我的瓶子"里与回复信息的"瓶友"聊天，如图 7-59 所示。

▲ 图 7-59　点击"我的瓶子"

步骤 ⑤ 企业还可以点击"捡一个"，进入捡瓶子的界面，出现一个瓶子就点击进去，如图 7-60 所示。

▲ 图 7-60　点击"我的瓶子"

步骤 ⑥ 看看瓶子里说的是什么内容，选择性地回复，若想回复则可点击"回应"，进入聊天界面与之交流，如图 7-61 所示。

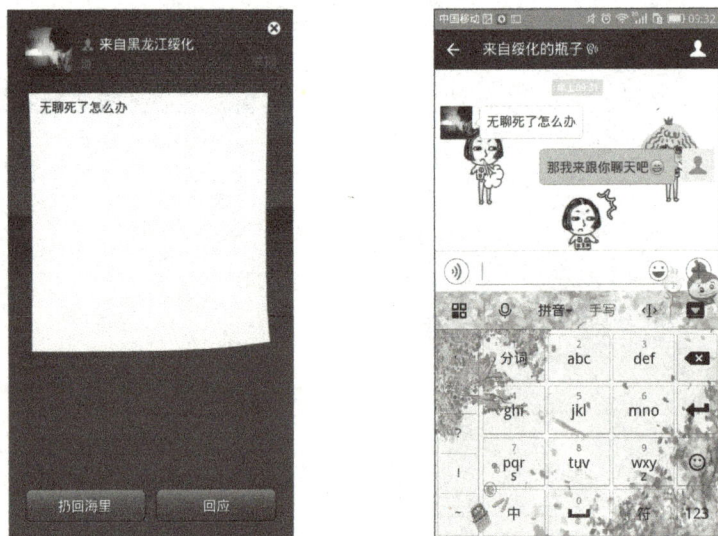

▲ 图 7-61　进入聊天界面与瓶友交流

企业利用漂流瓶寻找潜在用户时，可以注册多个小号，每天扔出一定数量的漂流瓶，内容可以是鼓动性或引导性的，让用户主动添加关注。

专家提醒

　　若企业嫌麻烦，可以选择用语音来扔瓶子，不过最好还是用文字的形式，这样瓶友可以比较清晰明了地看见软文的信息，而语音有可能出现吐字不清的状况。

070　图文并茂才吃香

　　微信公众平台可以图文并茂地发送信息，并且消息字数可以达到 600 字甚至更多，所以软文营销在微信公众平台中可以大展身手，充分发挥有效实力，是软文营销的主秀场。

　　不管是哪种类型的微信平台公众号，企业都需要有图文并茂的软文，才能更吸引微信用户的注意。下面就来看同程旅游微信公众号是怎样将图文并茂的软文营销在微信中运用自如的。

1. 有主题

　　某微信公众号每次发的消息都是有主题的，一般它一次能发 7 条消息，以主题的形式展现在用户的面前，其中有一个主题是以"妈妈"为主，将"陪妈妈去旅行"做成文字图片，虽然不华丽却不失吸引用户注意力的功能；还有一个主要是以"暑期"为主，以 6 个小图片来营造暑假旅游的气氛，如图 7-62 所示。

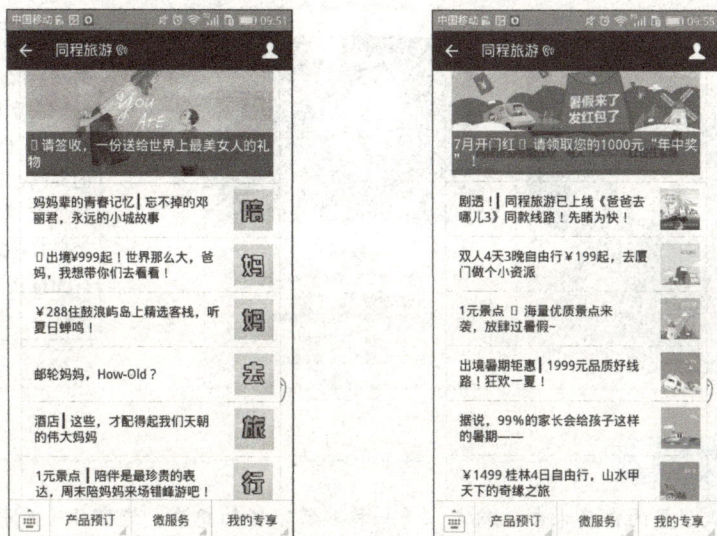

▲ 图 7-62　图文并茂的主题消息

2. 图文并茂的内容

同程旅游微信公众号以"妈妈"为主题的中消息中，有一篇名为"妈妈辈的青春记忆，忘不掉的邓XX，永远的小城故事"的软文，在图文并茂方面做得挺不错的。下面就来分析这篇文章是怎样进行布局的，如图 7-63 所示。

标题，点出了是以"邓XX"为主角，再推出"小城故事"，会让人们产生疑问："是什么样的小城故事""故事与邓XX有什么关系"。

文章开篇就介绍邓XX，并指出邓XX去世的日子，配上她甜美的笑容，这无疑会引起人们对邓XX的思念与惋惜。

这两节用邓XX的生活照，配上歌颂她歌喉的文字后，会引起喜爱邓XX的用户们的共鸣，让用户沉浸在回忆邓XX给他们带来的震撼和喜爱中，这无疑让用户深陷在文章中，无法自拔。

专家提醒

从明星的角度来制造软文，是一种非常不错的想法，能有效地吸引粉丝的注意。需要注意的是，应该实事求是地写，不能编造内容，损害主人公的形象和利益。

中国香港、日本、美国、新加坡、英国、法国、泰国，这些地区和国家，都有她的工作和生活轨迹，都埋藏着她快乐或者不快乐的记忆。这些或长或短的异乡时光，就像硬币的两面，她是实至名归的国际化歌者，却也是始终漂泊的异乡**过客**。

如果要寻访邓××，需要准备一张世界地图。她生于台湾省，葬于台湾省，但成名之后可以自己做主的时光，绝大部分却都不在台湾省。

这里指出邓 **XX** 的家乡，并且指出邓 **XX** 的生活轨迹并不单一，她的生活多姿多彩。

那一首首歌，绽放了满园的姹紫嫣红、点燃了心中的热切渴望！生前，她独享10亿掌声，身后，她值得被10亿人怀念！那发自内心的低吟浅唱，缱绻、缠绵，余韵绕梁可以一直陪你到老……

小城故事多
充满喜和乐
若是你到小城来
收获特别多
看似一幅画
听像一首歌……

小城故事多
充满喜和乐

点出邓 **XX** 的歌曲"小城故事"，这一节呼应了标题"永远的小城故事"，并用歌曲歌词来让用户回味那首歌曲。

💡 **专家提醒**

　　以主人公的生活轨迹来慢慢点题，这是一种很聪明的做法，利用循序渐进的手法将文章主题慢慢推向读者，一点一点地引导读者看下去，并且是跟着文章的思路看下去，一直沉浸在文章所营造的氛围中。

　　只要读者深陷其中，那么不管企业广告的植入多么明显，读者都不会感到厌恶，只会有一种恍然大悟、又爱又恨的感觉，企业品牌反而会深刻地印在读者的脑海中。

邓××的这首《小城故事》几乎人人知道，却少有人知道这座"小城"究竟在哪里？

这座让邓××流连忘返的小城，就是泰北玫瑰——清迈。

清迈，是邓××心中充满温暖和爱意的小城，是邓××一生中最钟爱的地方。据说，邓××生前每年都要在爱侣的陪伴下来清迈小住几次，每次都住在皇家美萍酒店1502号房间。在她去世的那年，仅仅5个月，她去了清迈3次。

她喜欢在客厅近窗的茶几上放一大束娇艳欲滴的玫瑰，靠在窗前的贵妃椅上静静地看书，如玫瑰般安娴。看累了就打开窗户远眺云淡风轻的素帖山，俯瞰清迈全景，悠然地感受着属于自己的世界，倾情地演绎着生命中的小城故事。

群山环抱中的清迈阳光充沛，四季如春，有着秀美的风光和遍地的花草，其中，尤以玫瑰最为著名，索有"泰国北部玫瑰"的雅称。而邓××最喜欢的花就是玫瑰。本以为这种饱含欢乐的小城故事会一直延续下去，直到有情人终成眷属的那一天。可是，好花不常开，好景不常在。

> 指出"小城故事"这首歌中的"小城"是清迈，并慢慢写出邓 XX 是如何喜欢这座城市的。

1995年5月8日，全世界华人心中的一代歌后香消玉殒。据悉当时邓××住在楼上的豪华套房，突然气喘病发作而急迫求救。虽然泰国清迈相关医院的医师用尽强心针和电击起搏等等抢救，但最终宣告不治，时间是1995年5月8日，下午4点30分。

从那以后，华人歌迷循着玫瑰的花香川流不息地从世界各地赶来，找寻邓××生活的点点滴滴……

今天的美萍酒店1502号房间内，陈设仍布置成邓××生前那样。玫瑰簇拥着的彩色照片里，她的眼眸还是那么清澈，她的笑靥还是那么甘甜。喝着下午茶，耳边回荡起一首首甜美的歌声，伊人就在眼前。昔日重现，让人唏嘘，令人感叹。

> 指出邓 XX 是在清迈逝世的，并且很多粉丝都曾相继去清迈寻找邓 XX 曾经的点点滴滴，还指出邓 XX 逝去的那个酒店房间依然保留着邓 XX 生前的模样。

专家提醒

从歌曲"小城故事"→"小城"是指清迈→邓 XX 逝世的地方，这 3 个环节是一环扣一环地进行，在期间指出"邓 XX 在去世那年的 5 个月中就去了 3 次清迈"，这是在突出邓 XX 对清迈的喜爱，并且让读者产生疑问"为什么邓 XX 那么喜欢清迈？"使读者想继续往下阅读。

还指出邓 XX 在清迈逝世的酒店，将她生前住过的房间格局原封不动地保留了下来，还配上了图片，这会让读者产生想去清迈的想法，想去找一找邓 XX 当年在清迈留下的气息。

清迈有两座城，旧城在河西，新城在河东，有两座桥梁相连。以古城为中心，每逢周末，你就可以感受到当地最为著名的夜市。相比只泡酒店的度假或蹼点拍照赶行程，不如用几天时间给自己一个清迈式的假期才是清迈的正确旅行方式。

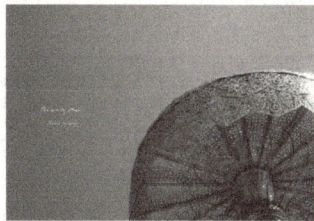

推荐人群：慢生活 美食 休闲 人文 古城

DAY 1
第一天就在清迈古城的大小角落转个够，以寺庙为重点，穿插着喝咖啡做马杀鸡才是游玩古城的正确方式。

帕辛寺|清迈最大规模佛寺

清迈有大小两千多座寺庙，逛寺庙是游清迈躲不开的事儿。坐落在老城主路尽头的帕辛寺，是游客怎么也无法忽略的古城标志性建筑，金灿灿的外观让人想起曼谷的大皇宫，但斜尖的屋顶造型和雕梁画栋的图案却是典型的泰北兰纳风格，提醒人们这里是清迈，曾经的兰纳王朝。

开始进入主题，介绍清迈，用清迈的地理格局来引出旅游攻略，这无疑是不错的方法，并图文并茂地将介绍地点的场景图配上，更能让读者感受到此地的文化。

游玩方式：
寺内供奉的青铜佛像是兰纳艺术的经典代表，入大殿参观需买门票。

如何到达：
住在城内可以轻松步行到，如果从城外过来没有摩托车或自行车，可以坐双条车或Tutu。

女子监狱按摩馆|技师都是女囚

到了泰国就恨不得天天做马杀鸡这家颇有传奇色彩的女子监狱按摩馆，是为监狱女犯们出狱后能有一技之长适应社会而创办的，技师都是服刑中的女犯，工作人员则是穿着警服的狱警，因为技术和高性价比，多年来都保持着高人气。

游玩方式：
清迈的女子监狱按摩馆只有这一家，人气又高，所以一定要预约。

如何到达：
位置不太好找，在三王广场后面。

塔佩门|"我们塔佩门见"

还温馨地介绍了"游玩方式"和"如何到达"，并且还突出了游玩地点的特色，就算读者知道这是推广信息，也还是会有一部分人将它看完。

专家提醒

这几节完全抛开了邓XX的生平事迹，而是顺着她的事迹来向读者推荐清迈旅游攻略，虽然这个时候读者可能知道文章下面要讲的内容是推广消息，但还是会有一部分人想要继续看下去，还是会有人想要进一步了解邓丽君所喜欢的清迈到底是什么样子的，到底有何魅力，还有一部分人可能是真的想去旅游，而且推荐信息有比较详细的介绍，还聪明地搭配了冲击视觉效果的图片，这会让读者觉得有可阅读的价值。

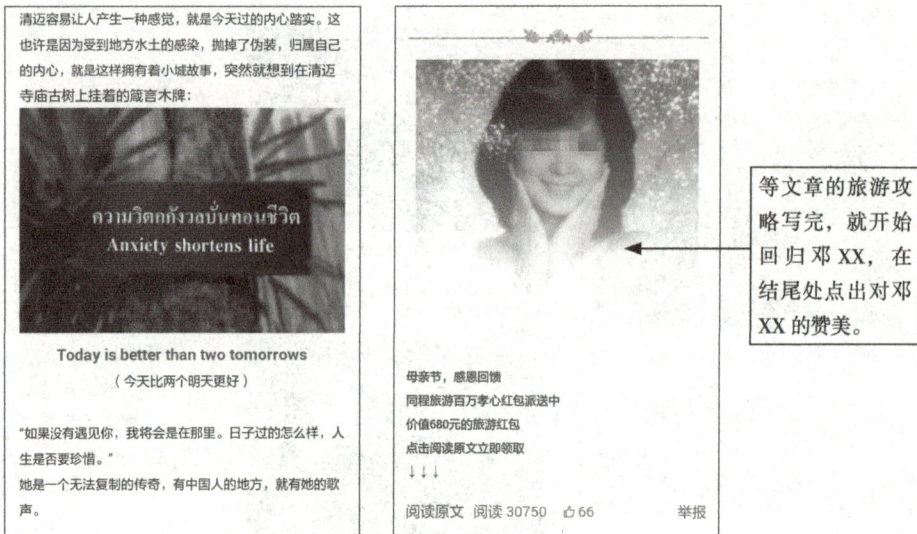

清迈容易让人产生一种感觉，就是今天过的内心踏实。这也许是因为受到地方水土的感染，抛掉了伪装，归属自己的内心，就是这样拥有着小城故事，突然就想到在清迈寺庙古树上挂着的箴言木牌：

Today is better than two tomorrows
（今天比两个明天更好）

"如果没有遇见你，我将会是在那里。日子过的怎样，人生是否要珍惜。"
她是一个无法复制的传奇，有中国人的地方，就有她的歌声。

母亲节，感恩回馈
同程旅游百万孝心红包派送中
价值680元的旅游红包
点击阅读原文立即领取
↓↓↓

阅读原文 阅读 30750 👍 66   举报

等文章的旅游攻略写完，就开始回归邓 XX，在结尾处点出对邓 XX 的赞美。

▲ 图 7-63　图文并茂的内容

【分析】：

此文章刚开始以致敬邓 XX 为噱头来介绍邓 XX，慢慢说到邓 XX 所唱的《小城故事》，点题说出歌曲中的"小城"其实是泰国的"清迈"，点出清迈之后，说出邓 XX 逝世的地方，然后随之介绍清迈旅游攻略，介绍完攻略之后，结尾处点出对邓 XX 的赞美。接着在文章最底下以母亲节感恩回馈来吸引人们点击"阅读全文"，链接到以"爱她就带她去旅游"的购买界面。

总体来说，这篇软文就是以图文并茂＋明星故事的方式撰写的，并且可以看出微信公众平台是一个图文并茂的优质地段，企业可以以讲故事的形式开头，以对用户有价值的信息为软文核心铺路，隐晦地说出软文核心主体部分，以衔接故事或标题结束才能留住用户的注意力。

专家提醒

企业可以在消息内容里用软文娓娓道来，然后再利用"阅读全文"链接到企业网站、产品购买等页面。

071　附近的人

在微信众多功能中最能体现其营销价值的就是位置签名 LBS（基于位置的社交）功能。LBS 功能精准定位的作用让很多行业在微信中投放促销优惠信息时可谓事半功倍，起到了很好的营销作用。

微信结合了 LBS 功能，设置了"附近的人"功能，使用户可以查找自己所在地理位置附近的微信用户。系统除了显示附近用户的姓名等基本信息外，还会显示用户签名档的内容。

所以，企业可以抓住微信"附近的人"功能进行软文营销的操作，而附近的人是一种比较有针对性的推广工具，若企业是卖办公工具的，就可以到写字楼比较多的地方搜附近的人，很有可能遇到潜在客户，这个时候就可以在个性签名处填写推广信息。

如企业是快递公司，就可以直接用软文写到"天天快递，天天送"，在附近的人就能直接看到企业的个性签名，如果感兴趣就会与企业主动聊天。

> **专家提醒**
>
> 企业也可以先想办法加附近的人为好友，然后向其投放软文，只是效果没有那么快速、明显。
>
> 企业也可以利用这个免费广告位为自己做宣传，现在各大品牌产品都可以利用微信"附近的人"来营销推广自己的产品，例如租房、教育、休闲娱乐等。
>
> 微信解决问题的覆盖面越来越广，这样高效率高回报零投资的渠道令微信的实用性更加强大，更加地吸引企业选择微信平台进行软文营销。

那么企业该怎样设置签名档呢？该如何找到附近的人呢？下面就来详细讲解。

步骤 ① 点击微信界面下方的"我"按钮，进入"我"界面，点击微信账户名，如图 7-64 所示。

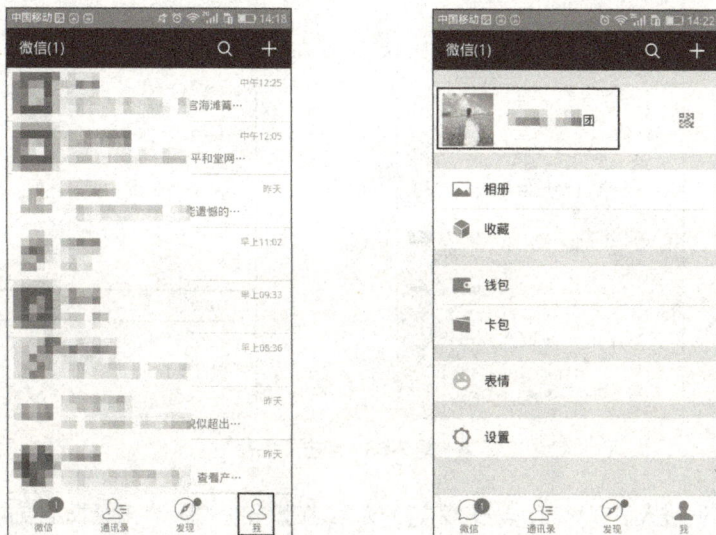

▲ 图 7-64　点击微信账户名

步骤 ② 进入个人信息界面，点击"个人签名"，进入个性签名界面，如图 7-65 所示。

步骤 ③ 在个性签名界面输入"天天快递，天天送"，点击"保存"，即可在个人信息界面看到此签名，如图 7-66 所示。

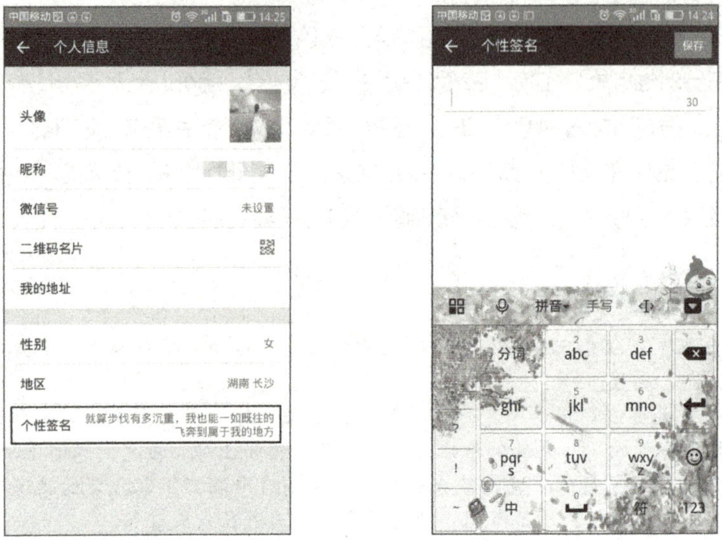

▲ 图 7-65 进入个性签名界面

▲ 图 7-66 点击"保存"

步骤 ④ 进入发现界面，点击"附近的人"，在弹出的"提示"对话框上点击"确定"，如图 7-67 所示。

▲ 图 7-67 点击"确定"

步骤 5 进入"附近的人"的界面，就可以看到附近的朋友，可以跟这些附近的人交谈，如图 7-68 所示。

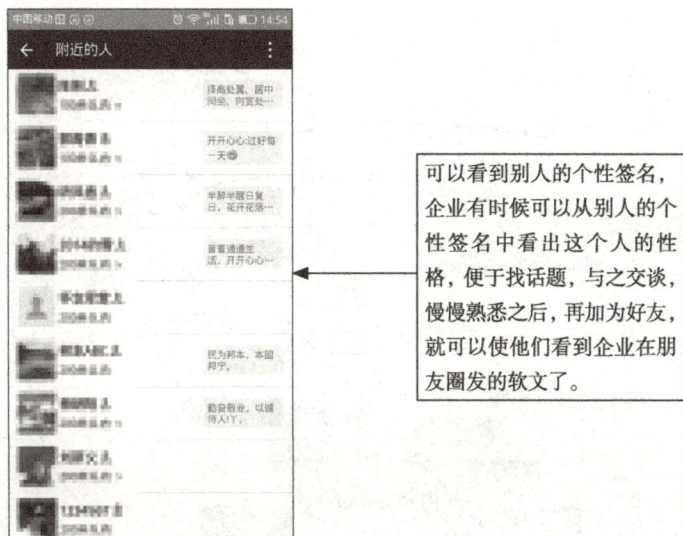

可以看到别人的个性签名，企业有时候可以从别人的个性签名中看出这个人的性格，便于找话题，与之交谈，慢慢熟悉之后，再加为好友，就可以使他们看到企业在朋友圈发的软文了。

▲ 图 7-68 点击"保存"

第 8 章

15 种玩转微博软文的技巧

微博是一个能聚集人们交流的地方，在这里每天都会发生新鲜的事件、话题。本章将介绍软文营销与微博相结合的技巧。

学前提示

Step 11
•微博软文注意事项

Step 10
互动是必要的

Step 9
学会制造活动

Step 8
抓住话题

Step 12
•微博软文发布时间

Step 7
视频、图片结合用

Step 6
内容定位

Step 5
内容需筹划

Step 4
学会 "@"

Step 3
接近生活

Step 13
•微博群

Step 2
把握140字

Step 1
•准备要做好

Step 14
•精准客户

Step 15
•目标客户→粉丝

072 准备要做好

微博是热门话题聚集地，在微博里人们可以快速知道当天发生了什么热门事件，也能发布事件给其他人看，所以，在微博上聚集了不少网民。

很多企业都看中了微博市场，纷纷在微博上发布消息、推广产品。下面就来讲解软文营销想要在微博上成功运行需要做什么准备，如表 8-1 所示。

表 8-1　软文营销在微博上成功运行的前提准备

准备	解　释
了解微博	主要包括了解微博发展的现状、特点和重要用途，提升在微博上运行软文营销的理念
策划	包括研究并掌握微博参与者的特征，制订微博软文营销的具体规划，搭建微博软文营销团队，力争增加微博账号的粉丝数，了解并制订企业微博使用基本原则，制订企业微博使用的基本守则
找到受众	要搞清楚哪些是受众人群，把有产品需要的朋友定为目标群体，同时定准年龄层
设置微博账号	注册账号，完善微博资料： （1）昵称，抓住以下 4 点即可设置一个好的昵称。 微博设置昵称时字数不要超过 7 个字，最好压缩到 4 个字。 让消费者知道你是做什么的。 突出所在行业的关键词。 让消费者知道从你这能买到什么。 在设置昵称时，可按照"姓名 + 行业 + 产品"来取名。 让消费者看到你的名字之后就能知道你们公司到底有什么。 （2）头像，头像要看看真实，让人们一看就知道是做什么的： 如果开的是品牌微博，可以用品牌标识做头像。 如果开的是连锁品牌，就可以连锁品牌名称或标识。 还可以根据产品的目标人群选择头像，例如目标用户为男性，就可以选用与产品相关的美女头像，吸引眼球。 （3）填写简介，简介是微博账号设置基本信息的最后一项内容。企业可以根据自己的产品准备很多词组，去掉个人标签用掉的几个，剩下的就写到这里来。 （4）工作信息、职业信息等都要完善。 （5）个人标签，微博个人标签能让用户搜索时快速找到企业微博号。 个人标签的设定很讲究，下面就来了解设置微博个人标签的规则。 设置 10 个关键词，站在消费者的角度，前 6 个完整的关键词如美容类的标签可写下"美白""养颜""祛斑""消痘""瘦身""去疤"等。后面 4 个就把一个词分开写，例如美、白、痘、消痘等，这样的目的是让一个字能匹配到你，俩字也能匹配到你，三个字也能匹配到你。 定期调整标签词汇：企业需要提前准备十几组标签词汇，定期去看用户搜索习惯，根据被搜索最多的词汇来调整自己的标签。 为标签进行合理排序：选好了标签词，就要合理排序，进行优化，前面的 6 组词都用 4 个字的词语，从第 7 个词开始，按照 4、3、2、1 个字的顺序来写，如"美白祛痘""美白祛""美白""美"

准备	解　释
设置微博账号	根据节假日更换标签词：标签词最好一个月换一次，如果遇到节假日就更换与之相关的标签词，如"母亲节"，就把"母亲节"写进标签里，当人们搜索关于母亲节的词汇时，就能搜索到你的微博了。 重视 4 字词语的作用：在产品比较多的时候，标签能写出 4 个字的就尽量写 4 个字的词语，如买鞋子就可以用"时尚女鞋""时尚男鞋""时尚童鞋"等，这样的好处就是可以撰写出更多的词，在用户搜索时会自动匹配到企业的关键词。 注意概率问题：微博作为一个媒体平台，不可能所有搜索到你的人都去关注你，有百分之一的人关注你就已经很不错了

073　把握 140 字

　　企业要在微博上做软文营销，需要注意软文的字数不要太多，虽然可以发长微博，但人们不会花费太多的时间去仔细查看长篇大论的微博，人们对精简微博更感兴趣一些。

　　所以，企业在写 140 字微博软文时应该注意以下几点事项。

1. 前 50 个字吸引眼球

　　在 50 个字以内就吸引住网民的眼球，那样才会有效果，就如热门账户在推广加盟开店时，就用短短两行字，直接说明主题，突出产品能给人们带来什么利益，并配上别人转发的图片，这样很容易吸引住目标用户群，如图 8-1 所示。

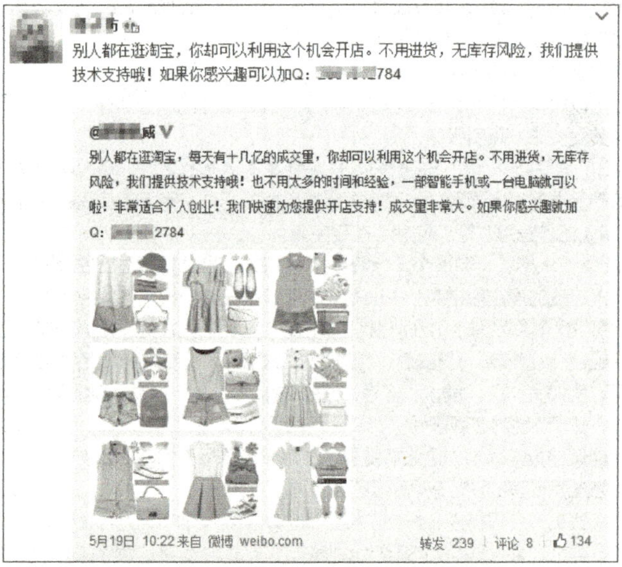

▲ 图 8-1　前 50 个字吸引眼球示例

2. 结尾很重要

写好微博的结尾，往往用一个疑问句、反问句会有更好的效果，在当前的微博中，很多人往往会抛出一个话题供大家讨论，最后用一个反问句或者疑问句，这将会得到更多人的共鸣，引起话题讨论。

3. 长微博与 140 字

用 140 字的软文来勾起读者想要看长微博的兴趣，最好是在 140 字微博开头处就点出长微博的标题，如某微博账户以"你的顾客如何做出购买决定？"为开头，接着就来说服读者"你绝对需要知道你的顾客是如何做出购买决定的"，使读者有想看长微博的欲望，之后用鼠标点击下方的图片，如图 8-2 所示。

▲ 图 8-2　长微博与 140 字示例

4. 巧用编号

微博软文营销可以使用 1、2、3 等编号，清晰阐释自己的观点，适当点明，注意措辞，还可以在微博上加上跳转链接和产品图片，如图 8-3 所示。

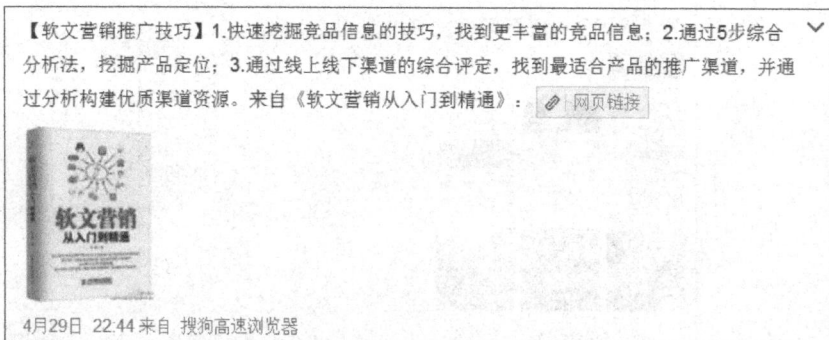

▲ 图 8-3　巧用编号示例

5. 学会措辞

好的措辞直接决定了微博软文的质量，也在一定程度上决定了这条微博的评论和转发数量，下面就来感受一下普通措辞和带有情景的措辞的不同之处吧，如图 8-4 所示。

▲ 图 8-4 学会措辞示例

074 接近生活

微博软文越接近生活越能获得人们的注意，如一家旅游公司，就可以注册一个普通平常的个人账户，在微博上发布旅游攻略，以个人的口吻推出将要推荐的地方，这定会勾起人们的旅游欲望，如 8-5 所示。

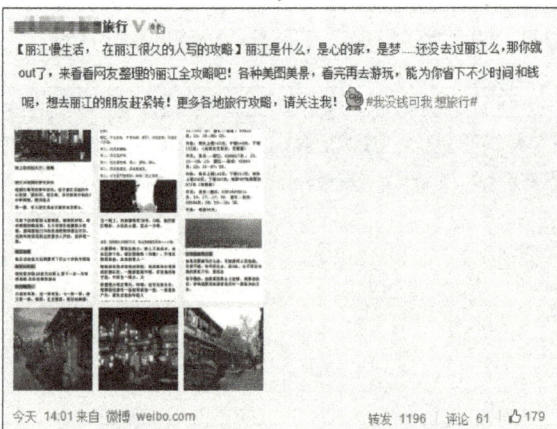

▲ 图 8-5 接近生活示例

可见此类微博软文多受网友们的注意，单转发量就达到了"1196"，就说明此微博已经被 1196 个人查看过，并又被宣传了 1196 次。

075　学会"@"

"@"在微博里的作用非常重要，企业可以在微博里巧用 @，但不要滥用，有时候在博文里能"@"明星、媒体、企业。例如，行业名人微博或企业微博在有一定影响力的前提下，这些媒体或名人会考虑回复你的内容，从而借助他们的粉丝扩大自己的影响力。

此举定能吸引这位明星一些粉丝的注意力，毕竟粉丝们是不会放过任何与他们偶像相关的事情，若明星在博文下方评论了，更是会受到很多注目礼，那么产品就会被推广出去了，如图 8-6 所示。

但大多数微博用户是不具备这个条件的，普通微博用户可以选择 @ 以下几类人群。

- 选择互粉的听众。
- 平时经常转发你微博的朋友。
- 找一下你的粉丝中被关注人数最多的几位。

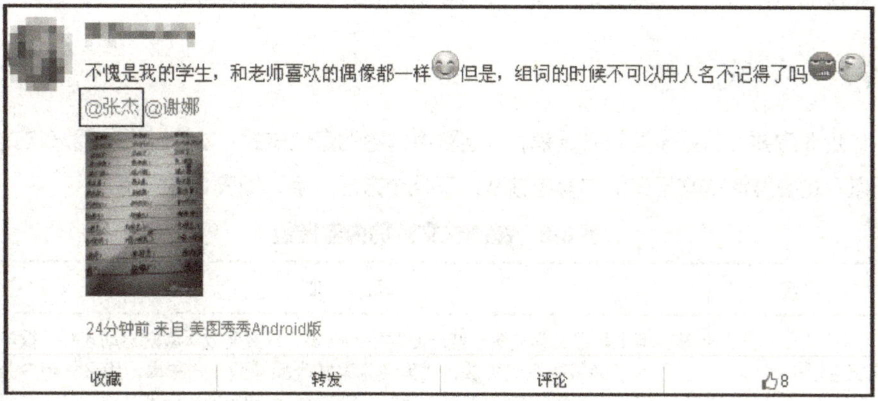

▲ 图 8-6　"@ 名人"实例

076　内容需筹划

企业微博软文营销内容在筹划时最先要做的就是以消费者为中心，紧密围绕消费者来组织、撰写软文。因为任何营销的核心追求都是为用户提供某种服务，才能获得相应的价值回报。

　　企业可以通过微博了解用户关心的问题，收集用户购买产品前、使用过程中、产品销售后经常遇到的问题，然后组织成相关的微博软文发布出来。只有真正替用户考虑，才能吸引他们的关注；才能帮助企业了解自身的情况，同时结合微博的属性做出适当调整。

　　除此之外，企业还需要结合原本做好的品牌定位总结出品牌的简单调性，也就是品牌定位下目标消费者对品牌的看法或感觉。

　　例如企业的品牌调性是"年轻无极限，给爱挑战生活向往自由的你一片属于自己的天空"，那么品牌调性的关键词就是"年轻""刺激""自由"等。

　　利用品牌调性，结合品牌自身的受众，总结出品牌的内容个性，说明企业品牌的微博内容在风格上展示出一个青春有活力的形象，而在内容选取上就要适当倾向和大家分享一些积极向上的博文。

　　如果企业有多个品牌需要规划内容，不妨根据品牌属性对品牌账号进行分类，分好类别后再进行关键字定位。

　　内容个性就是我们所要总结的内容定位，在后面的内容筛选中，要结合内容个性进行有效选取。企业的不同品牌所体现的内容个性有所不同，不同个性的品牌之间互动会增加更多看点，但是整体风格还是需要依照企业的形象去设立。

077　内容定位

　　企业想要运行好微博软文营销，一定要将内容的定位做好，才能发出一篇好软文，所以，企业微博软文营销的内容应该从以下几个方面入手，如表 8-2 所示。

表 8-2　微博软文营销内容定位

内容	定　位
以产品为中心	在微博上可以经常分享一些产品背后的故事，只要有故事就能打动人心，很多企业为了博取受众的关注，通常会为某些产品编撰一些故事，用来与用户分享，但故事不能脱离产品的真实性，否则容易引起用户的反感
关联性强	企业微博上的每一条内容都要尽可能和企业行业相关，和用户群体的属性相关。用户之所以会关注企业微博，定是对企业的某个产品、品牌等与企业相关的内容感兴趣，若企业长时间发布一些与企业不相关的消息，定会失去一部分关注度
产品优惠信息	利用产品优惠信息吸引用户是永恒不变的真理，有调查数据表明，44% 左右的用户是冲着折扣优惠才去关注一些品牌的，可见，折扣优惠对微博软文营销的重要性

内容	定 位
内容需多元	有的用户喜欢看视频、有的喜欢看长篇文字，而有的则喜欢图片，所以，企业在做微博软文内容时，要尽可能多地为用户提供多样化的内容格式，能做成图片的做成图片，能拍成视频的拍成视频，能写成比较长的文字也需要写出来，让不同的用户各取所需
段子必不可少	企业不能每天都发布软文，应该用有趣的段子来吸引网民的注意力。 每个人都喜欢有趣的内容，有趣的内容不仅能够吸引更多的用户关注，还能获得更好的转发率，在短时间内能增加企业的粉丝量。 企业在发布微段子时应尽量控制段子的数量，因为企业微博并不是因为段子而存在的
互动因子需存在	善于抓取热点信息，结合热门事件和粉丝互动，然后加以改进变成和微博相关的内容继续和粉丝互动
企业文化可以有	企业微博可以发布一些关于自身的文化介绍、公司员工的工作环境、业余时间的活动趣事等，让用户透过冰冷的微博感受到企业的一丝人情味，感受到它立体的存在感，同时让用户体会到在企业微博背后是一群有血有肉、可爱风趣的人

078 视频、图片结合用

微博软文最好以一种活跃的气氛出现在读者面前，才能引起读者的注意，如今最为火爆的微博展现形式就属"视频＋文字""图片＋文字"了。例如，微博出品的秒拍 APP，如今在微博上被广大博友们使用，每当博友们发布用"秒拍"拍摄的视频时，则会在文字后出现"秒拍视频"的链接，这无疑是给"秒拍"做了无数次推广，只要文字部分够吸引人，定能获得不少的目光，如图 8-7 所示。

▲ 图 8-7 "视频＋文字"示例

而"图片＋文字"式的 150 字博文，需要在文字中说明图片要表达的是什么，要想办法使图片与文字搭配融洽，并且图片上还可以加水印，这样又可以多一个地方推广自己的产品，下面来看一则"图片＋文字"的微博，如图 8-8 所示。

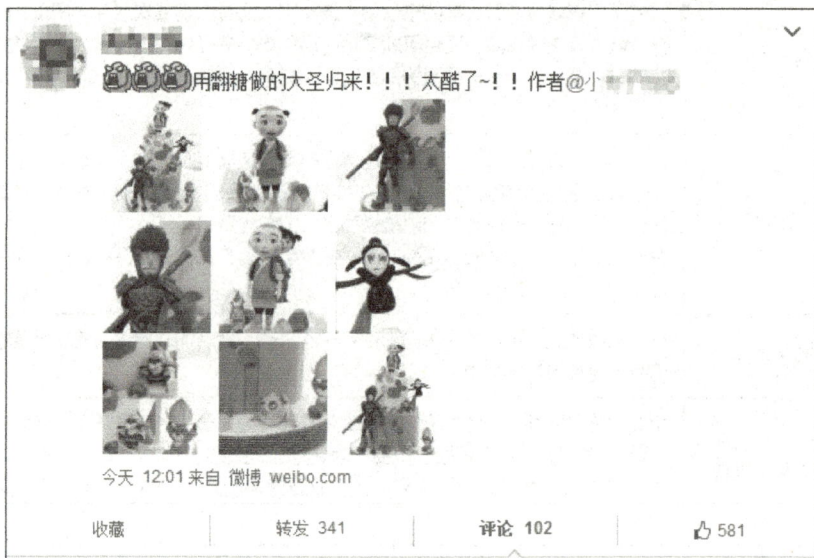

▲ 图 8-8 "图片＋文字"示例

079 抓住话题

人们常常第一时间关注微博中的"热门话题"，因为"热门话题"是一个制造热点信息的地方，也是聚集网民数量最多的地方，只要企业抓住话题这一环节，定能引起广大网民的注意。

企业借助微博这个推广工具的秘诀是要有能引起共鸣的话题，当然这话题未必一定与企业有直接关系。

企业打开微博后，看一看热门话题，然后统统记下，并思考如何用自己运营的品牌微博与当天的热门话题发生关系。

如果可以很好地利用这些话题，在里面发表你的看法、感想，则可以很快提高你的收听率。同时你也可以用内容连载的形式来发表话题，像播放电视剧一样，这样势必会引起一部分人的关注。

微博软文话题营销由 4 个过程组成，实现借势营销，如图 8-9 所示。

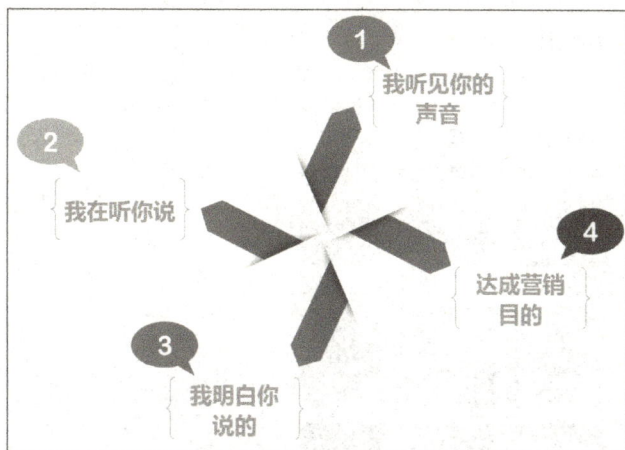

▲ 图 8-9　微博软文话题营销的 4 个过程

　　企业在更新自己的微博前，先要去搜索一下别人感兴趣的热门话题是什么，然后将它策划为自己的营销内容，这样可以增加被用户搜索到的概率，从而达到营销的目的。企业一般在发广播的时候，在热门关键词前后加井号如：# 最新整容模板 #。

　　例如，咕咚网利用"# 北京张家口申冬奥 #"的热门话题，一边为申冬奥加油，一边宣传自家的产品"咕咚手环"，如图 8-10 所示。

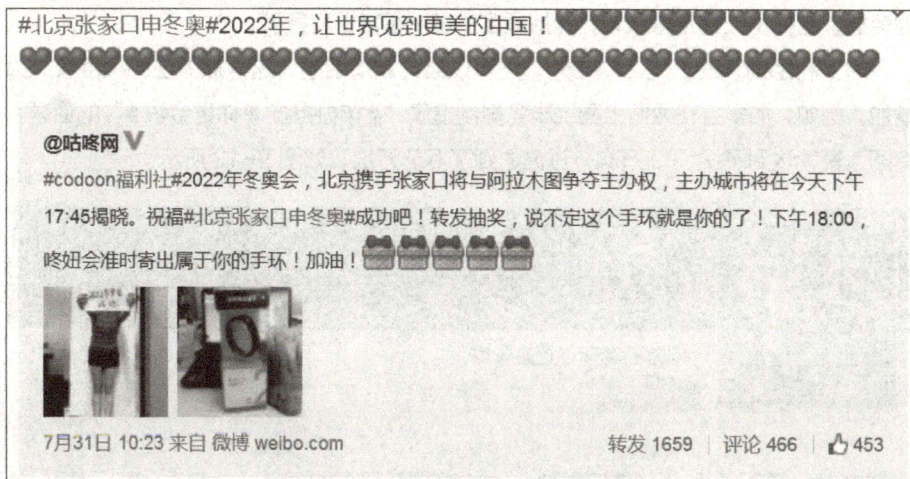

▲ 图 8-10　"咕咚"微博软文营销话题示例

　　又如河北省旅游局，一边为冬奥加油，一边在宣传河北的旅游景点，如图 8-11 所示。

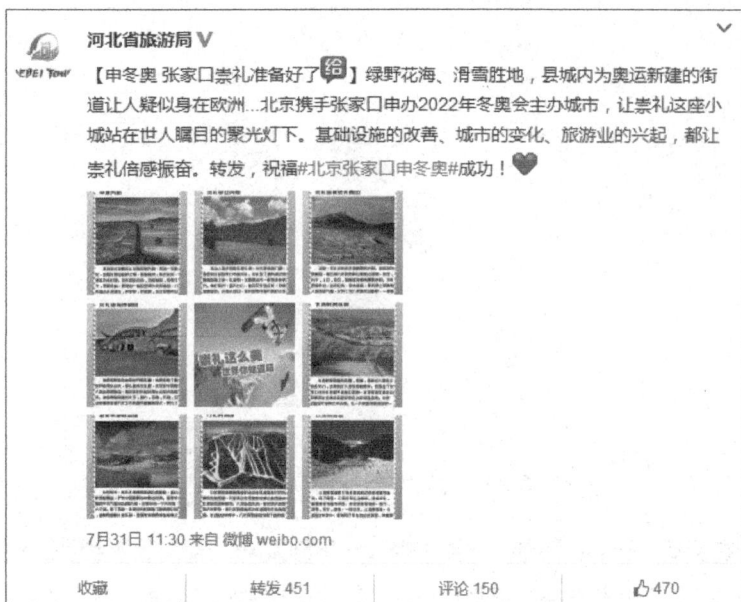

▲ 图 8-11 "河北旅游"微博软文营销话题示例

　　企业适当地转播他人的热门话题，也会给自己带来一定的人流量，而博主会认为企业很关注他，那么他就会收听企业，也会经常看看企业更新的微博。但是不要过分地转播，这样别人会觉得厌恶，保持适度的微博留言量就行了。

　　除了利用别人的热门话题之外，还可以自己制造话题，这样被关注的程度会大大增加。例如，加多宝在微博上围绕申冬奥制造了 "# 申办冬奥有你更金彩 #" 的话题，其阅读量就达到了 713.9 万次，讨论达到了 5.7 万次，如图 8-12 所示。

▲ 图 8-12 "# 申办冬奥有你更金彩 #"话题被阅读量

　　下面来看一则围绕 "# 申办冬奥有你更金彩 #" 话题的微博软文，如图 8-13 所示。

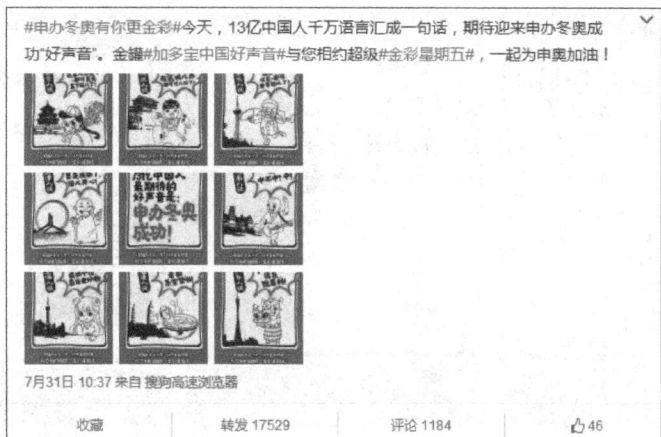

#申办冬奥有你更金彩#今天，13亿中国人千万语言汇成一句话，期待迎来申办冬奥成功"好声音"。金罐#加多宝中国好声音#与您相约超级#金彩星期五#，一起为申奥加油！

7月31日 10:37 来自 搜狗高速浏览器

| 收藏 | 转发 17529 | 评论 1184 | 👍 46 |

▲ 图 8-13 围绕"# 申办冬奥有你更金彩 #"话题的微博软文

【分析】：

此微博软文以图片为主，在 140 字软文中"期待迎来申办冬奥成功'好声音'"表明了以下 2 层意思。

- 期盼申冬奥成功。
- 突出了综艺节目"好声音"。

软文以 9 组图的形式发布，每幅图上各有一个不同的城市对申办冬奥的期待，每幅图都有一个漫画人物代表那个城市的市民说话，并且说话的方式是以方言为主，可以形象地区别城市之间的差别，还在每张图片最下方插入了"加多宝""好声音"的软文，如图 8-14 所示。

▲ 图 8-14　图片上的软文

　　总而言之，"话题"是微博话题营销的核心和灵魂。企业只有准确地选择话题，并结合品牌和产品的实际情况进行把握、提炼和升华，才能取得话题营销的成功。

080　学会制造活动

　　微博上的软文虽然有一定效果，却不敌活动来得诱人，所以，企业在发布微博软文话题时，还可以发布一些活动，来调动网友们的参与性，拉近企业和网民们的距离。

　　下面就来看一则微博活动，如图 8-15 所示。

▲ 图 8-15　微博活动

【分析】：

此微博活动的主题非常明确"转发微博带上#一路向前#、#一路向前8.6上映#话题＋影评"，其活动时间从 2015 年 8 月 3 日到 2015 年 8 月 16 日截止，奖品丰盛。

由上可知，一个微博活动由活动主题、活动时间、活动规则、活动奖品组成。

可是企业该如何做好微博营销活动呢？有 6 项准备工作是必须要做的，如表 8-3 所示。

表 8-3　微博活动前期准备

准　备	做　　法
关键词分析	找到最能代表需求的潜在关键词，从而找到最典型的目标受众
账号群分类	包括品牌官方微博账号、品牌企业带 V 账号、精英账号和普通账号
策划活动规则	一个好的活动规则，要具有方便性、易参与性、简单明了性等特征
活动起止时间	确立推广活动起止时间和最期望的"高潮时间点"，便于各方资源配置
外链页面优化	保证点击页面到位，针对手机客户端和 Web 分别做优化，防止链接页面失效和遭到封杀
实时数据监测	建立监测基点，实时数据反馈，便于进行执行调整和数据报告

在微博平台，企业可以做免费的推广与促销活动。利用微博进行促销几乎是零成本，因为有了微博，企业不再需要请人发传单，只需要敲击键盘，便能完成促销软文的发布。

例如，加多宝微博账号发布了扫描二维码，就能 1 元抢购价值 60 元的金彩星期五好声音的套餐，这就是典型的促销软文活动，如图 8-16 所示。

一块钱或许买不到一根雪糕、一瓶饮料、一顿早饭…但是#万能的金罐#与百度外卖却可以告诉你一元钱的全新用法：今晚20:00，扫描金罐加多宝二维码，参与淘金行动#金彩星期五#，单价超60元金彩星期五好声音套餐 1元就能抢，让你一边吃好声音套餐，一边看#加多宝中国好声音#！

7月31日 11:15 来自 搜狗高速浏览器

| 收藏 | 转发 7314 | 评论 2246 | 👍17 |

▲ 图 8-16　促销软文活动

【分析】：

活动主题为扫描二维码，时间为 7 月 31 日 20：00，规则为扫描二维码，用 1 元就可抢购价值 60 元的金彩星期五好声音套餐。

软文用 9 张图文并茂的图片以漫画的形式，分别从 1 元钱买不到"雪糕""饮料""地铁""彩票""茶叶蛋""早餐""大蒜""笔记本""排面"角度出发，给消费者营造出"赚到了"的氛围，推动人们参与活动，来形象地突显出活动对消费者的好处。

不可否认，此活动不仅推广了产品，还为"好声音"增加了收视率，如图 8-17 所示。

▲ 图 8-17　促销软文活动

促销信息的文字要有一定的诱惑性，且要配合精美的宣传图片。此外，企业与商家如果能够请到拥有大量粉丝的人气博主帮自己转发微博消息，就能够使活动的效果得到最大化。

当企业做好微博软文营销的准备工作后，接下来即可开始实施微博软文营销活动，具体操作如图 8-18 所示。

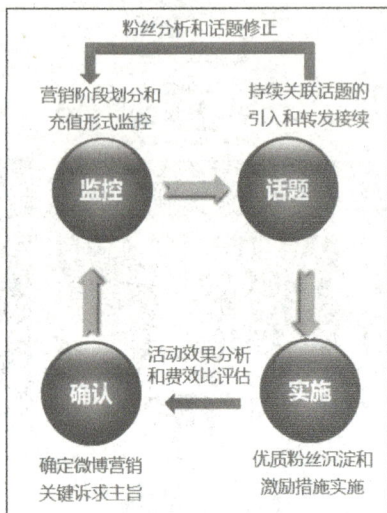

▲ 图 8-18 实施微博软文营销活动的过程

081 互动是必要的

企业进行微博软文营销时，最主要的一点就是要主动与别人进行互动。当别人点评了企业的微博后，就算是出于礼貌也要进行友好的回复；还可以创办一些热闹的活动，让别人去参与，这样才会有客户和潜在客户愿与你交流，从而分享你的内容。

抽奖活动或者是促销互动都能引起微博用户的关注，使企业达到不错的营销效果。如果是促销活动，就一定要有足够大的折扣和优惠，这样才能够引发粉丝的病毒式传播。

企业获得用户信任最重要的方法就是不断保持与粉丝之间的互动，让粉丝感到企业的真诚与热情。企业要经常转发、评论粉丝的信息，在粉丝遇到问题时，还要及时帮助其解决问题。

凡事都站在粉丝的角度来考虑，才能与粉丝结成比较紧密的关系，如此一来，在企业发布营销信息时，粉丝也会积极帮企业转发，如图 8-19 所示。

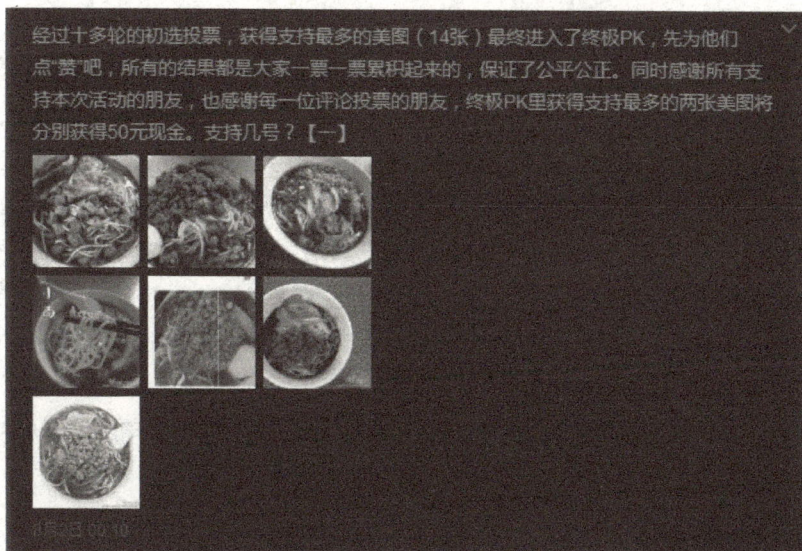

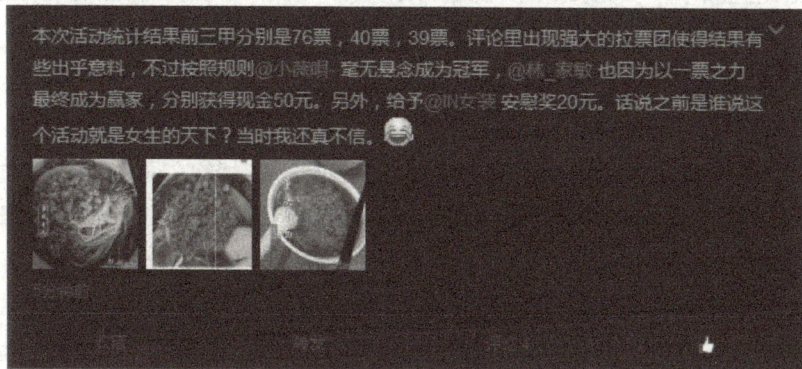

▲ 图 8-19　微博促销活动

【分析】：

此微博软文活动从开始到结束都以互动为核心，其活动规则以微博用户点赞、评论为主，以互动的形式增加微博号与微博网友的距离。

082　微博软文注意事项

对企业来说，不仅要懂得掌握微博软文的推广技巧，还要学会规避微博营销的误区，避免造成不必要的损失。企业不要妄想刚进驻微博平台就能取得明显的营销效果。

企业应该认清自己的位置，找准合适的目标，巧妙地规避误区，才能在微博平台上开辟出一片营销天地，下面来讲解微博软文的注意事项。

1. 微博软文的撰写不能马虎

微博的帖子的确很简短，只有 140 字，看起来十分短小精悍，但是绝不能马虎，其实微博软文的撰写涉及创意性，不管是 140 字的微博软文还是图文并茂的软文抑或是微博活动，都需要创意的存在，而创意是需要企业花足够的时间去巧妙构思的。

届时，企业应该尽量让微博软文给用户带来既有趣好玩又有利可图的感觉。最好，企业还要促使用户产生互动评论及转发，那样更能增加与用户的黏度和互动性。

企业的微博软文营销创意产生后，就要开始注意信息的表达方式。企业需要注意帖子中的信息量及信息表达的清晰度，企业可以借助图像、音视频来配合帖子中的文字描述，而文字可以走幽默风趣的风格。

企业在撰写软文的过程中，可以利用比喻、排比、夸张等修辞用法，标点符号和各类表情的利用，企业也要认真地考虑、精心地构思。

2. 不要被转发给蒙蔽

很多企业认为，某条微博的评论数或转发数非常大，这条软文的营销效果就一定会好。虽然评论数和转发数是两个非常重要的衡量软文营销效果的指标，但是，有时评论数和转发数并不像表面那么真实、有价值。

有时无价值的转发由以下 2 种情况产生。

（1）由抽奖专业户或是水军账号所为，有些企业将微博软文营销外包交给营销中介公司来做，而这些从事外包营销的公司，可能会为了达到表面繁荣而采用大量的水军账号（自己的人评论自己），这些水军账号的特点是粉丝数量相当少。

水军账号的存在只为企业贡献了大量的"表面粉丝"，这些"粉丝"对微博营销的贡献相当小。若企业想要获得真正的粉丝，还必须整治水军账号，谋取真正的粉丝转发量。

（2）注意质量，而所谓的质量，就是企业在运行软文营销的过程中，要考虑"评论中有价值的评论有多少？""转发里是否存在高质量账号""高质量账号有多少"，如果这些数据都很低，那么整个软文营销的效果则不能算好。

💡 专家提醒

高质量账号是指带 V 的用户、相对专业的用户或粉丝数量较多的用户。

3. 不要局限软文营销

有些企业营销方式很多，在运行微博软文营销的过程中容易造成人手不够忙不过来的情况，此时他们就会请一些兼职人员，规定他们只要平均每天发一条微博软文，就算微博软文营销任务基本完成。

这样做其实是不正确的，这种方式也许是为了减少兼职营销人员的工作压力，但却可能使得微博软文营销的效果微乎其微。

微博软文营销的关键就在于微博软文发布后。

（1）营销人员要不断地通过评论、回复与博友进行互动。

（2）在帖子迅速被淹没而几乎没有任何响应的时候，营销人员还要想办法挑起问题以引起用户的注意及兴趣。

由此可见，软文营销并不局限于发布软文上，它是由很多小环节一环扣一环组成的，并不是每天发布软文就算完成了微博营销任务，因为这样可能起不到任何营销作用。

企业为了使得软文营销得以成功，就必须与微博用户产生沟通和交流，企业必须花费足够的时间在与用户的互动方面。特别是营销软文引起了较多的关注，产生了较多的转发、评论或回复时，更要花时间来与用户互动，这样做既能维持与微博用户之间的感情，又能被更多的新用户看到。

所以，企业做微博软文营销时，一定要不吝啬时间，用心去做微博软文营销，才能得以成功。

从实际经验看，营销团队成员的微博应该是全天候处于登录状态，用户的每一次转发与回复都应该看看，并挑选典型的问题进行回答。

> **专家提醒**
>
> 企业需要有专业人员来进行官方微博的维护以及利用微博小号进行品牌舆论的宣传。对于微博软文营销来说，定期更新合理的内容，制造引人热议的话题，举办活动，才会形成品牌价值，收获更高的营销价值。

4. 微博不是唯一

对于软文营销来说，微博软文营销绝对不是企业唯一的选择，所以千万不要只进行单一的营销，这样只会将企业局限在一个地方，可能会缺失很多资源。

一般来说，企业应该尽可能研究潜在客户可能到达的地方，即信息接触点，在这些信息接触点投放信息并尽量与用户进行互动，使得用户可能光顾的各个地方都有企业的营销与沟通行为。

微博是一个很好的营销平台，但绝不是唯一的平台，不能在一棵树上吊死。如果企业有实力，可以打通多种营销渠道，采取多面夹击的方式，获取品牌用户。

5. 微博并不能全接收

微博是一个多元化的平台，但不代表所有的产品都能在微博上进行营销；微博作为一种软文营销的工具，也有其短处。

营销信息的碎片化，在这一点上，微博的信息就不如博客丰富、完整、清晰、可靠。

营销帖子中评论的关联性，很多时候，微博评论中的前后关系不够清晰，这一点就比不上 BBS。

企业想要进行微博软文营销，正确的做法一定是先研究自身发展及相关产品的特点，了解产品定位及主要潜在客户的特点。

083 微博软文发布时间

企业在运行微博软文营销时，应注意发布的时间点，一般在工作日下班后的时间段（18：00～23：00）软文营销价值比较大，这个时候的转载率是最高的，如表8-4所示。

表 8-4 微博平台的发布时间

发布时间	时间解释
9：00～11：00	是企业需要关注的时间点，这个时候人们在上班时会忙里偷闲刷一刷微博
18：00～23：00	用户互动的热情高涨，但企业微博发布的内容量急剧减少；所以，18：00～23：00才是企业可开发的时间段

084 微博群

微博群为微博粉丝提供了一个围绕某个话题交流和讨论的场所，群内的成员也往往都是对这一话题关注的人，如果企业能常发一些用户关注的内容，经常和群内的用户进行交流讨论，帮助用户解决问题，甚至成为群内的名人，那么群内的用户也会慢慢转变成自己的粉丝，抑或自己建一个群，与粉丝进行互动交流，拉近彼此之间的距离。

那么企业该如何利用微博群与粉丝互动呢？

（1）积极耐心地与粉丝互动，在发现企业的微博评论中或他人发布的微博中有一些有必要回复的问题后，要根据不同问题的性质，进行不同方式的回答。

（2）发布一些搞笑、有震撼力、有争议的图片、视频、短的软文段子等，通过其他用户的转播评论，再与其他人进行互动。这种方法需要的人力和时间比较多，如果能广泛传播，其效果也是很好的。

（3）企业或机构在每天发完几条微博后，需要不断地监测粉丝们的回复以及粉丝们主动发布针对你的企业或机构的帖子，这种行为实际上是在提高互动率。

（4）通过一些测试题、有趣的小游戏来聚集粉丝进行互动，这种方法相对来说比较稳妥，抓住了一类人喜欢进行星座情感测试问题小游戏的心理，来进行传播宣传，达到互动软文营销的目的。

（5）重视原创微博的水平，坚持让微博原创软文在素材选择上恰当，在表达方式上轻松，在商业元素上更软化的微博帖子，很容易引起粉丝的关注并进行转发。

085 精准客户

企业在微博运行软文营销时，需要寻找自己产品和服务的目标客户和潜在客户群，这样才能体现出软文营销针对性强的特点。那么企业给如何在微博中精准寻找客户呢？下面就来了解微博精准寻找客户的 3 种方法，如图 8-20 所示。

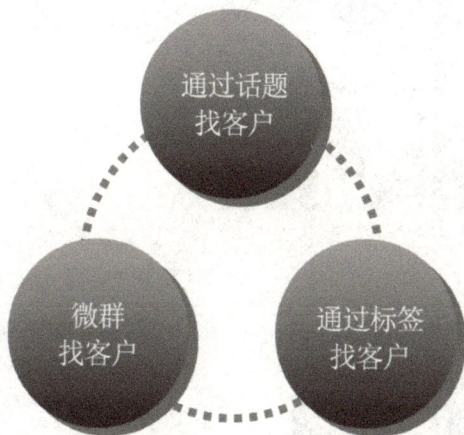

▲ 图 8-20 精准寻找客户的 3 种方法

1. 通过话题找客户

企业参与某个话题进行讨论，可以通过微博搜索直接找到参与某个话题讨论的人群，如果发现某些用户经常参与"# 带着微博去旅行 #""# 一起去看海 #""# 欢乐亲子时光 #"这样的话题讨论，而企业恰好又是经营旅游的，那么企业就可以通过这样的方法去寻找客户，积极参与此类话题，并且会得到很多评论、赞和转发，如图 8-21 所示。

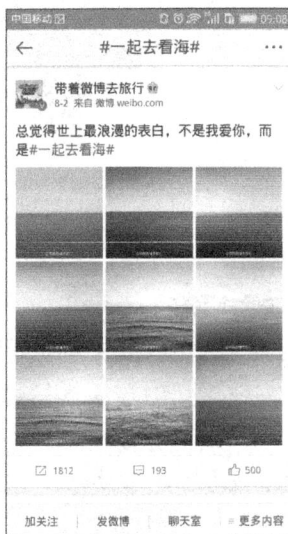

▲ 图 8-21 关注微博相关话题

2. 通过微群找客户

微群是一个人们因为某个共同的爱好或者共同话题而聚到一起的场所，并进行交流和互动的地方。如果微群的主要话题和企业的产品有比较紧密的结合点，那么微群里的用户也就是企业的目标用户。

3. 通过标签找客户

微博用户往往会根据自己的爱好或者特点为自己的微博贴上不同的标签，这些标签都是用户自身设定的，最能体现出个人的特点及喜好。

企业可以通过分析微博用户的标签，根据他们的年龄、职业、身份、爱好等进行归类，如果企业的目标客户正好和某一人群重合，则这类微博用户就是企业的目标客户或是潜在客户，企业就可以去吸引这些人群，如图 8-22 所示。

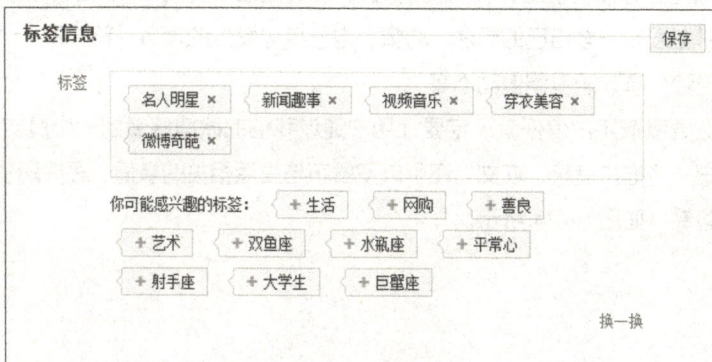

▲ 图 8-22 微博标签

086　目标客户→粉丝

企业找到目标客户或潜在客户后，就应该想尽一切办法将他们变成自己的粉丝，下面将讲解目标客户转变为粉丝的方法，如图 8-23 所示。

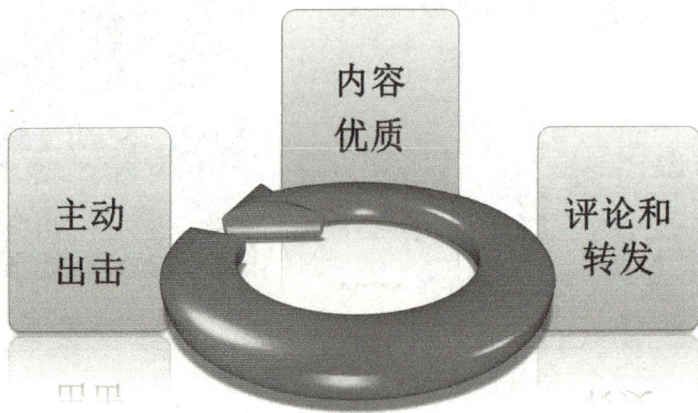

▲　图 8-23　目标客户转变为粉丝的方法

1. 主动出击

企业不能一直等着别人来关注自己，应该学会主动出击，企业主动关注目标客户的行为，在很大程度上会促使一般微博用户在得到新粉丝之后回访一下关注人的微博。

如果企业的微博内容能够引起用户的兴趣，那么一般用户也会互粉了；如果企业的个人资料比较丰富，头像比较吸引人，互粉的可能性就会更大了。

2. 内容优质

一个微博要想拥有粉丝，最重要的就是要有优质的内容。对于朋友微博来说，他们会在微博上发布一些自己的想法、心情，自己身边发生的趣事、新鲜事、个人看法、有价值的经验分享、明星偶像动态等。

若企业要赢取用户信任就一定要让用户通过我们的微博感受到一个真实的自我，不要只发布一些推广信息、软文，还可以多发布与生活相关的事情、恶搞段子、图片、实事、经验等，如图 8-24 所示。

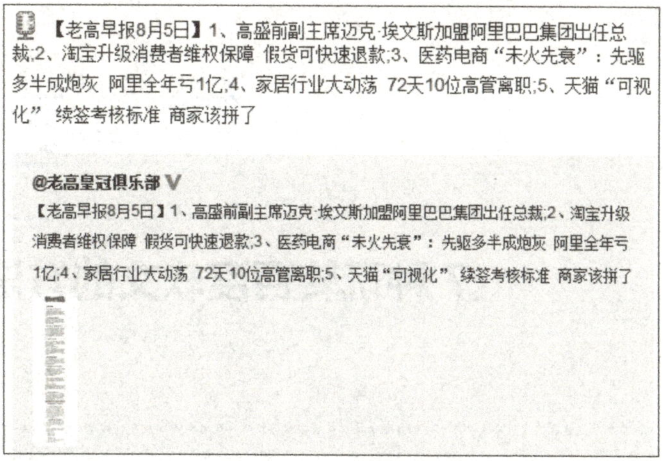

▲ 图 8-24 微博内容发布

3. 评论和转发

企业可以在微博用户的博文下写一些有价值、有深度的评论，这样能引起微博用户的注意，并且还会转发，容易让用户觉得自己得到了尊重，自己发表的东西有人懂得欣赏，自己又找到了一个志同道合的朋友。

于是用户和企业直接就建立起了互粉的桥梁，届时用户成为企业的粉丝也就不是什么难事了；这种方法需要坚持做，用心去评论别人的信息，才能取得好的效果。

第 9 章

7 种玩转百度软文的方法

学前提示

百度旗下的功能有很多，是个神奇的互联网产物，本章讲解百度与软文营销的那点事儿！

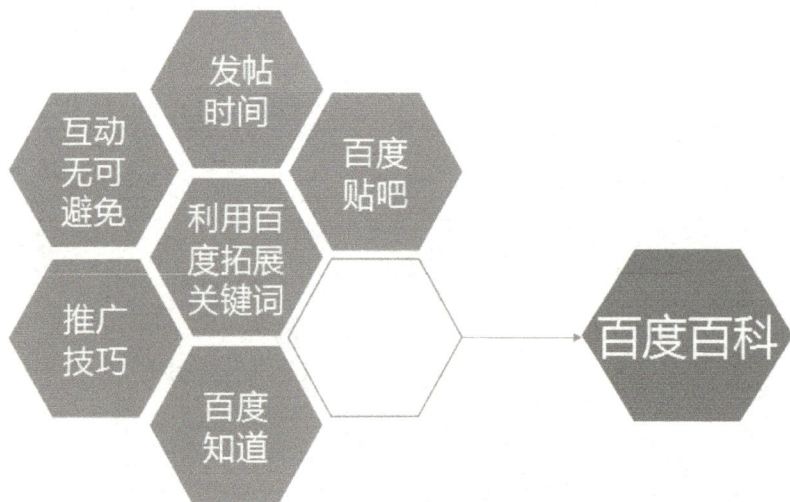

发帖时间

互动无可避免

利用百度拓展关键词

百度贴吧

推广技巧

百度知道

百度百科

087　百度百科

百度百科是向所有人开放的一个免费获取知识途径的大平台，其具有诸大的知识库，里面的文档成千上万，都是网友们的知识结晶，它是一个内容开放、自由的网络百科全书平台，它可以满足大部分网民迅速获取知识的需求，为网民提供权威、可信的知识。

那么企业该如何利用百度百科运作软文营销呢？其实很简单，企业可以通过百度百科介绍企业品牌、产品等信息，让广告打得理所当然。下面就以本书作为例子，来讲解百度百科的操作步骤。

步骤 ❶ 在百度搜索栏中输入"百度百科"，在检索页面上找到百度百科官网并且点击进入，如图 9-1 所示。

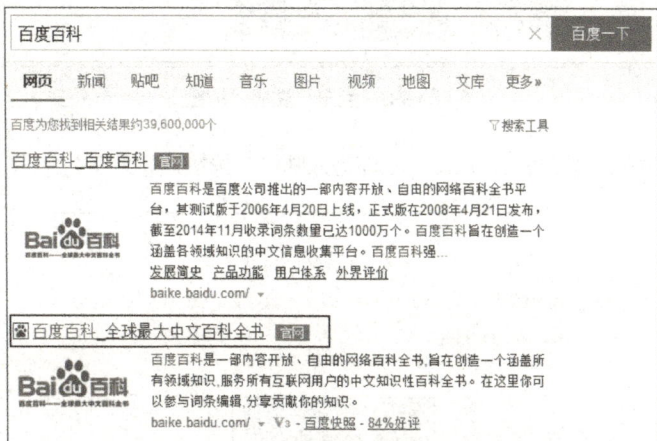

▲ 图 9-1　找到百度百科官网并点击

步骤 ❷ 进入百度百科官网界面，点击页面右上角的"注册"，如图 9-2 所示。

▲ 图 9-2　点击页面右上角的"注册"

步骤 ③ 进入注册百度账号界面，用手机或者邮箱注册，填写要输入的信息后，点击"注册"按钮，如图 9-3 所示。

▲ 图 9-3　点击"注册"按钮

步骤 ④ 在弹出的页面上，点击"立即进入邮箱"按钮，如图 9-4 所示。

▲ 图 9-4　点击"立即进入邮箱"按钮

步骤 ⑤ 进入自己的邮箱界面，找到百度发来的邮件，点击邮件上面的链接，如图 9-5 所示。

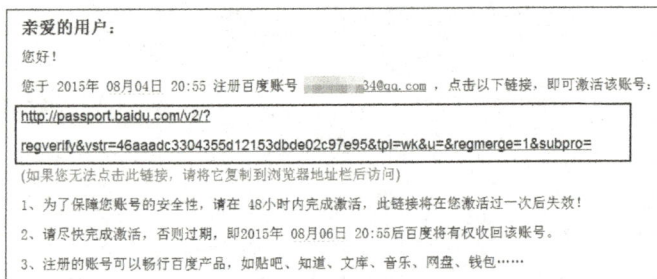

▲ 图 9-5　点击邮件上面的链接

步骤 ⑥ 自动登录到百度百科后，进入后台将账号信息填写清楚之后，在百科搜索栏上输入"软文营销 108 招"，点击"进入词条"按钮，如图 9-6 所示。

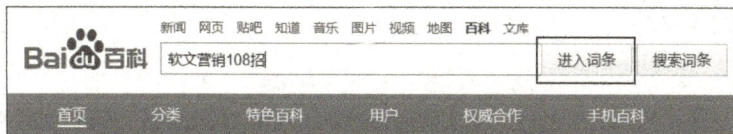

▲ 图 9-6　点击"进入词条"按钮

步骤 ⑦ 点击"进入词条"按钮后，点击"我来创建"按钮，如图 9-7 所示。

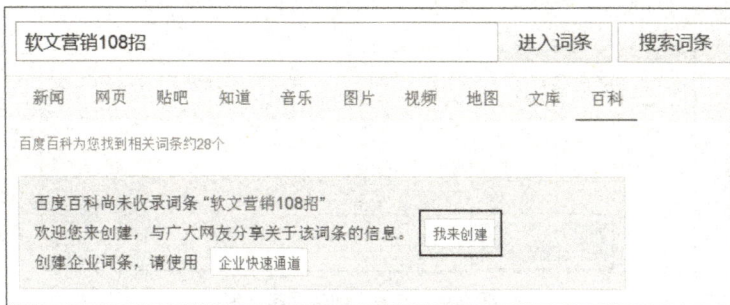

▲ 图 9-7　点击"我来创建"按钮

专家提醒

　　点击"进入词条"按钮后，会出现两种情况，一种是百度文库没有收录到此词条，需要自行创建，则点击"我来创建"；另一种是百度文库已经收录了该词条，届时可以点击"编辑"，在原有词条的基础上改善词条。

步骤 ⑧ 进入创建词条引导页面，根据需要选择点击，这里选择点击"百科资深用户，无需引导直接编写"按钮，如图 9-8 所示。

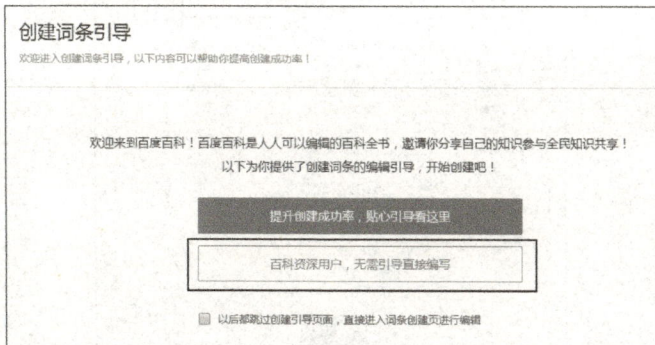

▲ 图 9-8　点击"百科资深用户，无需引导直接编写"按钮

专家提醒

新手可以自己点击“提升创建成果率，贴心引导看这里”，进行系统学习如何使用百度百科。

步骤 9 输入已想好的词条名“软文营销108招”，点击“创建词条”按钮，如图9-9所示。

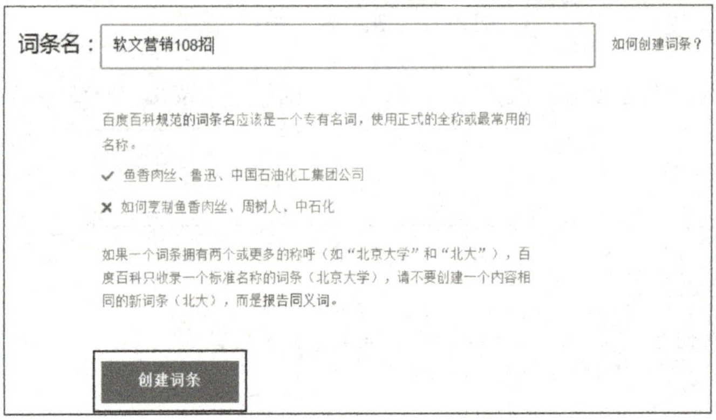

▲ 图9-9 点击“创建词条”按钮

专家提醒

词条名就相当于软文标题，所以撰写软文标题的招数可以在这里用上，不过标题一定要与撰写的整个百科内容所表达的主题达到一致。

步骤 10 进入编辑词条模板界面，在搜索模板条上输入“书籍”，点击“搜索”，选择“确定”按钮，如图9-10所示。

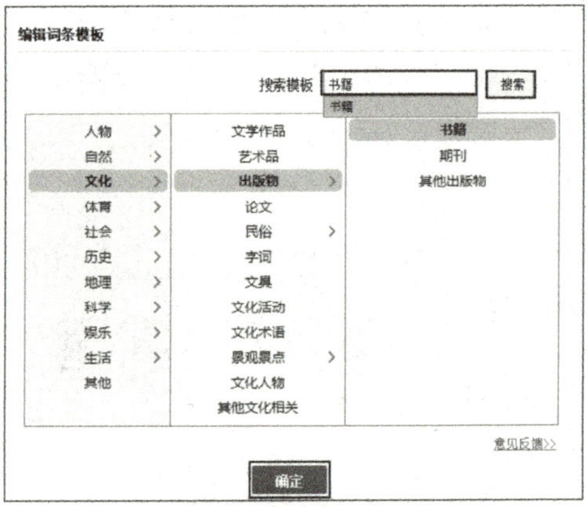

▲ 图9-10 选择“确定”按钮

　　根据自己要创建的词条选择一个类别，获得一个基础模板，这样方便加快词条的创建。

步骤 ⑪ 在概述模块上填入概述词条的主要内容和关键信息，还可以放置相关图片，如图 9-11 所示。

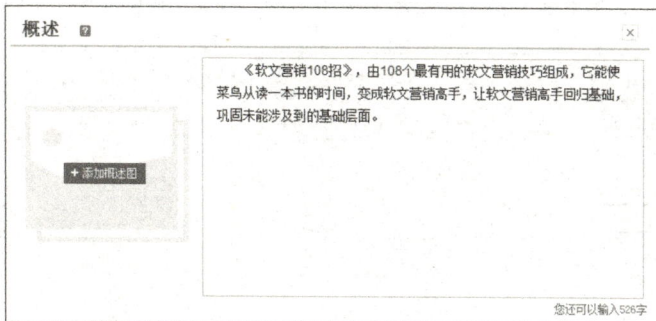

▲ 图 9-11　填写概述模块

　　概述部分是放置整体百科信息精华部分的位置，读者就是从概述部分判断百科是否是他们想要的答案、内容，所以概述部分就放置软文的浓缩版，尽量写得有吸引力一点，一般概述部分能写 600 个字。若要上传图片，点击"添加概述图"即可，图片大小要在 3KB～10MB 之间，并支持 JPG 和 PNG 格式文件。

步骤 ⑫ 填写基本信息栏，如书名为"软文营销 108 招"、页数 240 页；企业可以点击"添加自定义项"自行添加创建新的子栏目，如软文内容为 108 招。没有填写的子栏目将不会出现在完善好的词条上，如图 9-12 所示。

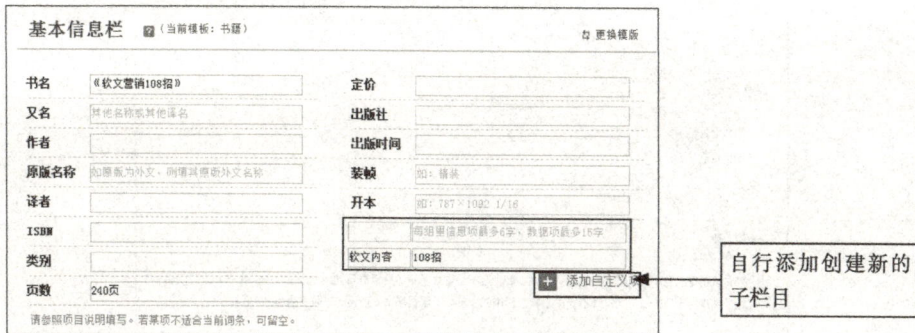

自行添加创建新的子栏目

▲ 图 9-12　填写基本信息模块

专家提醒

基本信息栏主要填写最基本的信息，如企业想要在百科里撰写一个品牌故事软文，则需要在基本信息栏上填写企业名称、品牌名称、开创时间、主要产品等信息，能让读者有一个初步的了解。

步骤 ⑬ 在正文模块处创建目录，点击"目录"，左边则会出现一个选择框，点击"应用"之后就会出现一级目录，然后在目录下面填写相应的正文，如图9-13所示。

▲ 图 9-13　在正文处添加目录

专家提醒

正文部分就是概述的延伸，将概述部分提到的重点内容详细讲述，概述部分没有提到的内容也可以在正文部分得以体现，总之，正文部分写得越饱满，就越能留住读者的目光。

步骤 ⑭ 百科的正文部分是以目录的形式呈现在读者面前的，这样便于读者快速浏览，企业可以自己做一个目录，目录的一级标题是可以添加的，如图9-14所示。

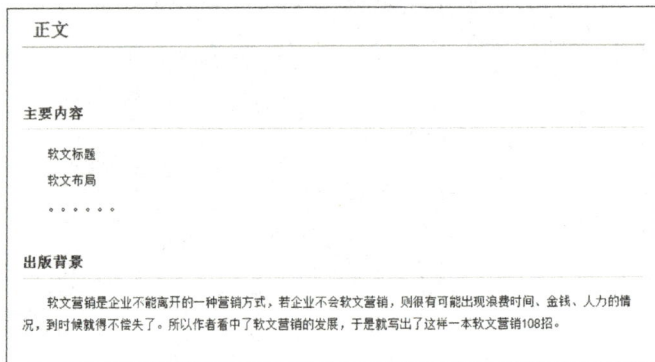

▲ 图 9-14　编辑正文部分

步骤⑮ 进入参考资料界面，点击"添加新参考资料"，如图 9-15 所示。

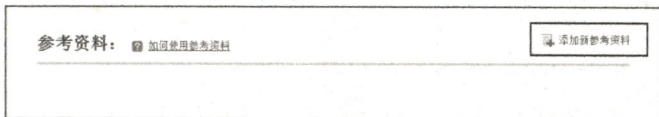

▲ 图 9-15 点击"添加新参考资料"

专家提醒

　　百度百科只收录可以找到来源的事实资料，而参考资料的意义在于指出该部分内容的来源、出处，从而保障这段内容的客观真实性。

步骤⑯ 进入参考资料设置界面，按要求添加参考资料，填写完毕之后，点击"确定"按钮，如图 9-16 所示。

▲ 图 9-16 点击"确定"按钮

专家提醒

　　参考资料有以下 3 种方式添加。
- 网络资源。
- 著作。
- 其他资源。

　　企业可以根据自己的资料进行选择添加的类型，切记添加的资料必须具有权威性并且是真实存在的；若是虚假的，是不会被通过的。

步骤 ⑰ 添加的资料链接出现在了正文的底部，点击右边的"插入到正文"，如图 9-17 所示。

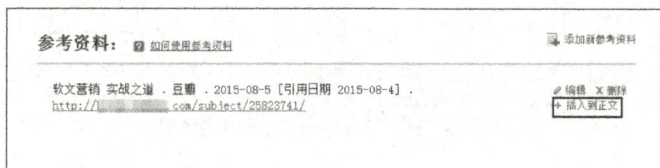

▲ 图 9-17 点击右边的"插入到正文"

步骤 ⑱ 将资料插入到合适的地方，点击鼠标左键，会出现一个"引"字，表示插入成功，点击鼠标右键可取消插入，如图 9-18 所示。

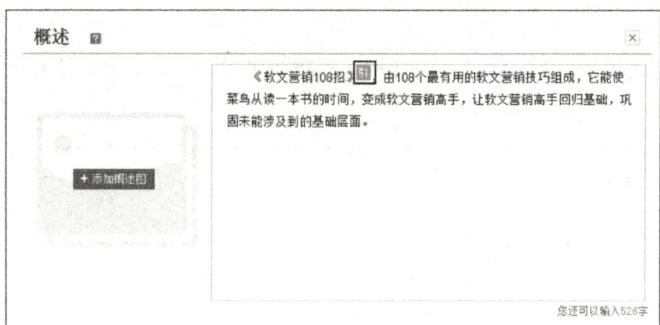

▲ 图 9-18 把参考资料引入文中

步骤 ⑲ 在词条中设置内链，鼠标左键按住，覆盖要链接的词，形成蓝色覆盖区，再点击"内链"，就设置完成了，如图 9-19 所示。

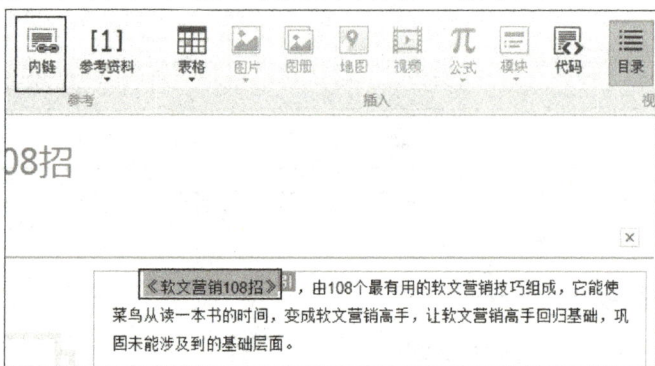

▲ 图 9-19 设置内链

> **专家提醒**
>
> 内链可以链接百度百科里面的文章，如网友在其他文章上点击了内链的关键词，那么很可能链接到自己的词条中。

步骤 ⑳ 设置好所有东西之后，点击"提交"按钮，图 9-20 所示。

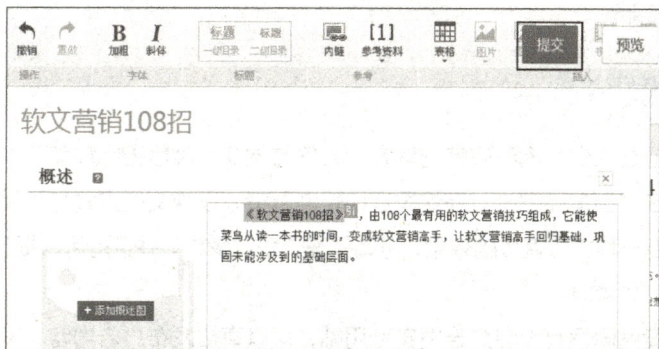

▲ 图 9-20　点击"提交"按钮

步骤 ㉑ 等待审核通过，百度百科软文就发布成功了，图 9-21 所示。

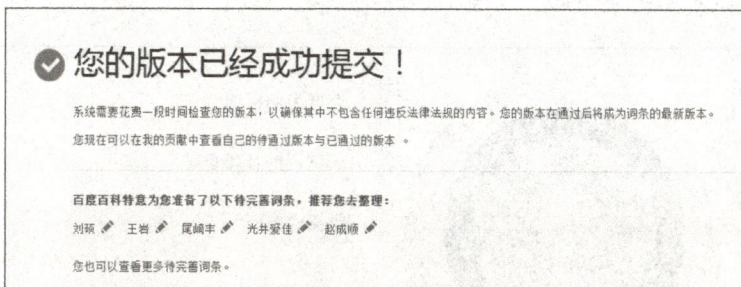

▲ 图 9-21　等待审核

经过一系列的过程，可知道在百度百科上运行软文营销可以分为以下几个步骤，如图 9-22 所示。

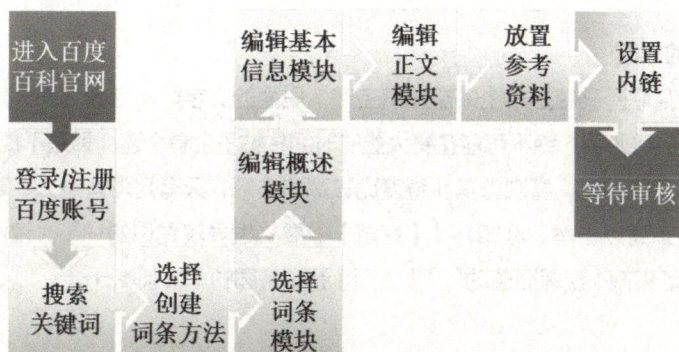

▲ 图 9-22　百度百科运行软文营销的步骤

在百度百科上放置企业信息，既可以树立企业的公共形象，也可以增大传播机会，并且只要企业内容没有更新，就无需打理百度百科内发布的文章，只要等着软文自己被消费者搜索即可。

088 百度贴吧

百度贴吧是人们空闲时聚集的地方，人气与微博、微信相比都差不多，很多企业都将目光放在了百度贴吧上，在这里运作软文营销，以软文的方式与网民互动、交友的过程中达到一种广告宣传的效果，可谓是在快乐中赚钱，并且还可以提升品牌口碑、美誉度和用户数量。

虽然百度贴吧里有设有广告发布专用帖，可以直接发布广告内容，不过这种帖子的存活时间不长，一般只有两周的时间，对企业的效果并不大，所以，企业还是要将目光放到软文上，付出才能有好的回报。

下面就来学习怎样的软文营销才能在百度贴吧上存活下去，如图 9-23 所示。

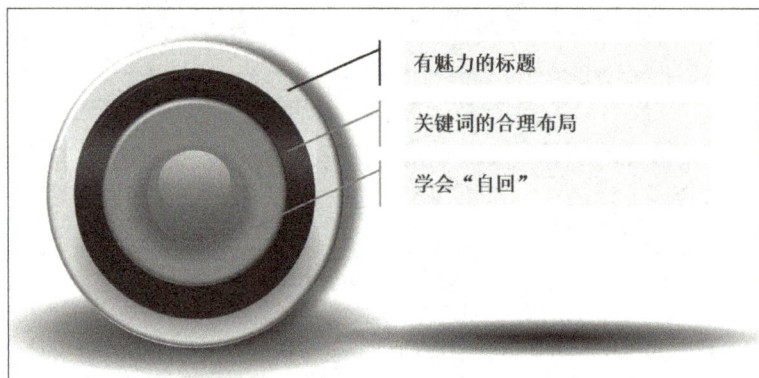

▲ 图 9-23 软文营销在百度贴吧上的运行方法

有魅力的标题
关键词的合理布局
学会"自回"

1. 有魅力的标题

如今的互联网已经是一个海量知识宝库，里面的文字数不胜数，而大部分的人逛贴吧是为了放松心情，绝不可能花费大量的时间将帖子全看个遍，那是不现实的。

人们在互联网中，喜欢狩猎新奇度比较高的文章，只有足够有魅力、吸引眼球的标题才能换来高点击率。例如，"【穷游】敢要，世界就是你的！""留学生为妈妈写《英国生活指南》温馨而感动""【生活】看看各国的早餐都吃什么？"，如图 9-24 所示。

通过上面的几个示例，可以看出百度贴吧比较具有魅力的标题，几乎都是贴近人、生活来撰写的，并且比较接地气，标题措辞也具有艺术性。所以企业在撰写百度贴吧软文标题时，应该以网民的思维来选定标题，并且需要注意以下 4 点，如图 9-25 所示。

【穷游】敢要，世界就是你的！ 2330

2015.4.20，10:40哈尔滨太平国际机场 时间过得好快，一晃就到了出发的时刻。我想，我是因为真的爱旅行，爱摄影，爱美景，才会不顾一切的踏…

留学生为妈妈写《英国生活指南》温馨而感动

2015-12-08 06:00:03　来源：

分享到：

当自己在人生地不熟的英国手足无措时，远在中国的妈妈却依然为我挡风遮雨，文文感到有些愧疚，但更坚定了要好好孝敬妈妈的决心。

小时候，妈妈会教我们说话、识字，后来孩子们长大了，飞往了世界各地求学。这时，远在中国的妈妈来国外看看孩子过得好不好，自己还能帮上什么忙，成了一个母亲最大的心愿。

【生活】看看各国的早餐都吃什么？ 1470

舌尖上的早餐，来看看世界各国人早上都吃什么~如果你觉得不错的话，顶一下吧~

▲ 图 9-24　有魅力的标题示例

抓住浏览者的心理

标题中尽可能不使用英文

标题要紧扣文章内容

不做标题党，切忌文不对题

▲ 图 9-25　贴吧标题撰写注意事项

2. 关键词的合理布局

有很多企业在进行软文营销操作时，总是被来之不易的创作灵感蒙蔽了所有思维，导致一心围绕着灵感进行软文撰写，忘记了重要的一件事，那就是在软文中安置关键词。

若企业忽略了关键词的密度分布，软文写得再好，也没有几个关键词能被搜索引擎快速收录，就算收录了，排列位置也不会靠前，这就使得软文具有了局限性。

真正好的百度贴吧软文，并不是只能由发帖者操作而无法影响论坛里面的网民，要扩大网民的阅读量，可以利用搜索引擎来实现，只要关键词被搜索引擎抓取，网民阅读人数就会越来越多。

有人说过，一篇好的软文，不仅是那种用华丽的辞藻堆积而成的，应该是关键词贯穿于整篇软文，却不让网民在阅读时很明显地发现。

那么企业该如何在软文中布置关键词呢？如何通过合理的关键词设置来获得曝光率？不管怎样企业应该做的就是找到一些合适的关键词，然后再将关键词放入到软文中即可。

（1）从用户出发

企业可以从目标用户搜索关键词的习惯出发，根据这些习惯设定关键词。那么企业该如何了解用户的搜索习惯呢？其实很简单，可以利用百度搜索引擎进行分析，如要找"小米"相关产品的搜索习惯时，在百度搜索栏搜索"小米"，就会出现不少的衍生词"小米官网""小米 4""小米 note"等，而出现的这些衍生词都是网民在百度上搜索最多的词汇，届时企业可以根据这些关键词来撰写软文，这样就会容易被搜索引擎抓取，百度贴吧里的帖子就不会局限在贴吧里了，如图 9-26 所示。

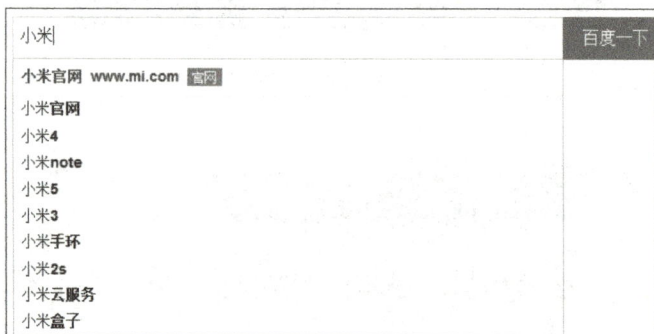

▲ 图 9-26 "小米"相关产品的搜索

🔍 **专家提醒**

用户搜索习惯是指用户在搜索引擎中寻找相关信息时所使用的关键词形式，对于不同类型的产品，用户的搜索习惯会存在一定的差别，企业应该优先选择那些符合大部分用户搜索习惯的关键词放入软文中。

（2）关键词的选定

企业在写软文的时候，不能单单考虑用户的需求和竞争对手的长处，还需要按照以下几种技巧来确定软文的关键词。

- 企业选择关键词的时候应该选取那些常被人们在搜索行业或产品时所用到的关键词。
- 企业要通过长期的观察去除关键词，除去一些没人使用或较少使用的，挑选出最合适的 4 ~ 8 个关键词放入到软文中。
- 企业应该把关键词放置在软文中最有价值的地方，当推广者统计完页面需要多少个关键词之后，接下来就要考虑把关键词放在软文的什么地方。

（3）判断准确

企业在挑选软文关键词时，一定要懂得判断，要判断出哪些关键词是用户搜索时很少用的，企业可以从以下 3 点进行判断。

- 比较夸张的词汇可以舍去，如"奇怪的""可恶的""疯狂的"等。
- 去掉少见的词汇，如"诹""贵庚"等。
- 拼写错误的关键词是没用的，但是找到一个经常出现拼写错误的词可以额外提高企业网站的访问量，可以适当地放入软文中。

3. 学会"自回"

在百度贴吧里的帖子很容易"沉"下去，就是没有人顶，没有人看，或者是出现高点击低回复的情况，这样的帖子是没有多大用处的。

所以企业要自己学会"自回"，利用自己其他的账号，在不同 IP 的情况下，给自己已经发出去的帖子进行回复、评论。其实道理很简单，因为不管是谁，都喜欢去关注热闹的地方，冷清、没人气的地方，几乎不会引起人们的注意，届时企业就得自己制作出人气，而在百度贴吧里的人气火爆程度，就是看这个帖子回复数量的多少。

💡 专家提醒

软文营销在百度贴吧的重中之重是发帖，帖子是维持百度贴吧活力不可缺少的因素，逛贴吧、看帖子已经成为了人们网上浏览的重要组成部分，因此只有帖子写得好，才能吸引人们阅读、回帖，甚至是转发。

089 发帖时间

一篇帖子能否被关注，和发帖的时间也有很大的关系，如果你的文章选择在午夜之后发表，那么软文推广效果就会大打折扣，因为该时间段论坛的在线人数相比白天少之又少，千万不要指望，你的软文可以让大量网民放弃睡觉的大好时光，陪你玩文字游戏，你的文章自然就不会被关注。

笔者统计了一些网民的上网习惯，拿一个星期为稳定期来说，周一到周四网民人数比较稳定，周五到周日网民人数逐渐增加，对于论坛的反馈积极性有明显的提高。网民处于对周末的期待中，相对评论而言更乐意进行简单的转发。

下面就来看一下周末企业发帖的时间情况，如表 9-1 所示。

表 9-1　周末企业发帖的时间

发布时间	时间解释
13：00～14：00	用户会在午睡之前刷一刷百度贴吧
17：00～20：00	用户积极互动的时间，在吃饭之余、休息之余来看一整天的热门帖子

090　互动无可避免

在百度贴吧上不要做潜水人员，应该到各帖子里冒泡，在贴吧上体现出活泼积极的特点，可以交到更多的朋友。下面就来了解在百度贴吧里积极参与互动的方法，如图 9-27 所示。

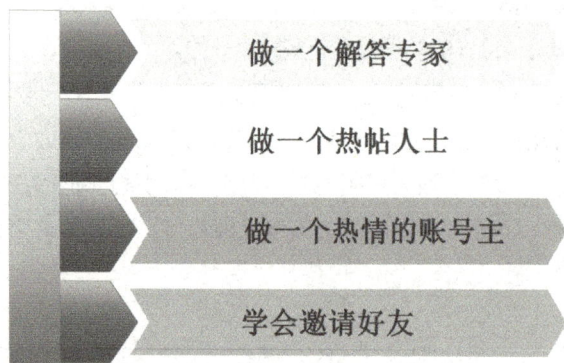

做一个解答专家

做一个热帖人士

做一个热情的账号主

学会邀请好友

▲　图 9-27　论坛积极参与互动的办法

1. 做一个解答专家

在百度贴吧中，解答网友问题可以增加经验值或者得到积分，企业不要随便去解答网民的问题，应该选择自己比较熟悉的领域进行解答，在解答的过程中还可以推荐一下自己写过的软文，这样既解决了别人的问题，又为自己的软文做了一次推广，甚至还可能多了一个好友。

2. 做一个热帖人士

在百度贴吧中一般可以在首页找到比较火的帖子，届时企业可以去这样的帖子里做热帖人士，就帖子写下自己的问题、看法等评论，很有可能与发帖者产生交流，变成粉丝。

这样企业的百度账号就会更多出现在网民面前，可加深网民对企业的印象。需要注意的是，企业在顶帖时不要回复"好贴""路过""打酱油"等一系列苍白的评论，只会被人忽视，觉得企业账号会是可恶的"水军"。

> 💡 **专家提醒**
>
> 还可以针对自己的产品用户群选择一些比较火的文章进行顶帖，如果比较幸运抢到沙发、板凳，那可比回复火帖有效得多。

3. 做一个热情的账号主

企业对于自己发的帖子，最好是每隔 15 分钟或者每隔 3 ~ 5 分钟自己评论一次，将自己的帖子顶上去，也可以引用楼上的评论进行回复，以提升人气。

企业在回帖时，应该让网民感受到热情，用词不要过于客套，如"谢谢""感谢大家的支持"等，会给评论者一种不重视他的感觉，应多用一些比较有创意的、精辟的、人性化的句子来回复，可以加深对方的印象，进一步拉近彼此之间的距离。

> 💡 **专家提醒**
>
> 企业热情回帖时，千万不要不注意别人写的评论而胡乱回复，这会使人产生反感的情绪。

4. 学会邀请好友

帖子发布完毕之后，最好第一时间内就邀请自己的贴吧好友来帮忙暖帖子，增加文章的浏览量和给予好评。

091 推广技巧

百度百科想要将软文营销推广成功，就要掌握以下几点技巧，如图 9-28 所示。

▲ 图 9-28　百度贴吧软文营销推广技巧

1. 贴标签

　　百度贴吧有很多分类标签，企业在发布软文之前，应该想好自己的文章应该放到哪个模块，贴哪些标签，如"好奇日报""大食代""谈情说爱""重口味""脑洞大开""二次元"等，这些标签都是比较热门的网络用语，很容易吸引网民的注意力，如图 9-29 所示。

▲ 图 9-29　百度贴吧贴标签

2. 软文吧

在百度贴吧里有专门设立的一个软文吧，企业可以大肆地在上面放置软文信息，会有软文写手、竞争对手、其他企业的账号来浏览，与之交流，可以从中获得软文写作技巧、经验，企业也可以在里面找到适合自己撰写软文的素材，进行收集。

3. 每日签到

每日签到可以增加用户积分，这不仅是贴吧绑住用户的办法，也是企业便捷养号的方法。

4. 誓做标题

在贴吧里想要自己的软文被网民们热捧，标题很重要，网民们只会根据标题来选择文章阅读，只要标题够吸引，那么就不怕软文推广不出去了，如图 9-30 所示。

▲ 图 9-30　百度贴吧标题

5. 用户徽章

在百度贴吧里的用户徽章也许并不能代表写作者的真正水平，但有些徽章头衔无形之中给人一种错觉，奖章越多就越有说服力，也区分了菜鸟与元老的级别，会使新手在无形之中对其产生一种敬重之情。

在百度贴吧中徽章分为 3 种，如图 9-31 所示。

▲ 图 9-31　百度贴吧用户徽章

6. 遵循规则

企业在做论坛推广时，不能只顾着去做推广，每个论坛都有它们的规则，企业想要利用论坛做推广，就得安分守己地遵循贴吧规则。

- 注意文明形象，不要对他人进行人身攻击，这是一种不道德的形为。
- 用多个账号在一篇文章下进行回答，避免使用同一个 IP 回帖 / 发帖，不然可能会被封号。
- 切忌非法推广的宣传，如色情、暴力、博彩。

7. 人际关系

任何营销活动都是以人为中心展开的，用百度贴吧平台展开软文营销也是一样，必须要做好人际关系的建设，互粉的人越多，软文营销推广效果就越明显了。

企业在贴吧中想要吸引网友的注意力，就应该多发布一些思维严谨、逻辑严密、文笔闪烁着理性光芒的帖子。这些帖子应该具备以下 3 点才算成功。

- 帖子里的信息必须有价值、有意义，在这样一个多元化时代，信息内容要定位准确，满足用户心理需要。
- 帖子语气不要太过沉闷，应该在发帖过程中多与网民互动。
- 发帖的信息不但要吸引粉丝眼球，还要贴合自己的宣传点，渐渐将用户吸引到你要传播的产品里。

百度贴吧是一个信息互动的平台，品牌的号召力是建立在网友之间口耳相传的基础上，用户的口碑互动是论坛人际关系的延伸。要知道人与人之间的共鸣都来自于互动，有了互动，才有可能引发认知上的共鸣，有了共鸣才能与网友们成为朋友，形成论坛人际关系。

092　百度知道

　　百度知道是一个基于搜索的互动式知识问答分享平台，用户可以有针对性地提出问题，通过积分奖励机制发动其他用户来帮忙解决问题。百度知道对企业来说有以下3 点作用。

　　（1）百度知道里面的数据可以反映到搜索结果中，用户只要在百度里面搜索问题，就会在百度知道里出现与之相应的问题词条。

　　（2）在百度知道里呈现出的是一种用户互相之间回答和互助的模式，这能很好地拉近人与人之间的距离以及信任度。

　　（3）能精准地找到目标客户，百度知道里面的问题都是需要贴标签的（关键词），有了这些标签，用户可以快速找到答案，推广者可以精准地找到目标客户。

　　因此，百度知道是一个非常好的做软文营销推广的平台，很多人遇到问题都会在百度知道里搜索或提问，从而得到帮助，这样很容易使企业找到目标客户、提高品牌知名度和信誉度。

　　那么企业该如何在百度知道中，愉快地操作软文营销呢？下面就来讲解软文营销在百度知道中运用的 2 种营销技巧，如图 9-32 所示。。

▲ 图 9-32　百度知道软文营销技巧

1. 回答问题

　　企业在百度知道中可以选择适合推广产品的问题进行回答，而回答的答案不能太过于突出推广产品的意味，就能很容易地进行软文营销的推广了，并且还可以提升自己的账号等级以及增加采纳率，成为别人眼中的优质账号。

（1）在问答平台分类里找寻相关问题，如企业产品是手机，其操作如下。

步骤① 在百度知道首页上点击"问题分类"，根据自己软文中的产品选择类别，选择"电子数码"，如图 9-33 所示。

▲ 图 9-33　选择"电子数码"

专家提醒

企业在回答别人问题之前，应该多准备几个账号，便于百度知道软文营销的操作，最好是不少于 10 个。

（2）目标问题找到以后，就挑选其中的新问题或待解决的问题，进行回答。如果是第一个回答的人，那么答案排名就会排在第一位，即使没有被采用为最佳答案，也有一个较好的位置，可以引起网民的注意。

步骤② 进入电子数码问题界面，可以在上面选择适合自己产品的问题进行回答，如图 9-34 所示。

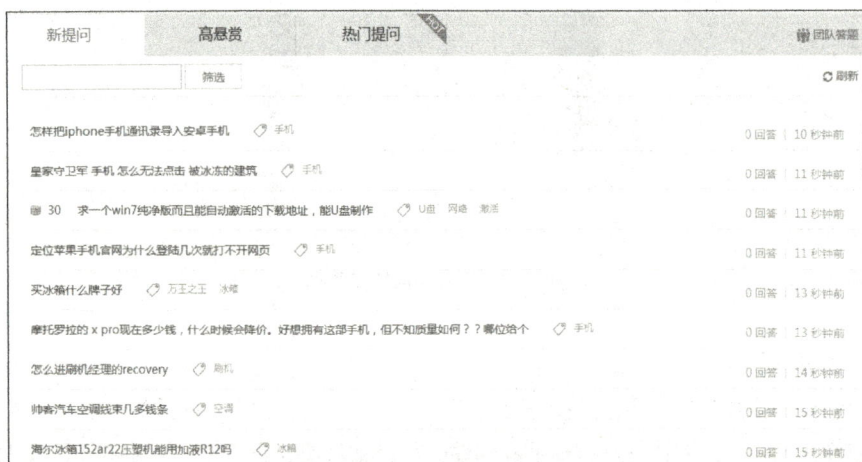

▲ 图 9-34　选择合适的问题回答

那么企业在回答别人问题时，应该注意些什么呢？如表 9-2 所示。

表 9-2　周末企业发帖的时间

方　法	做　法
控制好回答的量	同一个账号，每天回答的问题不要太多，最好不要超过 6 个，不然很容易被封号。如平常用户一天最多回答 5 个问题，而你一天就回答了十几个问题，就很有可能被封号
慎留链接	账号级别低的时候，回答别人问题时正文内一定不要放置链接，带链接的结果就是被封号，甚至链接被屏蔽；等账号级别高的时候，可以将链接放置在"参考资料"一栏，一次性不要放置太多，不然很容易出问题
答案要有质量	在回答别人问题的时候，一定要有质量，不要秉着你是去做推广而不是正儿八经提供答案的心态，胡乱回答别人的问题，这样账号是很难提升等级的；相反，提供的答案是靠谱的、有影响力的，就很有可能被设置为最佳答案，从而提升账号的信誉度和账号等级

2. 自问自答

企业还可以在百度知道中以"自己提出问题，自己做出答复"的形式进行软文营销的推广。届时账号的数量就非常重要了，下面就来了解软文营销在百度知道利用自问自答的方式进行推广的技巧。

（1）账号的使用

企业在百度知道做软文营销时，千万不要只用两个固定的账号循环问答，被封号的话，之前所做的一切就全都泡汤了。尽量多注册几个账号，循环使用，并且每个账号都要用不同的 IP 地址，这样才不会被看出做广告的嫌疑。

例如，用账号（账号 A）提出符合网民搜索习惯的问题，隔一天或两天换个账号和 IP 地址（账号 B），隔一段时间换个账号和 IP 地址（账号 C）回答问题，就这样交替使用，6 天之后，就可以将某个账号回答的答案设成最佳答案。

（2）设置问题的标题

在百度知道中发布问题时，最好在问题的标题上放置一个符合网民搜索习惯的关键词，那样就能在搜索引擎中获取更多的流量。

（3）注意提问类别

企业在百度知道里发布问题时，要将问题归好类。例如，关于书籍的提问，则需要放在"文化艺术"里，若是放在"手机数码"上就有点牛头不对马嘴了。并且要使用多个账号提问，不要只盯着一个账号问来问去，那样会引起管理员的注意，很容易被删问题或封号。

（4）问题的转换

企业在提问题时，应结合网民的搜索习惯，要换几种表达方式进行提问，如"大米手机好不好？""大米手机性价比怎么样？""大米手机有什么特色"等，利用不同的语言组织形式，反复提问同一个问题，久而久之，网民们在搜索引擎搜索这方面的信息，就很有可能看到企业发在百度知道的软文了。

💡 **专家提醒**

这种推广方式，要想效果好，就要根据企业所在行业，结合产品、网民的搜索习惯，去选取有搜索量的目标关键词，确定好关键词以后，再去百度知道平台提问。

093　利用百度拓展关键词

对于软文营销来说，关键词越多越好，这样才能增加曝光机会，被更多的人阅读、欣赏。于是乎，企业就要开始进行对关键词的拓展。企业可以根据核心关键词进一步挖掘，拓展出更多适合企业软文的关键词，拓展关键词有以下 2 种方式，如图 9-35 所示。

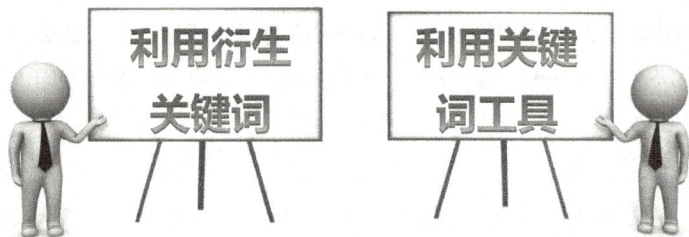

▲ 图 9-35　拓展关键词的方式

（1）百度搜索引擎

一般企业在百度搜索引擎上的搜索框内输入企业软文核心关键词时，搜索框会自动衍生出与此关键词相关的一些衍生词；企业可以通过这样的方式找到搜索量最多的关键词，以此来确定更好的企业软文关键词。例如，搜索"黑茶"，则会出现"黑茶的功效""黑茶品牌""黑茶的价位"等衍生关键词，如图 9-36 所示。

同时，也可以通过搜索结果页面的最下面看到搜索引擎给出的相关搜索，如图 9-37 所示。

▲ 图 9-36 搜索框下的衍生关键词

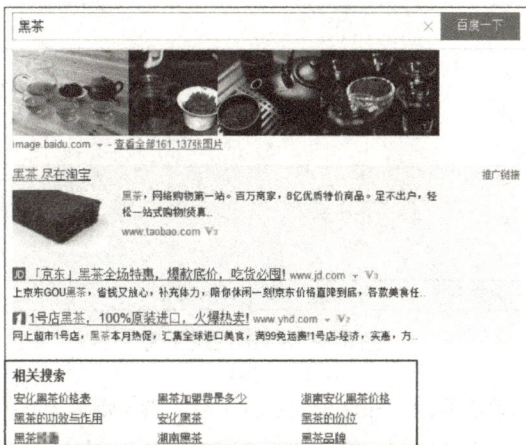

▲ 图 9-37 相关搜索关键词

（2）百度指数

企业可以利用百度指数来拓展关键词，如企业利用百度指数在查询一个关键词时就会列出 10 个相关的关键词。

步骤① 在百度搜索引擎上搜索"百度指数"，点击"百度指数官网"，如图 9-38 所示。

▲ 图 9-38 点击"百度指数官网"

步骤 ② 进入百度指数页面，在百度指数搜索栏上输入"减肥"，就能衍生出 10 个关键词，并点击"查看指数"如图 9-39 所示。

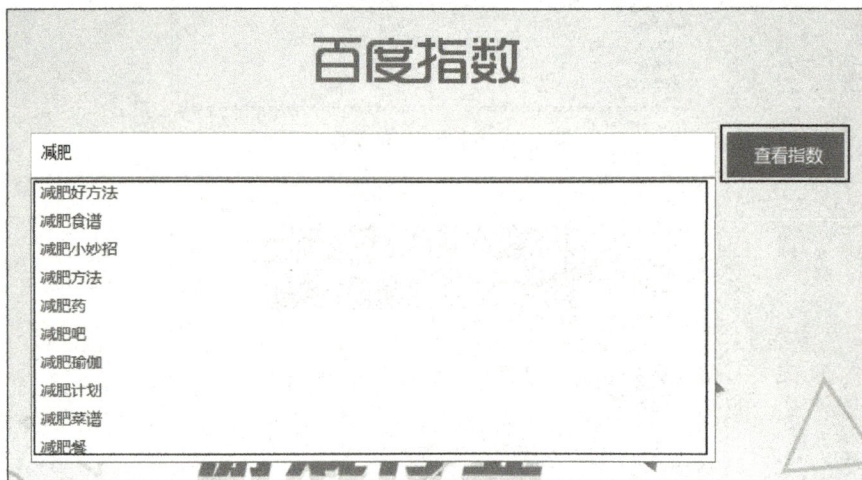

▲ 图 9-39　点击"查看指数"

步骤 ③ 进入热点趋势界面，在这里企业就可以查看关键词的整体趋势、PC 趋势、移动趋势、指数概况、行业指数等一系列数据，如图 9-40 所示。

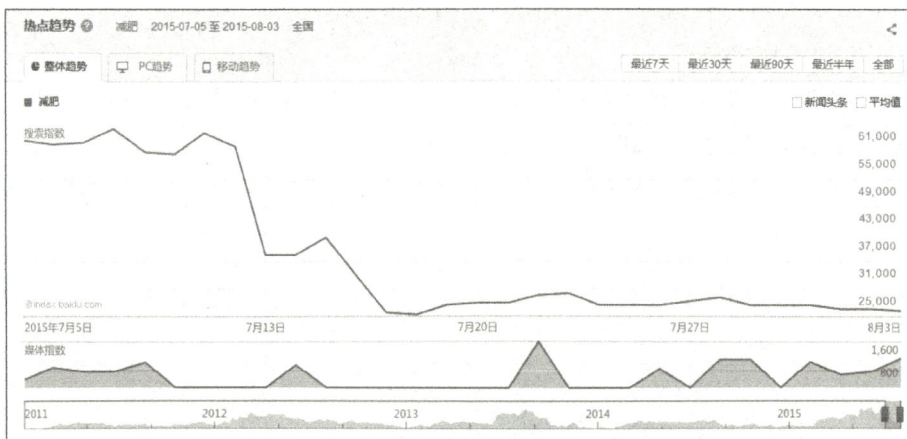

▲ 图 9-40　"减肥"热点整体趋势

　　企业可以根据热点走势来选择软文关键词，有了足够多的关键词，才能使撰写出的软文容易被搜索引擎抓取，曝光率也会增大。

第 10 章

15 种软文营销的拓展技巧

学前提示

软文营销不是一个局限于软文的营销方式，它是一个"融合体"，它能与很多平台、载体进行合作，使企业的营销路数又广了许多。本章将讲解 15 种软文营销的拓展技巧。

94到96招

"自赞"法则　　"一句话"法则　　"落差"法则

97到102招

软文营销素材的延伸　　软文营销的要素
邮箱不可缺少　　　　软文营销的 3 个层面
口碑软文风暴　　　　软文营销发布技巧

103到108招

爆点轰炸　　　视频APP　　　二维码软文营销
QQ空间　　　QQ漂流瓶　　　商品描述也是软文

094 "自赞"法则

何谓"自赞"法则，说得通俗一点就是炒作，说得优美一点就是自己赞美自己、自己捧红自己，在如今这个软文满天飞的社会，"自赞"是必不可少的一环。

在这个时代里，不得不使用自赞法则，也许"自赞"会显得有些做作，但是只要企业把握好度，不与事实有太大的差别，那么绝对是一种聪明的进行软文营销的方式。

之前有说过"自赞"法则就是炒作，那么就会有人产生疑问，炒作不是如今司空见惯而又令人厌恶的一种事吗？在这个时代，更多时候，炒作被公众认为是一种贬义词，因而认为"炒作就是利用媒体捏造、夸大的手段对某人或某事进行报道"或者认为"炒作就是用那种不正常手段进行报道"。

其实这里所讲的炒作，是在事实的基础上加工，将事实以不同的方式展现在人们的面前，运用修辞手法、不同的软文结构等方式，将原本平淡无奇的文章打磨成容易引起人们注意且能被人们口耳相传着、讨论着的软文。

因此，过度的炒作是没有必要的，必要的炒作是必须的；只要作者稳稳地不跨越道德的底线，那么人们口中的炒作文章就可以变成"自赞"软文了。

一篇好的"自赞"软文能够让企业的知名度迅速增长，能够引来大量的关注，以此达到提高企业人气的作用。那么"自赞"法则到底该如何用呢？

1. 打破思维

企业可以利用打破思维的方法，用一些大众熟悉的东西，进行一个创造、改造，打破平常人头脑中产生的相对思维定势，让人们突然感受到失重感，觉得这是个不可思议的事情，又或者让人们有一种恍然大悟，原来还可以这样的感觉。

例如，枕头是人们睡觉时的必备物品，当第一次传出枕头还可以舒缓人们的压力，有些国家还举办了"枕头大战"的软文时，人们是会觉得不可思议的；然后就会慢慢地关注枕头大战，关注哪些国家会举办这样的活动，这就无疑带动了这些国家的旅游事业；并且这一类软文标题可以给读者们一个疑团，让读者们自己思考文章将要讲的是什么内容，这样更能引起读者的阅读兴趣。

就如标题为"枕头，原来还可以这样玩"，这无疑是给了读者一个疑问："枕头可以怎么玩？"届时读者可以发挥自己的想象，带着自己想的答案进行阅读。

这种"自赞"方法要有平中见奇的功夫，善于提炼普通的素材，让媒体耳目一新，让大众或分众耳目一新。

2. 打破规律

打破规律是为了吸引人们的好奇心，来打破传统规律，使惯性思维方式与人的定势规律相背驰，正所谓古人云"反其道而行之"，以反引出正，以邪突出正，把读者从一个概念引入到另一个概念。

3. 明星包装

明星包装根据权威人士分析的"人的心理需求学"说：当购买者不再把价格、质量做为购买顾虑时，利用明星的知名度来加重产品的附加值，可以借此培养消费者对该产品的感情，从而赢得消费者对产品的追捧，如图 10-1 所示。

▲ 图 10-1 明星包装"自赞"示例

至少明星的粉丝会一直关注明星的动态，而企业利用明星"自赞"，绝对能引起一部分人群的注意，正所谓爱屋及乌，企业的"自赞"软文就容易成功了。

> 🎯 **专家提醒**
>
> 　　需要注意的是，"自赞"一定要真实，不能打着明星的幌子来撰写软文，那就属于"炒作"的性质了，甚至有招摇撞骗的成分存在，那样企业很容易吃上官司，还容易损坏自身品牌信誉，那就不是"自赞"而是活脱脱的"自损"了。

4. 赞助

　　赞助是如今最常见的一种形式，企业可以通过赞助来撰写软文。例如，加多宝赞助中国好声音，只要跟中国好声音有关的事件，加多宝都不会放过软文营销的插入，推广自己品牌和商品，如图 10-2 所示。

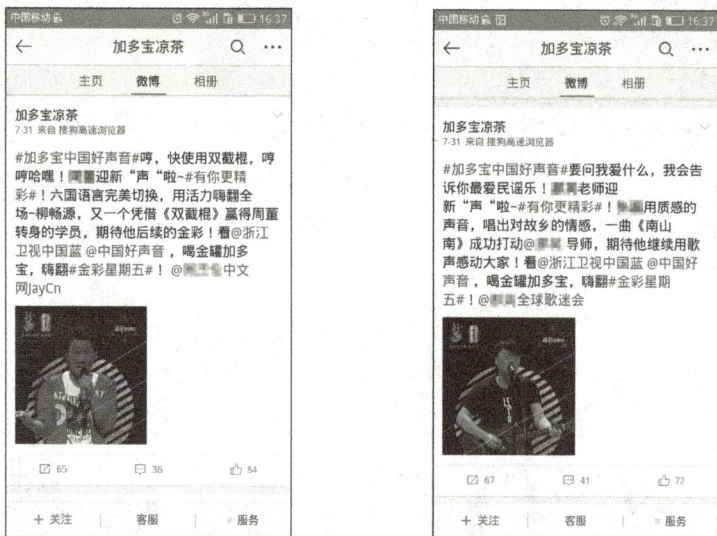

▲ 图 10-2　赞助"自赞"示例

5. 轰炸点

　　对于企业来说，文章的内容与标题最好具有颠覆性、轰炸性，做到语不惊人死不休，给受众传递轰动、爆炸式的信息。在这个媒体泛滥的年代，想要从众多新颖的内容中脱颖而出，就一定要制造噱头，用语出惊人的方式吸引受众的眼球。

　　例如，以前为"华为帝国：为何一家中国民营企业竟让全世界都感到害怕"的文章，以"让全世界""感到害怕"这样的词汇组合在一起，会让读者感到非常惊奇，会产生无数个问题"为什么会让全世界害怕？""害怕些什么？""怎样使世界害怕的？"等，如图 10-3 所示。

▲ 图 10-3　轰炸点"自赞"示例

6. 互动

互动可以谋取到与消费者的亲近，企业与目标人群通过互动的方式来实现销售目的，在互动的过程中很容易使消费者产生对企业的赞美度，如果互动环节做得不错，贴近目标用户心理，定然会加强消费者对企业品牌的好感。

一般互动软文可以从活动、有奖征稿、免费获得会员卡等方面着手，利用奖励之类的活动与受众进行互动，调动大家的参与热情。

例如，肯德基推出的软文营销消息标题为"玩'插翅难飞'，赢鸡翅优惠券"，这样的标题很容易引发消费者参与的兴趣，并且内容不仅将活动规则说清楚了，还有一个直接玩游戏的接口，这样还方便消费者参与活动，如图10-4所示。

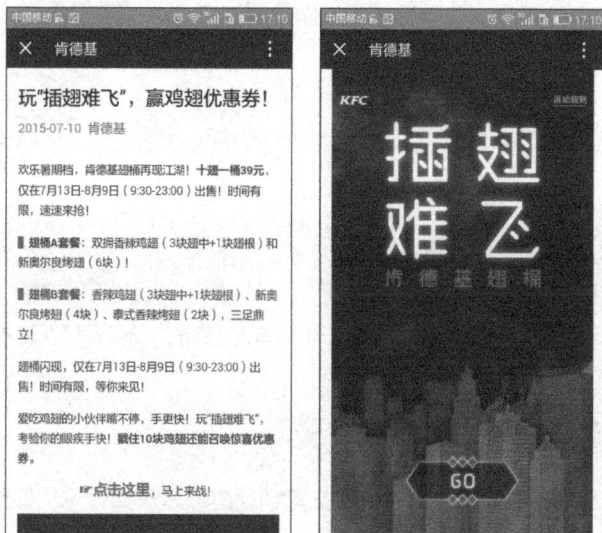

▲ 图 10-4　互动"自赞"示例

7. 争议

企业可以针对自身产品、质量、企业行为等，策划容易引起争议的事件或观点，引发社会讨论，吸引公众目光，然后再想办法将争议事件变成美化企业的事件。

8. 雷同

一般而言，用户对广告性质的消息会排斥得比较厉害，除了商家特定的目标群体，大家更信任实时新闻。因此，企业可以把标题编写得如同新闻标题一样，以此来增加用户的可信度，提高点击率，不过还是不能忘记此类标题要以事实为依据，才不会失去"自赞"的本心，而变成恶意的炒作。

> 💡 **专家提醒**
>
> "自赞"法则随时都能应用在软文营销的操作中。只要以事实为依据，不违背伦理道德，就能有效地将企业的信誉度、知名度往高处捧。

从上面 8 点"自赞"法则中可以很容易地领悟到其需要遵循的 4 点原则，如图 10-5 所示。

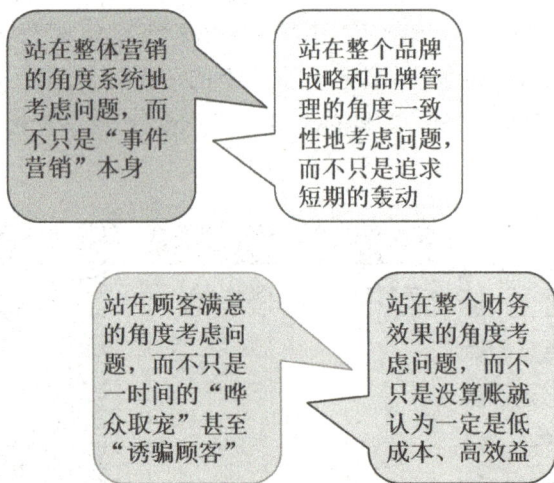

站在整体营销的角度系统地考虑问题，而不只是"事件营销"本身

站在整个品牌战略和品牌管理的角度一致性地考虑问题，而不只是追求短期的轰动

站在顾客满意的角度考虑问题，而不只是一时间的"哗众取宠"甚至"诱骗顾客"

站在整个财务效果的角度考虑问题，而不只是没算账就认为一定是低成本、高效益

▲ 图 10-5 "自赞"法则需遵循的 4 点原则

095 "一句话"法则

在不少人心目中，软文营销就应该是长篇大论，抑或是精简的小片段，而那些一句话、几个字的、与图片搭配在一起的是广告、宣传语抑或是其他。其实不然，那些

简短到只有一行的字符，也属于软文营销的范畴，并且这些简短到一句话的软文营销，才是让消费者牢记在心的一种方式。

在现实生活中，有很多朗朗上口的软文，几乎都是一句话或不超过 3 句话的广告文案，如"金罐，就喝加多宝""特步，飞一般的感觉"等，都是斟称经典的软文。

很多电商企业都会用"一个价值点 + 一个触动力"的方式，进行"一句话"法则营销，将这些脍炙人口的广告语文案深深印入消费者的脑海中，使他们过目不忘、回味良久。

例如，佳洁士就以一句"佳洁士没有蛀牙"走遍全球的电视广告，从人们最想解决的问题入手，提炼出一句看似简单却又很有心机的软文；可口可乐就以"可口可乐，伴随美好时光"这一句软文直冲消费者的心房，有时会在不断地暗示消费者，"时光的美好，可口可乐可以帮您标志"，再加上可口可乐不断开发出创意，从充满回忆的歌词瓶到卖萌的表情瓶，让无数消费者爱不释手，如图 10-6 所示。

▲ 图 10-6　可口可乐创意瓶一句话文案

【分析】：

通过"一个价值点 + 一个触动力"，可以看出一个好的"一句话"软文之所以能受到消费者的喜爱，是因为这些软文是从消费者出发，围绕消费者最常见的事物、所需要解决的问题，才能在情感上、生活上与消费者产生共鸣，从而使得消费者认同它、接受它，甚至主动传播它。

一般来说，一句话软文并不是由华丽的词藻胡乱堆积而成的，也不都是一味讲求诗一般的意境，而是从消费者心理、需求出发，结合产品理念，以求真务实的态度进行软文的创造。

所以，"一句话"法则的核心思想是：一幅图、不多于 3 句的软文、一个场景，抓住这 3 点，定能成功。

下面就来看几则"一句话"软文示例，如图 10-7 所示。

（1）以"乐享"引起人们想要的生活态度。

（2）"时刻有雀巢"，点出产品的品牌和随时随地都能喝的特点。

（3）以一家人其乐融融的画面呼应"一句话"，容易使消费者将自己带入到场景中去。

（1）以"做自己"来吸引那些不戴着或不想戴着"面具"生活的人们。

（2）图片以简笔画的方式画出了两个极富个性的女性，代表着此盛典以女性为主，并且也是在呼吁人们做那个最真的自己，很容易触动人们的心弦。

（1）用一个虚化背景的画面，可以让消费者觉得这部汽车正在路上急速运转。

（2）以"自由"作为"一句话"的结尾，能让消费者有一种只要开着这部汽车，自己想去哪儿就去哪儿的感觉。

（1）用"约会"来引起谈恋爱、想谈恋爱的一部分人群的兴趣。

（2）以约会场景图来烘托出甜美的气氛，容易将消费者带入到场景中，从而产生了想购买巧克力送给那个她的心理。

▲ 图 10-7 "一句话"软文的示例

096 "落差"法则

所谓"落差"法则，其实就是消费者在体验产品、服务过程中，原本的期望没有得到满足，而造成的心理落差或不满，这种不满最终在消费者心智模式中形成负面情绪爆发，让消费者感觉到难受。

而这种难受就是"落差"法则，它的实现全依靠消费者对产品、服务的期望和现实的产品或服务对比产生的落差，而体现出来的一种难受。而这种难受并不是指对产品、服务的失望，而是对没有得到产品、服务就会觉得难受的情绪，从而推动消费者积极购买企业产品。

"落差"法则的核心是基于对比的，所以，要想用好"落差"法则，就必须给目标消费者制造出一种"鱼和熊掌"不可兼得的感觉，让消费者感觉不购买企业的产品和服务就会有种钻心的痛。

那么企业该如何运用"落差"法则呢？如图 10-8 所示。

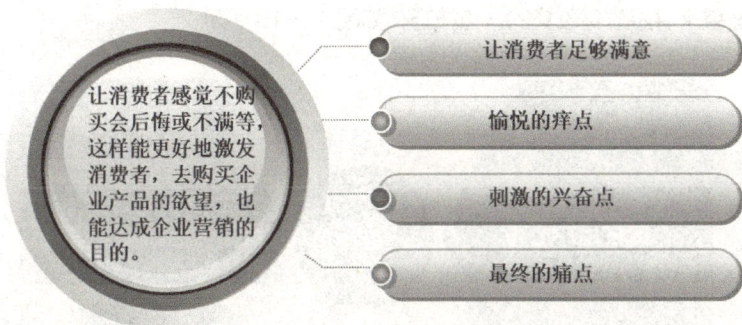

让消费者感觉不购买会后悔或不满等，这样能更好地激发消费者，去购买企业产品的欲望，也能达成企业营销的目的。

- 让消费者足够满意
- 愉悦的痒点
- 刺激的兴奋点
- 最终的痛点

▲ 图 10-8 "落差"法则成功的 4 点原则

企业外部就是通过和竞争对手的产品或服务对比，给目标消费者制造出的痛点，主要目的是让消费者感觉买企业的产品可以得到兴奋或愉悦的满足感。

那么痛点该如何去寻找呢？其实是要将软文撰写思路放在以人为中心的以下 8 点的某一点上，即可撰写出一篇产生"落差"的软文，如图 10-9 所示。

▲ 图 10-9　8 大痛点基础

097　软文营销素材的延伸

营销的软文绝大多数并不是企业自己造的，而是企业通过各方面的素材进行修改、融合才形成的，所以，素材的收集非常重要。

而素材则是来自日常的积累，可以是软文撰写者自己的、企业自身的经历，可以是在别人那里听到的故事，抑或是在看新闻时所知道的事件，只要有了足够的积累，才能在写作时将它们拿出来用，而不是绞尽脑汁地去编。

下面就来讲解素材收集的几点技巧，如图 10-10 所示。

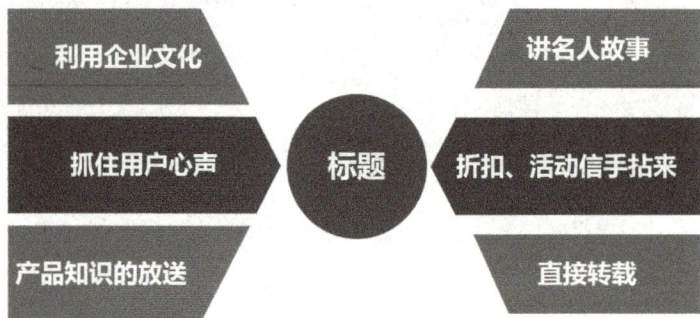

▲ 图 10-10　收集素材的技巧

1. 利用企业文化

对于企业来说，软文营销的内容必须有血有肉，企业可以通过介绍自己的一些文化来增加用户对企业的了解程度，比如说企业的发展历史、品牌理念、企业内部一些好玩有趣的事、产品背后的故事等。

利用企业文化，不仅能够让粉丝更加了解企业，还可以拉近粉丝与企业直接的关系，能够帮助宣传企业，让更多喜欢企业文化的人加入企业。

例如，八马茶叶将品牌故事放在官网首页上，可以体现出八马茶叶的理念，使消费者更进一步地了解企业文化，这是一种很聪明的做法，如图 10-11 所示。

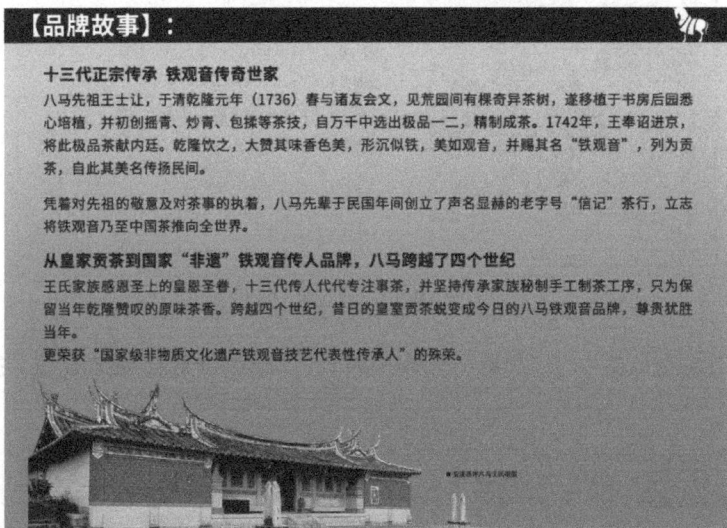

▲ 图 10-11　展示企业文化

2. 抓住用户心声

对任何一家企业来说，用户的需求永远是第一位，商家和企业想要了解用户的需求，使得推送的内容发挥它本身的价值，商家和企业就要学会抓住用户的心声，不断地留意"用户关注什么？""用户想要什么""用户对产品有何种看法"等围绕用户的问题，把用户关注的事项分为几类进行总结归纳，并针对这些总结进行软文的设计。

企业一定要设立好客服部门，软文只是一个引流的过程，最终的成功还是需要靠客服的态度能否使消费者满意来决定。因为客服部门是最能碰触到用户心声的一个部门，企业可以定期将客服部门遇到的问题集中讨论研究，通过客服部门的反馈对用户的需求进行剖析分解，尤其是用户问得最多、反馈最多的问题，尽可能地一条条解决掉，这是最直接最有效的办法。

例如，有很多淘宝店铺就将用户的评价放到宝贝详情页中，这样可以使其他消费者从客观的角度来决定是否购买，如图 10-12 所示。

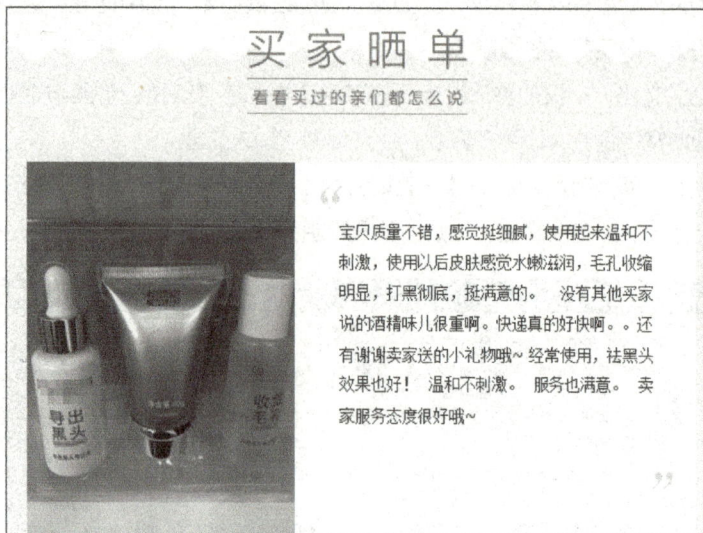

▲ 图 10-12　淘宝用户评价

所以企业在软文中可以放置一些用户评价、体验后的感受，使软文看上去更具有真实性。

专家提醒

　　用户的评价和体验本身就是一种素材，商家和企业必须认真对待，根据用户的反馈对软文内容进行针对性地撰写，这样才可以抓住读者的心。

3. 产品知识的放送

产品知识的放送，就意味着在已有的产品介绍、产品说明基础上，商家和企业要挖掘出其他一些知识型的信息成分，因为已有的、单调的产品介绍和说明不足以吸引用户的眼球，他们需要更为延展性的知识。

以酒业为例，企业如果要推销他们的酒，不能只介绍酒的价格、酒精度多少、口感如何、属于哪种类型等，这些还不足以吸引用户，用户还想多了解酒的悠久历史、品酒小技巧、储存方法等方面的知识。

4. 讲名人故事

每一个行业都有一些成功的典型事例和人，企业可以用这些成功的事例、成功人士的传记作为素材，重点宣讲，用来吸引读者，打造一个好气氛，先谋取到粉丝关注，之后再进行软文的推送。如在微信上有一个公众号，就发布了一篇"海底捞如何用互联网'调口味'"和一篇"她从阿里巴巴的前台到客服，现任阿里集团资深副总裁！成为亿万富豪！"如图 10-13 所示。

海底捞如何用互联网"调合口味"

2015-08-04

　　互联网大潮袭来，一批批50后、60后老板们慌不择路。有老黄瓜刷绿漆的，满口80后、90后的网络语言，让人几乎不忍卒听，不忍直视；有孜孜于找风投的，每天奔走于各种天使、PE、上市论坛，期望一步登天，从此走出苦逼的"传统行业"；有急火攻心的，宣称管理已经过时，组织已经过时，天天文化大革命，把自家企业往死里整……

她从阿里巴巴的前台到客服，现任阿里集团资深副总裁！成为亿万富豪！

2015-07-30

　　从前台干到亿万富豪的童█████，被称为阿里"最励志"的合伙人。2000年，童███进入阿里的第1个职位是公司前台，之后陆续担任集团行政、客服、人力资源等部门管理工作，现任阿里集团资深副总裁兼菜鸟首席运营官。阿里上市后马云背后9位亿万富豪的女性合伙人之一。再次证明了坚持和努力比什么都重要。

▲ 图 10-13　讲名人故事示例

5. 折扣、活动信手拈来

　　企业如果实在是找不到素材，或者是找到了素材却不知如何加工，就可以利用折扣优惠信息来吸引消费者的注意，抓住了消费者"贪便宜"的心理，成功地勾起消费者的兴趣。

　　企业在设计折扣活动时，可以适当地弄一些针对性的规则，如只有手机下单才能享受折扣；只有微信用户才能参加等，让消费者感觉到作为粉丝能够享受到 VIP 一样的待遇，让他们觉得自己是被重视的。

💡 专家提醒

　　有调查表明，超过百分之三十的用户是冲着折扣信息才去关注一些品牌的。因此，企业想要吸引用户，折扣信息是必不可少的。

6. 直接转载

企业还可以直接转载一些热点文章、热点文摘，这些经典的文章虽然并非企业原创，但转载或摘录而来的文章还是能吸引到没有看过的人们；不过需要注意的是，在转载、引用别人的成果之时，企业一定要注明作者和出处。

> **专家提醒**
>
> 软文写作素材必须依靠积累，软文撰写者要做到以下几点。
> ● 至少每天要保持在一定的时间里阅读新闻。
> ● 抓住最新的重磅新闻，适时推出企业产品软文，以更好抓住营销的节奏。
> 着重记忆对自己有用的或在软文写作方面持续受益的新闻。

098　软文营销的要素

之前说了很多的招数，现在就来讲一讲软文营销的要素，从要素中发现某些招数的存在意义。

1. 标题

标题是否具有吸引力是软文营销成功的基础，即使软文文章内容再丰富，如果没有一个足具吸引力的标题也是徒劳的。文章的标题犹如企业的 LOGO、企业的脸面，他们代表着文章的核心主题，软文标题的好坏甚至可以直接影响软文营销的成败。

所以软文必须要学习的招数就是"标题的撰写"，一个富有诱惑、震撼、神秘感的标题，能引起无数消费者的兴趣。

2. 角色

软文并不是小说，所以软文写作中的角色并不单指人而有可能是企业品牌、网站、产品或是人，这些都可以称作是软文写作的"角色"。

软文撰写者要写一篇条理清晰的软文，就一定要弄明白软文的核心内容、撰写方向、观点呈现等问题。

3. 排版

严谨有条不紊的软文排版，便于读者阅读文章，理清条理，若是一篇排版混乱的文章摆在读者的面前，不但会令读者阅读困难、思路混乱，而且会给人一种不权威的感觉，使得读者弃而远之。

因此，为了达到软文营销的目的，文章的排版不可马虎，需要做到最基本的上下连贯。

- 最好在每一段话题上标注小标题，从而突出文章的重点。
- 在语言措词方面，如果是需要说服他人的软文，最好加入"据权威机构调查""据专家分析"等，能够提高文章的分量。

4. 思维

企业软文撰写者的思维能决定文章的层次，也能决定软文的最终成败。写作，是作者所思、所想、所感、所悟，是作者灵光一现的产物，说到底，文章就是作者的思维方式、层次与整理的碰撞，才能撰写出一篇篇朗朗上口、便于记忆且引人入胜的软文。

因此，软文营销的写作思维一定要做到 3 点，如图 10-14 所示。

▲ 图 10-14　软文营销写作思维的要点

5. 有话题讨论

企业抓住热门话题进行软文的撰写，也是不错的选择，比如最近凤姐在微博上发布了一篇长微博，阐述自己不做手机的原因，这引起了不少人的注意，在网络上相继出现了关于对凤姐这篇长微博的报道，而这些报道的机构借助凤姐网络红人的标签、热门度来收取点击率，有一篇文章以凤姐这篇微博为主题，从而引起了 543 人参与、92 人评论，如图 10-15 所示。

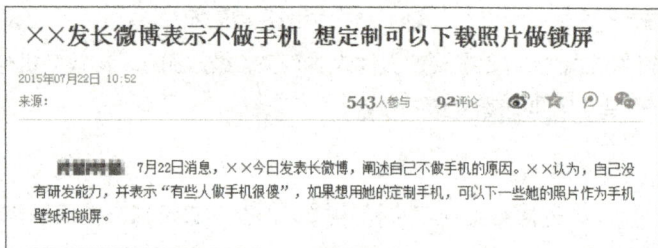

▲ 图 10-15　以热门话题谋取点击率

6. 发布媒介

企业在写软文之前应该要考虑将软文发布到哪里去，是以报纸、杂志的形式发布，还是以广播、互联网的形式发布；文章的类型是管理类媒体、IT 类媒体、站长类媒体还是游戏类媒体？这都是企业软文撰写者所要思考的问题，而文章要依托这些载体呈现在人们面前，所以写作前，一定要确定具体的发布媒介。

099　邮箱不可缺少

最开始软文营销是在邮箱中运作的，慢慢地，病毒式邮箱软文出现得过于频繁了，再加上科学技术的不断发展，企业也有了很多运行软文营销的方式，病毒式邮件也随之消失。

虽然邮箱的方式对软文营销来说有些古老，但只要能将邮件软文营销掌握得当，那么企业离收益也就不远了。下面就来了解邮箱软文营销应该做些什么，如图 10-16所示。

① 主题根据人群明确
② 结果简单清晰
③ 巧用空行
④ 统一格调
⑤ 图文并茂不可缺
⑥ 发布频率
⑦ 退订按钮

▲ 图 10-16　邮件软文营销的策略

1. 主题根据人群明确

邮箱发布的软文可以精确到个人，所以一定要从"人"出发，要先弄清目标受众对什么感兴趣，要考虑目标人群是看中了企业的某类产品、促销信息还是新品发布？不管是怎样的问题，最后邮件软文都要一针见血地说明邮件对用户有什么好处。

2. 结果简单清晰

在这个快节奏的时代，时间是非常宝贵的，许多消费者在浏览邮件时都是一目十行、快速解决，因此，邮件上的软文只能用几秒钟的时间来决定能否吸引消费者的注意力。

因此，邮件软文应保持简洁明了，明确重点，不说过多的废话，只让消费者感受到企业推荐消息的价值性，从而吸引消费者拿出较多的时间浏览企业所发的邮件软文。

3. 巧用空行

邮件软文千万不要以一堆字的形式存在，要学会利用空行来让消费者的眼睛缓解疲劳，否则，消费者面对一大堆没有划分段落的文章时，他们会无比没有耐心，不知从何阅读。

4. 统一格调

企业的邮件软文营销无需花哨，只要有统一的格调即可，不然很容易被消费者觉得此邮件是垃圾邮件，甚至会将邮件移至垃圾箱里，再也不会阅读企业的邮件。

在邮箱里，一般建议软文中的文字最多使用两种字体，比如一种字体用来撰写正文，另一种字体用来显示大小标题，这样就能有简约的区分效果。

5. 图文并茂不可缺

在邮箱软文营销中加入图片能让邮箱软文更加生动并引人注目，帮助企业更好地传递信息。

企业在挑选图片时，应挑选与软文内容相符的、简单的、容易理解的、像素高的图片，正所谓一张图片可以抵得上千言万语；如果图片质量太差，则会影响浏览者对企业的印象。

> **专家提醒**
>
> 有些消费者会在接邮件时关闭图片显示功能，因此，不要在图片中嵌入正文，正文内容应当单独显示。

6. 发布频率

大多数公司一个月发送一到两次软文是最合理的，千万不要天天发，那样只会让消费者产生厌烦心理。

7. 退订按钮

企业在发布邮箱软文时，一定要带有"是否退订"的功能，这样可以给消费者一个是否继续接收企业邮件的选择，化解垃圾邮件的问题。

100 软文营销的 3 个层面

在如今这个互联网大爆炸的时代，软文营销并不只有推广软文这一个层面存在，还有对软文的优化、传播，下面就来了解软文营销的 3 个层面。

1. 推广

所谓的推广，定然是以"推"为主，而软文营销中的推广简单来说就是以文字的形式将企业产品、企业网站、企业文化、企业活动等信息发布出去，造成广为人知的效果。

只要是需要推广的事物，就能利用软文营销。在软文营销推广中的"广"，是指广泛发布。只要软文撰写者脑袋里有想法、有创意，则能撰写出一篇好的软文，来进行软文营销的运作。

软文营销中的推广是极其重要的一环，以下几点应重视。

- 软文撰写前的准备工作。
- 确定撰写软文的思路与策略。
- 对软文投放的把握，要明确企业投放的目标人群、投放地点。
- 对软文的评估与调整。

所以，企业在做推广之前要非常精准地把握好企业的目标客户，要详细了解目标人群喜欢在哪些媒介上出现、什么时间上网、经常出没在哪些网站等问题，接着还需要对软文效果做评估与调整，争取软文推广的成功。

2. 优化

软文营销的优化是指对关键词的优化，优化后的软文能很快地被搜索引擎收录，才算是成功的。如果企业在网站上发表的软文能够在第一时间被搜索引擎收录、在第一时间曝光，那么对企业的软文营销来说，就是一次助力，所以优化是不容忽视的。

此外，对软文的优化还有一大作用，就是利用正面的软文报道，将企业的负面信息覆盖住，所以，软文营销的优化也有利于企业的正面宣传以及对客户的正面引导。

3. 传播

目前，常见的软文营销传播类型有 3 种。企业可以从这 3 个方面入手，撰写传播概率较高的软文，如图 10-17 所示。

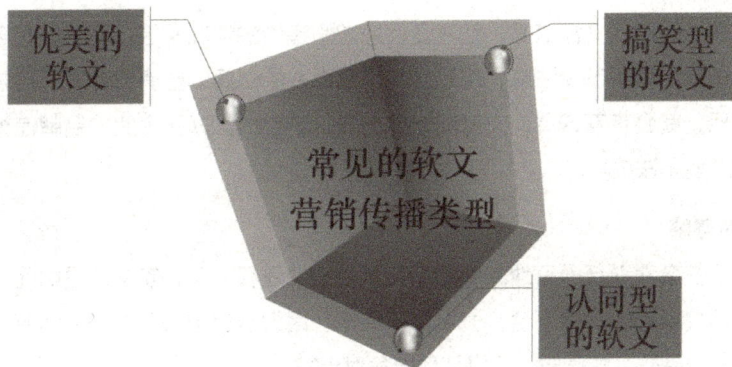

▲ 图 10-17　常见的软文营销传播类型

> 💡 **专家提醒**
>
> 软文投放的效果是持续的、长期的，所以效果不会像竞价广告似的集中在投放广告的这个时间段，而是分散到以后的几个月、几年。所以，做软文营销推广效果也许不会太明显，除非投放量非常大，但是长期不做软文营销，企业的品牌美誉度、广告的转化率就会受到影响。

101　口碑软文风暴

口碑自古都是口口相传，是一种"你体验了之后觉得好，推荐给我，我体验一下发现也不错，又推荐给他"的过程，如今就是由网络、新闻、评论、转发等媒介进行口耳相传。

如今有不少的企业用软文取代口口相传模式，成为了广告传播的载体。软文的优势在于以下几点。

（1）企业对自己的产品足够了解，对软文营销推广也有着清楚和深刻的认识，就能够写出让人信服的文章。

（2）企业可以站在其他用户或体验者的角度去讲述。

口碑对企业的重要性是不言而喻的，一个好的口碑可以很快地在人与人之间传播，就像小米手机，因为其超高的性价比，短短几年时间就用口碑为自己创造了国产手机的品牌代表。

那么该如何在软文营销中让口碑散发光芒，只知道软文的好处还不够，企业还需要做到以下几点。

1. 避免夸大宣传

企业在做口碑软文营销时，绝对要杜绝虚假宣传的情况发生。虽然虚假宣传这种做法能在短期内获得不少注意，但总会有东窗事发的时候。当消费者发现挂羊头卖狗肉的情况后，就会带着谩骂、失望离企业而去，这会大大损害企业的品牌信誉度，软文口碑自然就无法成功。

2. 要有新奇感

人们往往会对新奇而有趣的事情不自禁地去关注和分享，软文也是如此。一篇有趣的软文总会引起用户的好奇，引发用户传播，因为谁都想表现得知识渊博，所以当企业在策划口碑软文营销时，可以从新奇角度出发。

就拿凡客诚品来说，创造出来的"凡客体"在当时可谓是风靡全国，又不少的网友都加入进去，用不同的角色做出恶搞的"凡客体"，如图 10-18 所示。

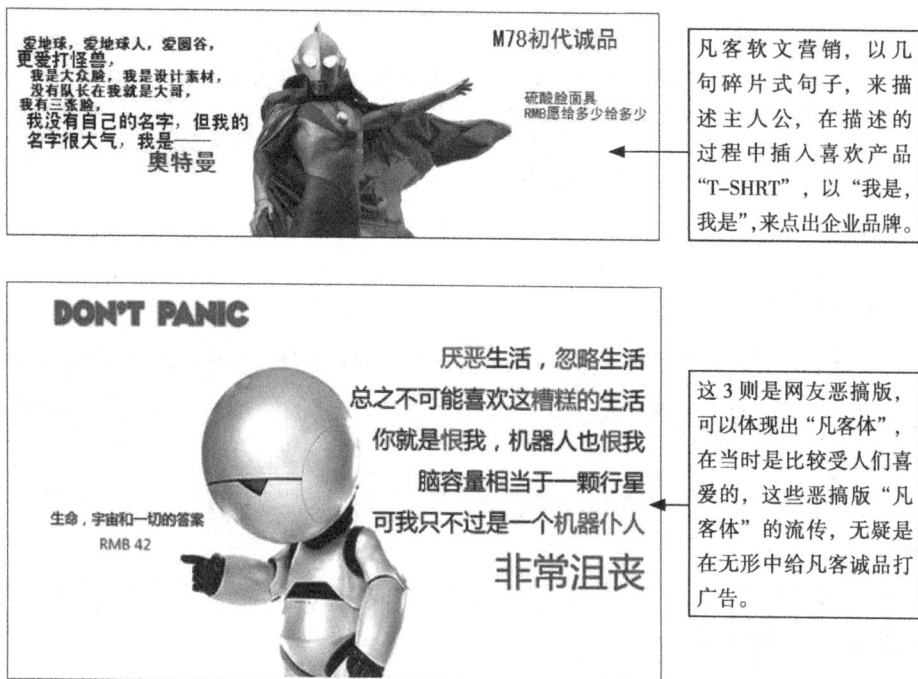

爱地球，爱地球人，爱圆谷，
更爱打怪兽，
我是大众脸，我是设计素材，
没有队长在我就是大哥，
我有三张脸，
我没有自己的名字，但我的
名字很大气，我是——
奥特曼

M78初代诚品

硫酸脸面具
RMB愿给多少给多少

凡客软文营销，以几句碎片式句子，来描述主人公，在描述的过程中插入喜欢产品"T-SHRT"，以"我是，我是"，来点出企业品牌。

DON'T PANIC

厌恶生活，忽略生活
总之不可能喜欢这糟糕的生活
你就是恨我，机器人也恨我
脑容量相当于一颗行星
可我只不过是一个机器仆人
非常沮丧

生命，宇宙和一切的答案
RMB 42

这 3 则是网友恶搞版，可以体现出"凡客体"，在当时是比较受人们喜爱的，这些恶搞版"凡客体"的流传，无疑是在无形中给凡客诚品打广告。

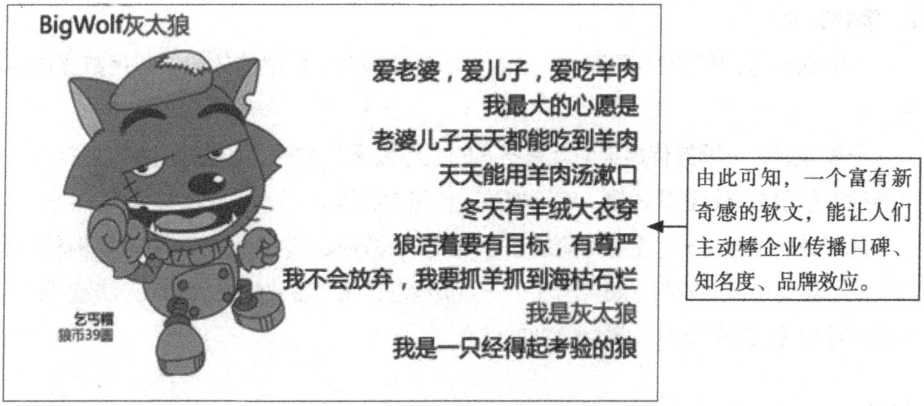

BigWolf灰太狼

爱老婆，爱儿子，爱吃羊肉
我最大的心愿是
老婆儿子天天都能吃到羊肉
天天能用羊肉汤漱口
冬天有羊绒大衣穿
狼活着要有目标，有尊严
我不会放弃，我要抓羊抓到海枯石烂
我是灰太狼
我是一只经得起考验的狼

乞丐帽
狼市39圈

由此可知，一个富有新
奇感的软文，能让人们
主动棒企业传播口碑、
知名度、品牌效应。

▲ 图 10-18　凡客诚品口碑软文营销

3. 牵动消费者的心弦

不管是哪一类的消费者，都有一根敏感的心弦，只要企业用软文刺激到了人们的心弦，与之产生共鸣，就能拉近与消费者的距离，从而影响到消费者。在实施口碑软文营销的过程中，如果企业能触动消费者的心弦，那么自然就会形成口碑效应。

4. 利益冲击

消费者最关心的就是自己的利益，是否能够得到实惠，所以如果企业能够以消费者的利益为出发点，让消费者能从软文中感受到自己能受益，那么自然就会受到消费者的拥戴，口碑传播也是情理之中的事了。

一般企业可以撰写一些促销活动的软文，只要促销力度大，足够吸引消费者的眼球，那么口碑就做成了。

5. 减少推广气氛

以推广为目的的软文是让人厌恶的，只有能解决用户问题的文章才是好软文。企业可以以故事形式撰写软文，一方面吸引客户，另一方面又能将广告植入其中，营造企业的口碑一举两得。

为什么以故事的形式就能降低推广气氛呢？那是因为人人都爱听故事，一个好的故事被人们听完之后，还会被听众们拿到其他人面前宣传，而这一举动就是在口碑软文中，常见的制造有趣和易于传播的故事，是非常好的营销策略。

6. 选择推广渠道

企业在做网络口碑营销时，应该根据自身产品、目标对象和话题来选择一个合适的推广渠道。

7. 需要监控

企业在运行口碑软文营销时，要善于衡量口碑软文营销的效果，利用数据进行监控。

一般来说，不同的传播渠道就有不同的监控数据。例如，通过微信朋友圈操作，那监控的数据主要就是转发量、评论次数、点赞次数等。

除了数据监控之外，还要预防产生负面的口碑效应。这个世界上每个人的看法是不同的，意见也是不同的。如果出现了一点负面的苗头，企业就要及时想办法遏制住，尽量不让负面口碑扩大化，影响企业的信誉。

102　软文营销发布技巧

软文营销发布平台的选择尤为重要，要根据软文的类别来选择发布平台，还要考虑"软文的发布频率""软文发布是不是越多越好？"等问题，这些问题若没有解决好，则会让企业头痛不已，下面就来了解软文发布的技巧，如图 10-19 所示。

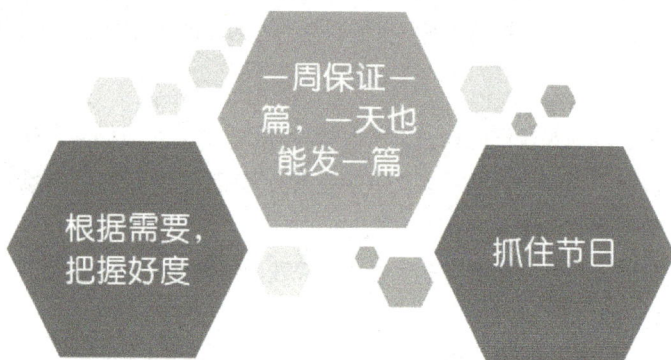

▲ 图 10-19　软文发布技巧

1. 根据需要，把握好度

企业在运行软文营销时，并非发布的数量越多越好，因为软文营销表面上感觉无需花费资金，但软文营销还是会花费一定的人力、物力、财力的。如果企业每天发布大量软文，那么所消耗的费用也是一笔不小的数额，所以企业要根据具体情况进行具体分析，把握好发布软文的度。

2. 一周保证一篇，一天也能发一篇

软文营销是一个循序渐进的过程，千万不要太急于求成，不断地、连续地狂发软文，只会让人们避而远之，并无好的营销效果。

企业一般一周保证发布一篇软文，一天发一篇软文也允许。这样的一个频率不多也不少，不会让人们产生不耐烦心理，也不会让人们产生无价值的心理。

3. 抓住节日

企业在没有市场活动的情况下，可以按标准的软文发布频率一周发布一篇文章，来作为品牌维系的参考标准。当然，企业在活动时期发布软文的数量要根据具体情况来定。例如，父亲节期间，就是软文发布的旺季，每周 2 篇以上是很正常的；如遇到展会、新品上市推广等，一天发布多篇软文也是有必要的。

> 💡 **专家提醒**
>
> 企业要学会自己判断什么时候该多发软文，什么时候该按标准来发布软文。当有节假日、企业活动、展会等人群聚集的时候，就可以稍微多发布软文，这样效果才会明显。

103　爆点轰炸

软文营销是需要爆点的一种营销方式，因为一个爆点或无数爆点都有非常不错的吸引力，人们都会相继被爆点吸引住，在茶余饭后一起讨论它。

所以企业在运行软文营销时，一定要学会制造一个吸引眼球的引爆点，这样才能让更多的人去关注、讨论、评论。而这个引爆点要让人们对其感兴趣，并自愿地把这个事情告诉身边的朋友，分享到微信、微博等交流的工具上，才有可能为企业做免费宣传，甚至达到软文营销的最终目的。

爆点可以从消费者的需求出发，围绕消费者的心理策划，企业以消费者内心的渴望来制造一个好的引爆点，吸引他们的注意力。

除了用爆点撰写软文之外，企业还可以用爆点在微博上制造话题、互动活动、游戏，并且与微博用户产生交流，进一步扩大爆点软文营销的影响力。

例如，黄太吉传统美食做的产品就是北方特色的煎饼果子，店铺从一开始就通过微博快速传播，实现店铺满负荷运转。随着人气的增长，黄太吉传统美食在微博推出石头剪刀布的游戏，而此游戏一推出就成为了人们热议的爆点。

其游戏规则为：新店开张时，顾客可通过玩石头剪刀布游戏免费赢得煎饼，这一举动大大地激发了顾客光顾店面的热情，给黄太吉带来了良好的口碑和效益，如图10-20 所示。

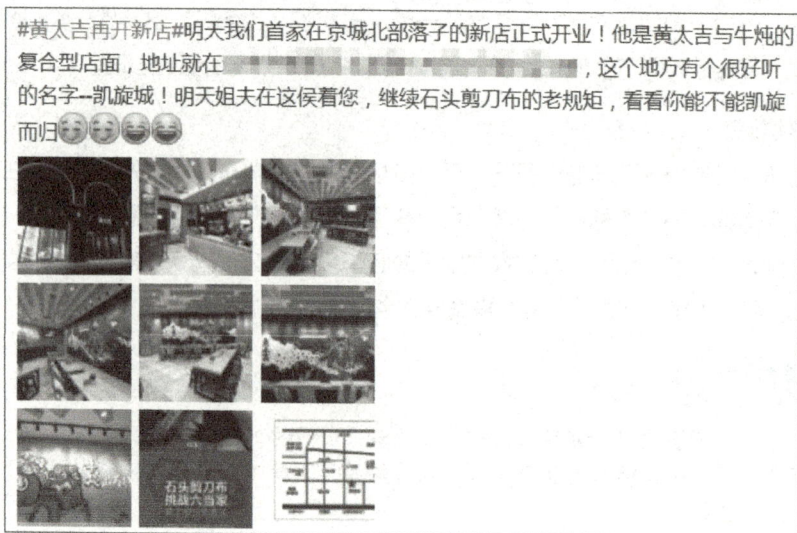

▲ 图 10-20　黄太吉传统美食石头剪刀布游戏

【分析】：

此软文以传统游戏"石头剪刀布"来吸引人们的目光，以赢得游戏就送煎饼果子为爆点。因为石头剪刀布是非常容易、大众化的游戏，人们很难相信一个从小玩到大的游戏竟然还能帮自己赢得食物，所以才会广泛关注并积极参与。

104　视频 APP

随着互联网的发展，各式各样的营销工具相继出现，企业也在不断地创造营销载体，与已有的营销手段结合运用，才能达到不错的营销效果。软文营销也是如此，它可以与微信、微博、QQ、邮箱等载体一起进行营销活动，这是大家耳熟能详的，下面就来讲一讲，软文与视频 APP 的那点事儿。

有些人会觉得视频 APP 怎么能做软文营销呢？如果可以，那软文营销的软文又是怎么体现的呢？这一系列问题其实很简单，软文营销不能局限在"软文"两字中，软文营销形式非常广泛，它可以是话语、歌曲、视频。

例如，最近某组合要开演唱会了，在美拍 APP 上就出现了"寻找美拍 VVVIP"的活动，其活动内容如图 10-21 所示。

看到活动内容后，其实此活动的最终目的就是呼吁大家一起宣传某组合要开演唱会的事情，只是活动以奖品为噱头，来吸引人们自觉地参与进去，产生了互动效果，使人们在宣传某组合演唱会的过程中，以轻松愉快的心情进行参与，甚至还会使人们呼吁自己身边的朋友参加活动。

▲ 图 10-21　软文发布技巧

接着，又以一个视频来说明活动内容，这就是将原本死气沉沉的软文文章变成了一个动态的软文视频，并且这种做法非常高超，比软文文章更能隐藏打广告的气息，还让人们深陷其中，无法自拔。

下面就来了解一下某组合演唱会视频软文营销的做法，如图 10-22 所示。

图 10-22　视频软文营销示例

【分析】：

此视频软文营销先以某组合演唱会的画面开始，接着用文字写出诱人的奖项"豪华私人飞机"，又辗转到演出的画面，营造出热闹的氛围，这会让读者产生想参加演唱会的想法，接着以"我们载你赴王者之约"来进一步吸引人们参与活动，然后开始述说活动参与的方式与规则。

这个视频看似是介绍活动规则，其实是利用某组合以前的演唱会活跃气氛，来吸引人们参加活动，并去听他们的演唱会。

视频 APP 可以凭借以下特征，逐步发展成为企业软文营销的一大利器。

（1）互动化

视频媒介可以进行单向、双向甚至多向的互动交流，为企业带来用户的反馈信息。此外，用户的回复与分享也为企业微视频营销品牌起到了造势的作用。比如，有较高争议率的节目点击率往往都是直线飙升的，而这样就会进一步扩大企业品牌的知名度。

（2）大众化

网络视频节目制作者分散，水平参差不齐，很多视频节目的上传仅仅代表个人行为，并不与发布网站的舆论形象挂钩，因而不具有权威性，由此，使得视频软文营销显得更加大众化。

（3）娱乐化

视频对受众主体地位的强调及媒体内容选择的内在动力造成视频高举娱乐大旗，其提供展示的也多是轻松有趣的关于音乐、明星、旅游、动物等分享类的视频。

从这点上说，视频已成为大众解除心理负担、缓和精神压力的通道，同时也是人们分享信息、分享快乐的方式方法。

（4）快餐化

微视频的"短、快、精、随时随地随意性"正好迎合了时代的营销发展需求。在瞬息万变的社会中，高频率、快节奏使得广大用户不再寻求精英文化，而是希望时间上简短，意义上精炼，微视频营销正是在这种快餐文化的诉求中发展壮大的。

105 二维码软文营销

二维码如今已经渗透到人们的生活中， 在大街小巷中、高端商场中都能看到二维码的身影，那么企业怎么能放过二维码与软文的结合呢？

在之前，著名瑞士奢华腕表品牌 TAG Heuer 举行了一场特别的全球巡展，目的是为了让更多的人了解品牌的底蕴和高超的制表技艺。

在中国站，TAG Heuer 巧妙地利用微信自定义二维码功能，让用户在浏览巡展的同时，得到了更丰富的品牌互动体验。

专家提醒

自定义二维码与普通二维码不同，普通的微信二维码只能将用户引导至微信账号页面，而自定义二维码不仅能引导用户关注公众平台，同时还将为用户推送一条指定的消息。公众平台通过后台更能监测到有哪些用户是通过该二维码来到平台的。

TAG Heuer 正是利用了这一功能的便利之处，在"杰克·豪雅时间博物馆"的场馆入口及展厅内部使用这类自定义二维码。用户通过扫描将获得一条特定的互动内容，并开始他们的虚拟场馆探索之旅。在互动过程中，用户不仅能通过小游戏获得具有特殊意义的礼品，也将软文营销的理念植入二维码中，帮助用户更进一步了解自 1860 年以来，TAG Heuer 近 60 件富有丰厚历史价值展品背后的故事。

此外，TAG Heuer 在参观现场还举行了一场创意十足的"密室寻宝"活动，在场的用户只需通过自定义二维码，便可以开启特殊的游戏环节，如图 10-23 所示。

TAG Heuer 将一个简单的问答题形式的闯关改造成了一个有趣的密室寻宝小游戏。题目的叙述方式与探秘游戏的描述非常相似。用户在与小游戏互动的过程中，不仅了解了更多关于展览的故事，更体会到了品牌对展览的细致刻画。在互动环节的最后，用户将获得由 TAG Heuer 为这次活动精心制作的"时间之钥"U 盘，U 盘内存储了关于 TAG Heuer 品牌的大量信息和内容供用户了解。

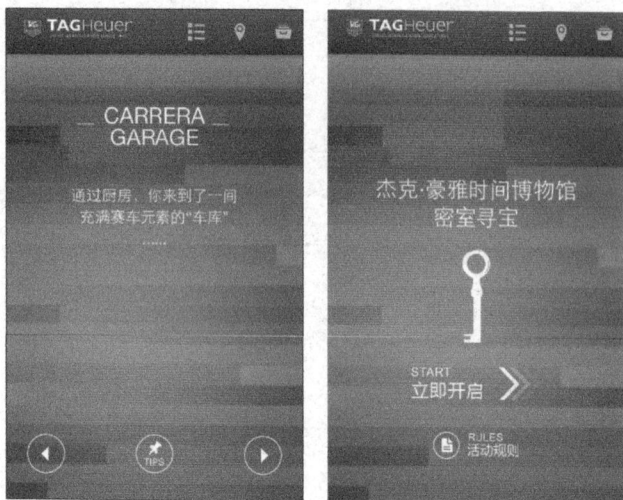

▲ 图 10-23　TAG Heuer"密室寻宝"活动

这是一次成功的利用微信平台进行的二维码软文营销案例，一方面应用自定义二维码进行线上与线下的联系，引导用户关注微信平台；另一方面利用创意十足的活动，实现参与者与展览的互动。虽然这次活动并不是商业性质的营销，不过其中的做法值得创业者们借鉴。

又如，阿拉伯报纸 Gulf News 与当地的咖啡连锁品牌 Tim Hortons 合作，在咖啡杯的防烫环上做起了文章。他们利用特制的打印机，将每个小时在 Twitter 更新的新闻头条打印到咖啡杯套上。人们在品尝咖啡时，自然会留意上面的新闻，甚至会通过短链接和二维码访问报纸的 Twitter 账户和网站，如图 10-24 所示。

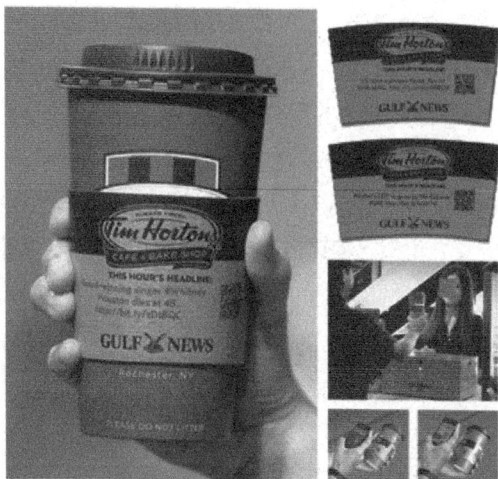

▲ 图 10-24　咖啡杯上的二维码

【分析】：

由于新闻时效性不足，新闻即时性、互动性不强，展现形式不够丰富等原因，阻碍了报纸更为长远的发展。而二维码的诞生恰恰弥补了这一点不足，企业可以将软文放入二维码中，便于消费者阅读，曝光率比其他载体至少多了一倍。

106　QQ 空间

QQ 与微信是兄弟关系，在微信还没有出世之前，QQ 可谓是软文营销独当一道的移动交流软件，虽然现在微信抢了 QQ 的风头，但也不能抵挡 QQ 与软文营销的结合，如今也有不少的企业在 QQ 上进行软文营销的运作。下面就来讲一讲软文营销在 QQ 空间上的操作技巧。

QQ 空间自身具有写日志、转载、说说、日志、相册、访客和评论的基本功能，充分挖掘这些功能的营销价值是实现 QQ 空间营销成功的关键所在。

1. 写日志

日志是 QQ 空间的灵魂，心情日志能逼近人的内心，是情感真实的载体，所以很能够取得潜在客户的信任，企业可以在日志里详细介绍公司或者产品、产品使用说明、客户见证、公司新闻等。

企业把广告信息写成一篇给力的文章，文章里可以留下详细的联系方式，并且还可以插入产品图片，并在每篇文章的结尾给软文日志做一个超级链接，链接到企业产品的页面里。

企业还可以在日志里放置图片，这样可以更形象地突出产品的特点。例如，在之前 QQ 空间里很火的"西瓜王子"，他利用创新，在西瓜上刻上各种各样的图案如商标、建筑、人物、卡通动漫等，在图案上，还有"西瓜王子"的联系方式。并且上传的每张图片都使用了 QQ 空间水印相机"城市印象"的模板，标明卖瓜的地点是兰州，吸引兰州附近的人们去购买西瓜，如图 10-25 所示。

【分析】：

从"西瓜王子"的 QQ 空间软文营销来看，创意是非常重要的，并且注重细节，把握时机，将自己的联系方式、地址都公布出来，鼓舞人们去购买西瓜。

所以，QQ 空间软文的内容想要抓住人们的注意力，就必须引起大家的共鸣，为接下来的产品销售打下"群众"基础，才能将软文营销成功地运行下去。

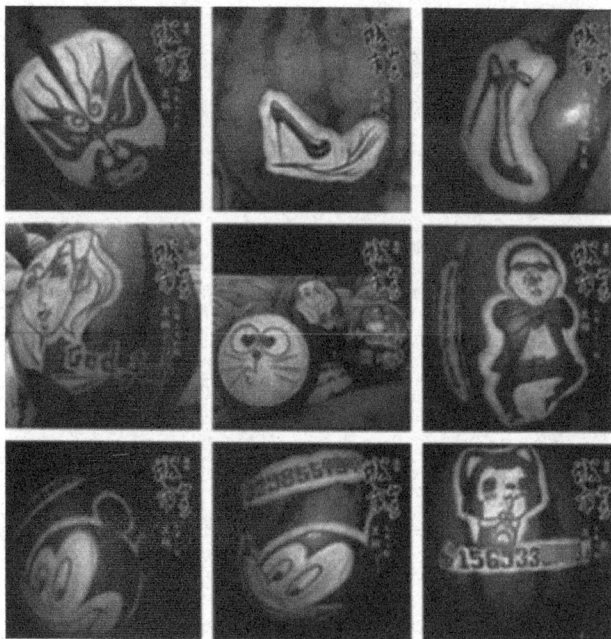

▲ 图 **10-25** 西瓜皮上的艺术

2. 转载功能

企业在空间里除了自己发送一些软文之外，还可以在里面找别人的软文进行转发，这样就给自己省去了不少麻烦，企业可以在那些写得不错的文章后面留下广告文章链接，这样既帮别人宣传了文章，又为自己的软文做了推广。

3. 访客和评论

多进入别人的 QQ 空间访问和阅读，进入对方的 QQ 空间时，对方空间就会保留你的访客资料，当对方查看来访用户时，就会点击访客头像进入空间，来阅读自己有兴趣的日志。多评论别人空间的日志，这样也可以及时和对方进行沟通，增加回访用户，说不定彼此还能加为好友，便于以后软文营销活动的展开。

4. 说说

利用 QQ 空间的说说可以搭起与客户沟通的桥梁，建立信任感，因此，发表说说内容多以分享为主，并且如今还有很多企业都以图文并茂的形式来吸引人们的注意，如图 10-26 所示。

每天发布说说在 2 ~ 5 条之间，提供有价值的信息、新闻或资讯，编辑内容应注重价值，最好是贴近生活，这样显得比较真实，好的说说内容能够吸引读者主动进行转发分享，自动传播会带来更多访客、更多客户甚至更多成交。

【挚爱的小粉瓶】😊😊😊实在忍不住让我们家小粉瓶露脸了，😊爱上的不只是爱过，还是深爱哦！！！！😊😊😊😊

樱花隔离霜

（1）裸透自然

（2）打出来是婴儿般的肌肤

（3）粉质细腻，妆容持久自然

（4）不伤害皮肤，抗辐射收起

▲ 图 10-26　图文并茂的空间说说

5. 利用相册

当企业通过 QQ 空间的相册功能营销产品的时候，需要注意在这些产品图片上添加标签，添加说明，做好相册分类，这样才能够让用户更方便地浏览，也才能够真正发挥 QQ 空间相册的软文营销能力。

企业在 QQ 空间里除了软文的发布之外，还需要让好友进入空间的第一眼就给他们留下一个好印象，这也是留住人们眼球的一种方法，如图 10-27 所示。

01 不要太过炫亮，平凡也是美
02 不要放置刺眼的图
03 界面整洁
04 自定义精美模板
05 装扮成企业官方网站

▲ 图 10-27　QQ 空间界面设置

107　QQ 漂流瓶

QQ 漂流瓶是 QQ 邮箱里的个性化邮件功能，与微信漂流瓶有异曲同工之处，

QQ 漂流瓶以一种匿名方式出现，吸引了很多用户去上面宣泄心情，有不少的 QQ 用户在使用 QQ 漂流瓶的功能，那么对企业来说 QQ 漂流瓶是一块可以展开软文营销的有效宝地。

企业可以通过 QQ 漂流瓶的特性来免费推广和宣传自己的网站，那么如何更细致地做好 QQ 漂流瓶软文营销呢？接下来从头像设置开始说起。

- 头像设置要清晰、正规，能引起用户点击的欲望。
- 签名要简单、独特、好记。
- 用真诚的态度对待用户。

漂流瓶分为 8 种类型，如图 10-28 所示。

▲ 图 10-28　QQ 漂流瓶的类型

企业要根据自己软文的性质来找相关的瓶子进行推广，从而提高准确率，而且这相当于一对一营销，这样带来的客户概率也就越大。

那么漂流瓶里的软文应该如何撰写呢？下面就来讲解软文在漂流瓶里的撰写方法。

- 以热点话题来吸引对方的注意，勾起对方的兴致。
- 这里的软文需要有"小而美"的特点，简单精致，篇幅短小。
- 企业可以发一些恶搞的文字，让对方在愉悦中接收营销信息。

企业在 QQ 漂流瓶中运行软文营销时，需要注意以下内容，如表 10-1 所示。

表 10-1　QQ 漂流瓶软文营销注意事项

事项	解　释
不直白，需技巧	发瓶子时引入一些社会时势热点评论，然后在最终加上本人的签名。假如漂流瓶一看就是告白，那么推行效果肯定大打折扣，所以企业应该留意技巧
持之以恒	QQ 漂流瓶的推广也许并没有很明显的效果，但不能放弃，要持之以恒地继续运用下去，它天天给企业带来一些流量也是不错的，并且这种方法要比邮箱的答复率更高
回复	对打捞到的漂流瓶进行答复，恰当地答复然后指导他进入企业的网站

108 商品描述也是软文

网购者大多会根据自己的第一印象来确定消费目标，购买欲望的产生往往是在看到宝贝的第一眼时。因此，好的商品描述能够以简单的文字和图片道出宝贝的特色，吸引广大受众产生购买欲望。

撰写宝贝描述其实很简单，只要学会以下几点，那么商品描述问题将会得以解决。

1. 描述宝贝基本属性

企业店铺在添加商品时，可以选择商品的型号、价格、库存等基本型号，同时还要展示商品的品牌、包装、重量、规格、产地等基本属性。一般企业对这些属性的描述越详细，买家就越容易购买，如图 10-29 所示。

产品参数：

材质成分: 棉100%	袖长: 短袖	货号: 8520131125
服装版型: 宽松	衣长: 常规款	领型: 圆领
袖型: 常规	品牌: 初语	图案文化: 文艺
适用年龄: 25-29周岁	风格: 通勤	通勤: 文艺
年份季节: 2015年夏季	主要颜色: 蓝色 米白 灰色 浅黄	尺码: XXL XL L M S XS

▲ 图 10-29　产品基本属性

2. 文字 + 图像

宝贝描述最好采用"文字 + 图像"的形式，这样看起来更加直观，能够第一时间抓住消费者的心，如图 10-30 所示。

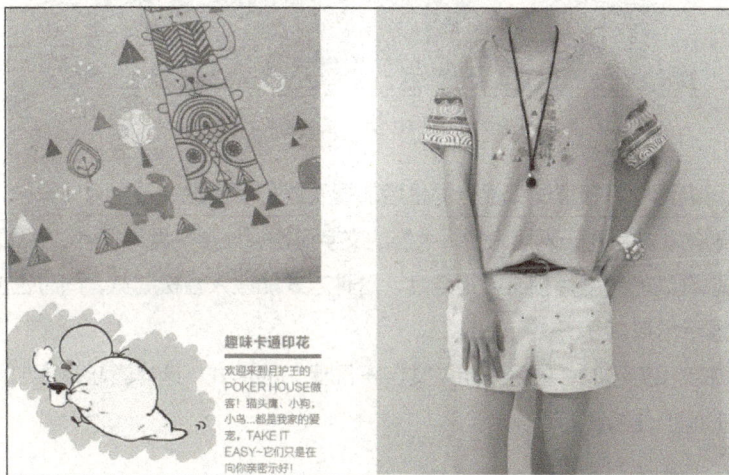

趣味卡通印花

欢迎来到月护王的 POKER HOUSE做客！猫头鹰、小狗、小鸟...都是我家的爱宠，TAKE IT EASY~它们只是在向你亲密示好！

面料特写二

亲肤棉质，纹理清晰细腻，简单舒适，呵护肌肤。

▲ 图 10-30　图文结合的宝贝描述

3. 推荐

消费者都有货比三家的心理，因此店主在描述一件商品时还可以推荐其他的商品，比如正在进行折扣优惠活动的商品、近期热销的商品，这样可以有效扩大交易面，切记推荐的商品要与产品有关联性，这样才不显得突兀。

此外，店主还可以很好地利用"店长推荐"，当顾客决定购买商品时，再看到其他推荐商品，很有可能产生购买意向。在描述中可以添加"买3送一、新品折扣、包邮"等字样，不但能提升微店销售量，还能增加产品宣传力度，如图 10-31 所示。

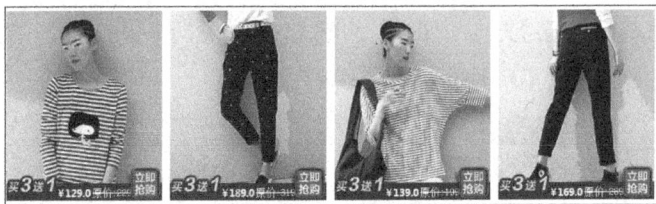

▲ 图 10-31　折扣商品

在宝贝描述中，感官词和优化词是增加搜索量和点击量的重要组成部分，但也不是非要出现的。并且对于网店来说，大量的文字说明会让买家看得很累，不愿意阅读，浏览者更想看到的是图片和文字相结合，这种方式能让人轻松浏览，同时也能更形象地将产品展示出来。

因此在宝贝描述时，最好采用"文字＋图像"的形式，这样看起来更加直观，也能够第一时间抓住顾客的心。